W0396112

Kourrage
Antoine

Editrice : Pom Bessot
Illustrations : Fabienne Legrand

Vous pouvez consulter notre catalogue général
et l'annonce de nos prochaines parutions sur notre site :
www.cherche-midi.com

92, avenue de France
75013 Paris

Mis en pages par Soft Office
Dépôt légal : octobre 2020
ISBN 978-2-7491-6465-6

Fabienne Legrand

Kourrage Antoine

cherche midi

On peut rire de tout, mais pas pour rien.

Pierre Dac

Maman, tu es le vide-grenier émotionnel de ma journée.

Antoine Legrand

Chaos du pantin

Ça pourrait être un astronef, ce barda techno de boutons, écrans, câbles enchevêtrés, sauf que c'est un lit. Sur ce lit gît un grand pantin inerte. Bien arrangé dans une position pas naturelle du tout, bras le long du corps, exagérément écartés, mains étalées à plat, jambes étendues dans un grand V impeccable, arrangement trop symétrique, position tellement factice que l'humain semble s'être évaporé de cette enveloppe. Les draps sur lesquels il a été disposé sont lissés à la perfection, comme dans les hôtels. Il porte une grande blouse blanche, manches courtes en trapèze avec des petits motifs moches, bleu foncé, de celles qui se ferment derrière pour laisser une vue dégagée sur le cul des patients dans les hôpitaux. La chemise, comme son corps, est raide, comme si tout était cartonné. Le pantin porte des bas blancs… c'est peut-être la chose la plus ridicule du tableau. Non, il y a plus grotesque, ce sont les chaussures. Parce qu'en plus des bas blancs, il est affublé de sandales orthopédiques géantes, blanches également, à semelles compensées, genre celles qu'Elton John porterait en Ehpad. Ces chaussures très rigolotes sont vivantes, elles se gonflent et se dégonflent, respirant au même rythme que les machines de la pièce. Une nuée de fils blancs partent de chaque côté, reliés à des appareils très sophistiqués. C'est une marionnette, il n'y a pas de doute. La position de tête est particulière, renversée, exagérément en arrière, un large tube sort de sa bouche. Ça sort ou ça rentre, ce tuyau ? Je me pose la question. Ça semble traverser la totalité de son corps. Tout ce qui entoure le pantin paraît être doté d'une existence propre, mais lui, au milieu, reste inerte, cerné par une quantité de machines vivantes, vibrantes, d'écrans animés crachant des données et des courbes au milieu d'une constellation de bidules qui clignotent. On pourrait trouver ça beau. Et puis il y a ce son… Des bips réguliers résonnent en harmonie avec les courbes qui se dessinent sur l'écran de contrôle. Oui, ça pourrait être beau.

Ton père et moi sommes deux statues blêmes, pétrifiées, le sang a cessé depuis plusieurs heures de circuler dans nos corps.

Ce pantin blanc est notre enfant.

Toi, Antoine, mon petit cornichon de dix-sept ans, pointure 42, trois poils de barbe au menton.

Un barrage a cédé, je pleure des yeux, du nez, des oreilles, ça fait beaucoup d'eau partout.

Mon enfant, mon bébé, mon chaton, mon petit trou du cul, mon bout de moi, ma vie est cette marionnette inerte.

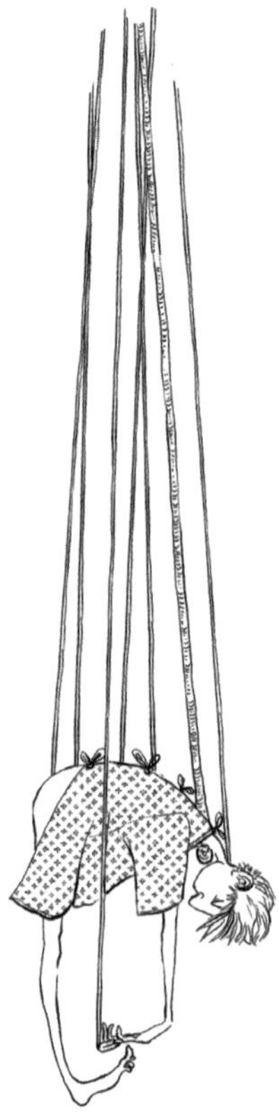

Ça n'est pas possible.

Trois jours pour tuer

3 Days to Kill.

Si j'avais choisi trois jours auparavant, ce dimanche 17 août, de voir un autre film, en serait-on là ? Parfois, je me pose la question. *Trois jours à Quiberon…*

Je suis mère de trois produits issus de l'union contractée vingt-deux ans plus tôt avec ton père, et j'aime les rituels familiaux.

Tous les dimanches midi sans exception, pendant des années, j'ai gavé les miens de gras et de sucre, héritage perpétué des déjeuners dominicaux interminables et gargantuesques de mon enfance, j'y tiens. J'ai toujours eu l'intime conviction qu'on pouvait souder les liens familiaux par le tube digestif. J'ai l'amour cholestérol. Pour clore ces dimanches de digestion, une autre messe s'était instaurée, la feignardise du dimanche soir, avec l'idée de déguster tous ensemble, parqués dans le grand lit parental, un film et une pile de sandwichs. C'était sacré, ça a duré quinze ans. Chaque dimanche soir, la famille Legrand, soit cinq corps longs, très longs, s'est compactée dans le lit dans un ordre immuable.

Chez Legrand, on ne fait pas des enfants petits. Les enfants Legrand sont étirés et plats. Je reconnais que Legrand, quand on est grand, c'est plutôt commode comme nom à l'usage, et, de ce point de vue pratique, je peux me dire que j'avais bien choisi mon mari. Lui a toujours prétendu que c'était lui qui m'avait choisie. C'est certainement vrai, à y repenser.

Les Legrand occupaient toute la longueur du lit, mais aussi toute la largeur, parce que cinq, c'est tout de même beaucoup dans un même lit.

Bord gauche, le père, l'emmerdeur du dimanche soir à rester au-dessus de la couette quand les autres tendaient à rechercher la chaleur confortable au-dessous. Il n'a jamais pu faire comme tout le monde, dimanche soir compris, jamais d'accord avec les autres, même pour une histoire de couette. À côté de son père, l'aîné des enfants, Clément. Clément, vingt ans aujourd'hui. Moi, la mère, j'occupais le côté droit, toujours une fesse en dehors du lit, parce qu'une mère a le sens du sacrifice, et, le dimanche soir, c'était le sacrifice de la fesse droite. Collée contre moi, à ma gauche, Mathilde, la petite dernière. Mathilde avait eu quatorze ans cet été-là.

Et puis il y avait toi, Antoine, l'intercalaire, celui du milieu, qui trônait au centre du lit.

Mais ça, c'était avant.

Parce que ce soir-là nous n'étions plus que trois dans ce grand lit.

Trois, parce qu'un beau jour les enfants ingrats avaient décrété leur indépendance, boycottant le cérémonial alité du dimanche, signant brutalement la fin de l'enfance, et de fait notre mort future de parents, bientôt inutiles.

Mathilde, se proclamant enfant unique, avait tenté d'occuper l'intégralité de l'espace délaissé par ses frères se jugeant trop âgés pour passer une soirée dans un lit, ce qui est plutôt rassurant de lucidité quand on y pense. Le lit était devenu un espace trop vaste, Mathilde ne prenant que de la place en longueur. En largeur, c'est une feuille A4.

Mon cœur de maman saignait des abandons de progéniture ingrate et égoïste s'émancipant sans vergogne des traditions familiales. La perspective de me retrouver, un dimanche soir d'un futur pas si lointain, seule avec ton père dans ce lit grand comme le Sahara, lui au-dessus de la couette et moi au-dessous sur ma couche de miettes de sandwichs, me procurait la même joie que la vue d'une pile de couches pour incontinence alors que je n'avais que quarante-six ans.

Alors voilà, ce dimanche 17 août, mon cœur s'était rempli d'une reconnaissance infinie à l'idée que toi, Antoine, tu acceptes de nous honorer de ta présence, là dans ce lit, entre tes parents.

Mathilde passait des vacances sur la Côte d'Azur chez ma petite sœur Sandrine, pour des retrouvailles entre cousines, pendant que ton frère Clément nous avait succédé en vacances au Cap Ferret. Il travaillait en alternance ses montées de vagues en surf et sa descente de vodka, dans un équilibrage sportif très personnel.

Tu étais ce soir fils unique.

Tu avais capitulé sur le choix du film d'action imposé par tes parents.

3 Days to Kill.

Trois jours pour se faire tuer aurait été plus juste.

Visite guidée

L'infirmier a attendu qu'un peu d'oxygène circule à nouveau dans le corps de ton père et le mien. Il semble rassuré que je ne me sois pas noyée dans ma flaque de larmes. Alors, avec tact et douceur, il entame une visite guidée vaselinée. Son job à lui, c'est comité d'accueil du service de réanimation.

Là, vous voyez, c'est la perfusion qui permet d'injecter les traitements antibiotiques, la sédation et les antidouleurs. Il désigne à la tête du lit une machine sortie direct de *2001 : l'odyssée de l'espace*, dans laquelle sont superposées des seringues géantes qui se dévident toutes seules. Là, c'est le Scope, relié à ton corps par des électrodes. Je suffoque quand l'infirmier soulève le drap. Une aiguille insérée au niveau de l'aine, dans l'artère fémorale, donne en permanence la fréquence cardiaque. Peut-être qu'on n'est pas obligés de tout voir, si ? Je vais demander le tour-opérateur pour les enfants de moins de dix ans, parce que là, c'est vraiment dégueu… Et ça, c'est quoi, cet autre tube ? Une sonde urinaire. Je note que ça donne un peu de couleur dans l'ensemble blanc. Il nous explique maintenant en quoi consiste l'intubation. Un tube est installé dans la bouche, il va jusqu'à la trachée, assez loin donc. Il est relié au respirateur, qui permet donc la respiration par une ventilation artificielle des poumons.

Cher monsieur, expliquez-nous ce bel écran de contrôle. Je veux tout savoir, si jamais me venait à l'idée de prendre son job. Donc, tous ces gros chiffres, là, écrits en typo pour presbytes, c'est-à-dire pour moi, ce sont les constantes. La fréquence cardiaque, la fréquence respiratoire, la pression artérielle, la « sat » – on ne dit pas saturation, on dit « sat », je le sais, j'ai vu tous les épisodes de « Docteur House ». Je repère où clignote la température sur le moniteur de contrôle. Je vais te surveiller, traîtresse.

Pour le moment, le pantin blanc est « stable », ça signifie que toutes les courbes sont hyperjolies, régulières, sauf la fourbe qui fait son intéressante.

Avec tous ces câbles, ces tubes, ces électrodes, je cherche des yeux un endroit où je vais bien pouvoir te toucher sans provoquer une catastrophe. Pas commode. On nous apporte des chaises. On peut noter que rarement, dans les hôpitaux, sont mis à disposition des visiteurs des fauteuils club, ni même de simples fauteuils rembourrés confortables, des fois qu'on aurait envie de s'installer durablement. De la bonne chaise en métal qui me fait vénérer les kilos pris cet été : n'oublie pas que tu es ici pour en chier, si t'oublies une seconde, ton cul qui a mal te le rappelle.

Les infirmiers se retirent avec discrétion, respectant le ballet parfaitement chorégraphié du tour initiatique du monde du coma.

Et voilà, papa et maman observent maintenant l'échalas blanc en se demandant où tu peux bien être, là maintenant, p'tit con.

Le tableau est grotesque.

Ça ne peut pas être toi…

Ce grand corps désarticulé et ridiculement déguisé n'est pas toi.

Antoine, où es-tu ?

Je prends la main attachée à ce corps. Ta main. Enfin, j'essaie de la caser dans la mienne sans débrancher l'énorme pince à linge blanche qui engloutit tout ton index. J'aimerais sentir que tes doigts se resserrent sur les miens, mais il n'en est rien. Tu as l'air si calme après la journée qu'on pourrait qualifier de mortelle que tu as passée.

Chacune des cellules que je touche vient des miennes : voilà à quoi je pense.

– Mon chéri, on est là avec toi, on s'occupe enfin de toi, ça va aller, tu sais.

Je viens de prononcer cette phrase, mais ici personne n'a dit jusqu'à présent que ça allait aller…

Je m'en fous, je le dis.

Plongeon

Ce dimanche 17 août, pendant que Kevin Costner se débattait sans sourciller dans une lutte antiterroriste sans merci en même temps qu'il devait sauver sa fille, tu t'étais mis à grelotter, secoué par des vagues de frissons. Ça m'avait légèrement agacée, consacrée tout entière à Kevin jamais décoiffé malgré toutes ces explosions. À la fin du film, tu t'étais extirpé péniblement de notre lit pour monter te glisser dans le tien. Tu n'as pas toujours que de bonnes idées. Même si tu mesures un mètre quatre-vingt-cinq, que ta voix a dégringolé d'une octave, tu n'as en fait que dix-sept ans, alors, pour te réchauffer, tu avais pris l'initiative d'aller fondre dans une douche bouillante. Si tu avais dévoré comme moi les pavés qui expliquent comment élever des enfants à la perfection, vénérant la déesse Dolto, tu aurais su que c'était une grosse erreur de débutant. La température que tu mijotais grimpa dangereusement d'un coup.

J'étais sous la couette, couchée dans des miettes qui me perforaient les fesses, quand tu m'appelas par téléphone, toi qui étais donc localisé dans la maison exactement à deux mètres cinquante au-dessus de ma tête. « Maman ! Je ne me sens pas bien... » Je décidai de très mauvaise grâce de m'extraire du lit où je passais du bon temps avec Kevin Costner. Je te découvris blanc, grelottant dans ton lit, claquant des dents, parlant d'hallucinations. Une dose de Doliprane plus tard, je laissai définitivement Kevin, ainsi, accessoirement, que ton père, et m'installai dans la chambre de Clément, juste à côté de la tienne. Je ne me souviens plus à quand remonte la dernière fois où j'avais dû te veiller ainsi. Une éternité. Sur le moment, j'avais trouvé très cool d'endosser à nouveau mon uniforme de maman poule, l'idée me plaisait de servir à nouveau à quelque chose.

La nuit s'était étirée lentement, péniblement. Vomi, double vomi, triple vomi, strike de vomi, la température ne descendait pas malgré le paracétamol : j'avais dû perdre la main avec le temps, je ne savais plus faire.

18 août. Nous n'étions pas frais du tout au petit matin, surtout toi, en surchauffe. Quand j'avais brandi un thermomètre vintage à mercure, tu m'avais demandé, le regard torve : « Je le mets où ? » J'avais dit : « Dans ton cul, mon chéri. » Ta dignité m'avait envoyée paître avec le thermomètre. Pas grave, en infirmière expérimentée, j'avais glissé avec professionnalisme l'objet sous ton bras, et demandé à Google combien ça faisait en degrés au bout du compte. Je n'avais pas trouvé avec certitude, j'avais donc opté pour une plage de 40 à 41, c'est Google qui l'avait approximativement indiqué. Mes appels infructueux à notre médecin traitant manifestement absente m'avaient fait déclarer : tomber malade en plein mois d'août, c'était pas l'idée la plus brillante de l'année.

La journée défila, chaotique, le nez dans la bassine de vomi. J'avais gagné mon certificat de dégueulis, diplômée en vomitude. Toi, tu toussais et expulsais tout ce que tu avais en stock.

Une nouvelle nuit pénible s'annonçait pour la mère poule : rien ne sert de caqueter si tu ne sais pas couver ton nid.

Ton père, lui, dormait peinard sur ses deux oreilles, et c'était mieux comme ça. Après vingt-cinq ans de vie commune, je savais pertinemment que sa contribution aurait été contre-productive. En l'appelant à la rescousse, j'aurais déclenché un flot de questions auxquelles je n'avais pas la queue d'une réponse. J'avais pris l'habitude de gérer solo.

Le matin du 19 août acheva la deuxième nuit blanche. La fièvre, cette morue, me tenait tête. Une douleur au niveau du poumon gauche t'empêchait de respirer normalement. Moi qui me rêvais un talent caché d'ostéopathe, je posais le diagnostic d'une côte qui se serait bloquée à force de tousser. Je me décidais à appeler un service d'urgence médicale à domicile. Moins d'une heure plus tard, la femme médecin qui t'examina estima que tu avais probablement une gastro, tout en me mettant en garde : une fièvre très élevée (40,5), ça pouvait aussi cacher autre chose. Elle prescrivit, si la fièvre persistait, un bilan biologique complet à réaliser dans les prochaines heures, aux urgences d'un hôpital. Les urgences, mais où ? J'avais pratiqué à une époque le tourisme hospitalier parce que j'étais plus souvent mon corps par terre que sur le cheval et appris qu'il était préférable de décéder avant d'arriver dans certains services. Il n'existe pas à ma connaissance de TripAdvisor des urgences, c'est bien dommage.

En partant, le médecin me suggéra une adresse commode d'accès, ça valait bien dix étoiles.

Dans les heures qui suivirent, ton état se dégrada. Tant bien que mal, l'œil éteint, tu te hissas dans la voiture, direction les urgences de la Super Clinique.

Super Clinique se révéla d'emblée un endroit super, un établissement hospitalier où il y a un service voiturier.

Nous fûmes pris en charge au service des urgences par un docteur tout sourire, sans attendre un quart de siècle, ce qui est un vrai miracle en soi. Allez, hop, une petite radio des poumons. Ben non, il n'a rien, votre fils, radio normale. Un petit coup d'œil dans le tréfonds de ta gorge et de tes oreilles, une palpation rapide de ventre, hop, hop, hop.

– Pas de bilan biologique, docteur ?

– Non, ce n'est pas nécessaire, madame, me répondit le docteur fendu d'un immense sourire très rassurant.

Les mères adorent les médecins qui font des sourires rassurants, il faut le savoir.

– Mais alors, pourquoi ne peut-il pas respirer ?

– C'est juste une bonne gastro. Je vais lui donner un petit peu de cortisone pour le poumon, et puis voilà, ça va aller. Ne vous inquiétez pas. Pensez au Coca pour la gastro !

Je l'avais sur-adoré, ce docteur Smiley qui disait que ça allait super bien, que je me tracassais sans raison, comme toutes les mamans qui angoissent pour rien, et en plus il soignait au Coca.

Pour un peu, je lui aurais roulé une pelle. Cette clinique était merveilleuse, ça avait duré dix minutes à peine, c'était orgasmique tant c'était un miracle. Résolument, j'aimais les médecins urgentistes cent pour cent positifs, les établissements médicaux à voituriers et les ordonnances au Coca.

On repartit donc détendus, enfin moi, parce que toi, tu avais toujours le regard d'un flétan à la paupière flasque, incapable d'apprécier la perfection de ce passage éclair aux urgences. Moi, c'était comme si j'avais gagné au Loto.

Ton frère Clément venait de rentrer de ses vacances, le dîner se déroula dans la légèreté, tu fis même honneur à ma cuisine spéciale gastro.

La nuit qui suivit dégomma direct la bonne ambiance de cette soirée. Toi, généreux, tu me rendis dans la bassine l'intégralité de mes plats dans un torrent d'une belle harmonie colorée. Orange pour les carottes, blanc pour le riz…

Cette morveuse de fièvre remonta, et des maux de tête vinrent violemment assaillir ton crâne.

À l'étage en dessous, ton père, lui, dormait, je pouvais entendre son ronflement régulier. Je m'imaginai une nanoseconde l'étouffer avec un oreiller et finir avec Kevin Costner.

Le 20 août

Il est 10 heures et j'ignore encore que j'entame la journée la plus longue de ma vie. 41 °C de fièvre d'après Google. Toi, vomissant du rien, suffoquant, toussant, violents maux de tête, tu n'es plus que l'ombre de toi-même… Appeler le Samu ? On n'aurait pas le choix de l'hôpital. J'opte à nouveau pour la clinique à voituriers.

Te mettre dans la voiture s'avère audacieux, tu ne tiens plus sur tes jambes, tu vacilles comme une pauvre marionnette désarticulée. Ce matin, ton père s'est levé et il est parti directement travailler. Le job de l'homme est de ramener le sanglier pour dîner le soir, le reste est celui de la femme, tout le monde sait ça.

Clément m'aide à te soutenir et te poser dans la voiture. La ceinture de sécurité t'empêche de verser en avant mais la tête valdingue. Je roule au plus vite vers la clinique pendant que tu piques du nez à côté de moi, comme si ta tête avait perdu la connexion avec tes épaules. Les événements prennent une tournure que je n'aime pas.

9 heures. Pas d'attente aux urgences, j'apprécie. Voiturier, service rapide, sourire permanent du personnel, cinq étoiles à l'établissement dans mon guide des urgences. Dans la salle d'attente, le docteur C, remplaçant de notre médecin traitant, celui qui ne répondait pas à mes appels, est là, le bras en écharpe, aux urgences. Merde, si les médecins doivent aussi se faire soigner, ça devient compliqué. Le même urgentiste que la veille, docteur Smiley, nous reçoit. Il affiche toujours cette expression joviale que j'aime beaucoup, il est serein dans ses réponses, cinq étoiles. Il confirme son diagnostic du jour précédent, c'est une

gastro, pas de doute, madame. Devant ton état de faiblesse, il décide tout de même de t'installer dans une salle de soins, une pièce meublée avec trois brancards. Comme ça, ça rassurera maman, n'est-ce pas, madame? Oh oui, je suis d'accord, avec cet air confiant qui donne des galons à son diplôme de médecine, rien ne peut arriver, c'est certain : cinq étoiles. On te colle un capteur pour la température, un autre pour la tension, on te perfuse, on t'injecte de quoi faire tomber la fièvre. Cinq étoiles.

Seulement, voilà, les vomissements continuent. L'infirmière ajoute à ta perfusion un antivomitif. Rien à faire, vomi, revomi. Tu es un peu pénible comme patient, toi…

L'infirmière semble être seule à gérer plusieurs salles et s'absente de longs moments. Notre cas est bénin. Ils ont évidemment des vies à sauver ailleurs. On doit se débrouiller. Seuls. Je gère le poste « haricot ». Le haricot est un truc en carton jetable dans lequel on peut déverser toutes sortes de liquides jaillissant d'un orifice du corps humain. Je réceptionne le vomi dans le haricot, je te nettoie, je jette le haricot, je pars en chercher un nouveau, une fois, deux fois… dix fois, vingt fois… La ronde du haricot. Tu faiblis. Tu es comme ces poupées en tissu, mou, l'ossature rigidifiant ton corps s'est liquéfiée, tu es répandu, flasque sur ton brancard. Je te parle, tu ne me réponds plus, ton regard est déserté de toute lueur, j'ai l'impression que tu n'entends plus totalement mes paroles. Nous sommes seuls dans cette salle et je ne le sens pas du tout. Quatre étoiles.

L'infirmière passe une tête de temps à autre, mais semble soit démunie, soit occupée à d'autres priorités, gérer une épidémie de peste bubonique probablement. Alors, inlassablement, je sollicite encore le toubib au sourire indestructible. Il me renvoie dans mes cordes avec son éclatante bonne humeur, teintée toutefois d'une légère expression d'agacement qui indique que mon empressement commence à être un peu lourdingue. Trois étoiles.

En peu de temps, ma confiance a volé en éclats, faisant place à une inquiétude qui augmente au fur et à mesure que les minutes passent. Ça s'emmêle dans mes boyaux, je respire un coup sur deux, je ne le sens pas bien, le scénario qui se déroule là. Pas bien du tout. Le carrelage de cette clinique deux étoiles est moche, j'ai l'impression de le voir s'ouvrir sous mes pieds et de ne rien pouvoir faire, juste observer, impuissante, notre dégringolade dans la merde.

Les heures passent. Docteur Smiley campe dans sa posture enjouée et désinvolte. Vous voyez bien, madame, la température est descendue.

Une étoile.

Toi, tu ne me réponds plus, incapable d'articuler, tu gémis, tu grelottes, secoué de violentes convulsions. Il y a bien un truc qui cloche, là, non ? Je demande timidement :

– On ne pourrait pas passer à côté d'un truc grave, genre une péritonite ou une méningite ?

– Mais, non, madame, ne vous inquiétez pas.

Ben si, forcément, je m'inquiète...

Je pourrais hacher menu doc Smiley. Que fait le pitbull en moi ? Ben rien du tout, il est bien élevé, parfaitement pacifiste, alors je fais tout simplement le ménage... Voilà, je range bien tout, je gère les haricots, je vais en chercher des tout neufs, et aussi des piles de serviettes en papier, je te nettoie, j'absorbe, je jette, je plie soigneusement tes vêtements, je fais des piles nickel avec les serviettes, puis je recommence. Je te masse le dos, la tête, je tripote ta main molle et inerte en pressant dessus comme si ça allait te faire revenir à un état normal.

Je ne tiens pas assise, j'ai des oursins partout qui m'empêchent de tenir en place. Je suis un moucheron pathétique plaqué sur un pare-brise à deux cents kilomètres-heure, invisible, qui agite ses minables ailes de toutes ses forces, vainement.

Je deviens folle.

Je te perds.

J'ai froid.

J'ai le vertige.

J'ai bloqué mes expirations.

Toi, tu expires.

Mon enfant, mon bébé, mon poussin, mon tout-petit !

Hou ! hou ?!!

Reste avec moi.

Une heure s'écoule, ton état s'aggrave.

J'alpague le docteur Smiley :

– Antoine fait des gestes pour m'indiquer sa tête, il semble souffrir terriblement !

– Ça va aller, j'ai décidé de lui faire une injection d'antibiotiques à large spectre.

– Mais alors on ne pourra pas faire de prélèvements, ils seront faussés par l'injection, non ?… C'est un peu dommage ça, non ? Comment on saura ce qui ne va pas ? Et pour les maux de tête, on fait quoi ?

– Je vais lui administrer en même temps un anti-inflammatoire.

Les injections n'ont aucun effet, tu gesticules, gémis, tu me fais signe que ça ne va pas, ta tête va exploser… Mon cœur également… Des sueurs froides me glacent le dos, je ressens l'aspiration d'un ascenseur qui descendrait trop vite, une lourdeur insupportable m'écrase la poitrine. Ça bat trop vite partout, dans mon cœur, dans ma tête, j'ai du mal à penser, je n'expire plus. Je suis à bout d'inspiration.

Une patiente vient d'être installée sur un lit à côté de toi, elle se plaint de calculs rénaux. Sa présence est très rapidement exaspérante. Elle a envie de papoter, moi pas, mais alors pas du tout, j'ai une enclume dans le ventre que je vais vomir si je bavasse. Seulement, c'est comme ça, je suis ainsi programmée, je suis la plupart du temps une « fille trop sympa », alors forcément je réponds gentiment, du moins au début. Des banalités surtout, et puis nous faisons le tour de son calcul rénal. Mais, moi, je me fous de son calcul rénal… Je suis soulagée quand elle s'absente un moment de la pièce. Elle fait rouler sa perfusion, le pantalon à moitié dégrafé, visiblement sa douleur a diminué, alors elle va se fumer sa petite clope, dehors, tranquille, peinarde. Je rêve…

Oh, non… Elle revient.

Elle ne voit pas que je suis au maximum de mon stress, que tous mes voyants clignotent, que je peux la buter à coups de haricot ou de perfusion d'un moment à l'autre ?

Je ne te lâche pas la main une seconde, je ne peux plus répondre à la voisine, mon capital de sympathie est épuisé pour la journée, et peut-être pour toute la vie, la psychopathe qui dort en moi peut exploser à tout instant et pulvériser tout ce qui se trouve dans cette pièce. Elle persévère, inconsciente, elle ne veut pas être écartée : « Je vous ai entendue tout à l'heure, vous êtes trop sympa avec le toubib. » Oui, je sais, « fille-trop-sympa », c'est moi, ça. « Vous devriez insister davantage ! » Ma foi, cette femme est bien fatigante d'obstination, mais elle a raison. Je pars une nouvelle fois chercher docteur Smiley. Je repose ma question, plus ferme :

– Vous êtes donc certain qu'on ne passe pas à côté d'une méningite ?

– Madame, ce matin, vous avez bien vu. Je lui ai fait le test pour la méningite. Je lui ai demandé de mettre son menton sur sa poitrine et il l'a très bien fait. Donc, non, ça n'est pas une méningite ! » Sourire abondant à l'appui du propos. En gros, toi, doc Smiley, tu as fait dix années d'études de médecine pour apprendre qu'un malade qui fait le double menton, il n'a pas de méningite. Je suis vraiment très rassurée.

Imperturbable, son exposé de médecine niveau flocon achevé, il tourne les talons, son sourire dégoulinant agrafé sur sa tête de con. Je vais pulvériser ce sac à étrons en milliard de particules dans le cosmos.

Une étoile ?

Tu as sombré dans l'inconscience, ton tee-shirt est trempé de sueur, je t'éponge, je change le drap, je me sens démunie et si seule. Tu n'es manifestement plus avec moi. Smiley vient m'informer qu'il envisage de te mettre en observation dans le service d'hospitalisation à l'étage. Il est très fier, il a enfin pris une grande décision aujourd'hui. Malgré l'envie irrésistible de balancer une magistrale baffe juste là, au milieu de ce sourire visqueux, au fond de moi je ressens un infime soulagement, enfin il se passe quelque chose, la mécanique se réenclenche, le mollusque vient enfin de redynamiser une inertie funeste. Il m'indique que je dois effectuer les démarches d'admission, seulement alors un brancardier viendra te chercher.

10 h 30. Obéissant à ses ordres, je me catapulte dans l'autre partie du bâtiment pour régler les détails administratifs. Quand je reviens, tu es toujours seul dans ton box. Ce qui te restait de signe extérieur de vie paraît t'avoir abandonné, ton corps est inerte, baigne dans la sueur, ta main pendouille mollement d'un côté du lit.

À nouveau, les minutes, les heures défilent sans qu'il ne se passe rien, *nada*, *nothing*, immobilité absolue autour de nous, le vide. Ce pressentiment pesant qui s'est dessiné ce matin avec ses contours noirs commence à prendre une dimension macabre dans mes viscères. Je ne le sens pas bien, mais pas bien du tout. J'alerte l'infirmière qui a pris la relève de l'autre inutile.

Zéro étoile, c'est dit.

Contrairement à la précédente, elle convient que ton état est alarmant et s'en inquiète auprès de docteur Smiley, mais cet homme est un menhir que rien ne réussit à ébranler. Je pourrais lui faire bouffer un par un le contenu de tous les haricots que tu as remplis depuis ces dernières heures. Je bats des ailes inutilement dans un environnement inerte et hostile, tel un insecte désespérément englué dans un ruban de colle.

Personne ne voit donc notre détresse ?

12 h 30. Le brancardier se présente enfin. Il te fait glisser sur un lit roulant. Perspicace, il constate ton manque manifeste de fraîcheur, merci j'avais remarqué. Nous décollons pour l'étage supérieur. Il t'installe dans une chambre individuelle, ici tout est luxe. Au passage, je découvre que, dans la chambre voisine, se trouve le docteur C. Nous faisons brièvement un état des lieux de nos rejetons respectifs. Égalité, un partout : il accompagne son fils hospitalisé pour une appendicite. Lui-même a eu un accident, il porte son bras en écharpe dissimulé sous un gros bandage. Un point supplémentaire pour lui, il a gagné. Il est pardonné de ne pas avoir répondu à mes appels, c'est double peine pour lui.

Une infirmière entre enfin dans la chambre, le personnel semble être rare en dehors des voituriers :

– Le docteur Z viendra l'examiner plus tard, elle fait sa pause déjeuner.

C'est ça, surtout que docteur Z prenne bien son temps à la cantoche, on ne voit vraiment pas pourquoi on se précipiterait.

Moi, plus je te regarde, plus je suis convaincue qu'il y a définitivement un gros, mais alors un très gros problème.

Tu as viré du blanc au gris-vert. Je n'ai plus de contact avec toi, tu es loin, très loin. La forme noire dans mon ventre grossit, j'ai froid.

Je fais part de mon angoisse à l'infirmière. Elle est toute seule, donc ne fera rien, c'est l'heure du déjeuner. Elle fait mine de retourner dans son bocal à quelques portes de là, elle hésite et accepte finalement de te surveiller quelques minutes pendant que je me précipite à la cafétéria chercher une bouteille d'eau, il faut que je boive. Il me faudrait de la vodka, mais de l'eau fera l'affaire en attendant. Il y a du monde dans les couloirs. À la cafétéria, je suis fébrile, mes oreilles sifflent, un courant d'air glacial remonte mon dos, un djembé s'est installé dans mon crâne, je me répète qu'il faut que je respire, ne pas céder à cette peur panique qui me grignote depuis ce matin. J'ai envie de crier au monde qu'il faut se bouger le cul, faire quelque chose, n'importe quoi, mais quelque chose. Suis-je donc seule à voir que ça déconne, là, juste sous leurs yeux ?

13 h 30. Quand je remonte, le docteur-Z-qui-déjeune-à-la-cantoche est passée, mais… repartie aussitôt. Du rab à la cantine ? L'heure de la sieste ? L'infirmière est embarrassée :

– Heu, le médecin a dit que l'état de votre fils nécessite qu'il soit transféré ailleurs, on ne sait pas ce qu'il a. Il vaut mieux l'envoyer dans un endroit plus adapté, vous voyez ?…

Pardon ?

Donc, là, on est en train de me dire ce que je sais déjà depuis des heures, que ça pourrait être grave, mais qu'ici on ne sait rien faire. Docteur-Z-qui-fait-maintenant-la-sieste s'est carapatée. On va probablement m'informer qu'une guerre atomique fait rage dehors puisque les ressources de cette clinique sont indisponibles.

L'infirmière précise qu'elle est chargée d'appeler une ambulance afin de te transférer à l'hôpital militaire des armées de Percy.

Là, ils auront un service « adapté ».

Pardon ?

Et c'est quoi adapté ?

Un service de réanimation.

Réanimation ?

Des phrases froides, cinglantes, sans enrobage, aucun adjectif pour adoucir ni compléments pour comprendre.

La clinique à voituriers déclare forfait, Smiley a rendu son tablier, docteur Z est partie digérer son céleri rémoulade, le syndicat d'initiative nous recommande l'établissement le plus proche, à services « adaptés ».

Au revoir et merci.

Tic-tac, tic-tac. L'heure tourne.

Bam, boum. Mon cœur va lâcher.

Je prends un haricot, j'ai envie de vomir.

J'ai chaud, j'ai froid, je tremble.

Le syndrome de la Tourette guette mon fragile équilibre, je sens que je peux devenir très vulgaire et très méchante sous peu. Les minutes continuent de défiler, rien ne bouge, l'étage est désert, pas de brancardier en vue. Je multiplie les aller-retours entre la chambre et le poste des infirmières-statues.

Pourquoi nous laisse-t-on seuls dans cette chambre puisque c'est grave ?

Pourquoi aucun soin ne t'est-il donné ?

Suis-je seule à voir qu'il se déroule ici un drame ?

Dans la chambre d'à côté, le docteur C, qui a perçu mon agitation dans le couloir, est sorti de la chambre de son fils pour me parler. Son visage est grave, son ton empesé : « Vraiment, il faudrait que ça aille très vite et qu'il soit très rapidement pris en charge à l'hôpital Percy. » Ça m'achève. Je retourne houspiller l'infirmière dans son bureau, je suis en eaux.

– Madame, l'ambulance est en route, il faut être un peu patiente.

Je vais bientôt la taper.

Rien, pas d'ambulanciers en vue.

Tu es prostré en chien de fusil, blafard, coupé du monde, secoué de convulsions. Cette vision est insoutenable.

C'est mon bébé, là.

Il est en train de partir et je suis dans l'incapacité de le retenir.

14 h 40. Deux ambulanciers apparaissent au bout du couloir, nonchalamment, poussant leur brancard avec la plus infinie délicatesse. La scène est invraisemblable, ils se postent devant ton lit :

– Monsieur, on va vous emmener, il va falloir vous mettre sur le brancard !

Blanc. Personne ne bouge.

Je réponds... Non, pardon, j'aboie :

– Il ne vous entend pas, il est inconscient, il ne peut plus bouger ni parler ! Vous n'imaginez tout de même pas qu'il va y aller tout seul, sur votre brancard !

J'ai viré au vermillon et une fumée s'échappe probablement de mon nez et de mes oreilles. Gêne abyssale, les deux échangent des regards embarrassés. Le plus petit se lance, empêtré :

– Ah… Mais il a quoi ?

Si je le savais, mon bon monsieur…

L'autre enchaîne :

– Et il faut prendre des précautions particulières ?

Entre-temps, l'infirmière-momie a fait son apparition dans la chambre, sans ses bandelettes, je fais trop de bruit, ça doit déranger la quiétude des patients qui souhaitent décéder en paix dans cet établissement. Elle lui répond :

– Heu non… Nous, on n'en a pas pris, alors ça n'est pas la peine.

Logique implacable. Elle a visiblement convaincu les deux lumières avec ses arguments en béton. Les ambulanciers font glisser ton corps inanimé sur le brancard, vaguement inquiets, tu as un aspect très périmé tout de même. Personne n'ayant décrété d'état d'urgence, les deux flèches repartent dans une mollitude absolue.

Je cours comme une dératée dans l'hôpital, puis sur le parking pour me jeter dans ma voiture.

– Je t'emmerde !

C'est ce que je m'entends répondre aux grognements du conducteur fâcheux qui s'impatiente juste derrière moi. Je n'ai pas de temps pour un duel sur un parking. J'ai définitivement abandonné mon manuel de bonnes manières dans la salle des urgences, la hyène putride qui dort en moi a pris le dessus. Je peux tuer avec les dents et les ongles.

Ventile.

Allez, tu vas y arriver.

Rassemble tes morceaux épars et repars.

Je démarre en trombe pour rattraper l'ambulance. Tic et Tac, les ambulanciers sous Tranxène, semblent en déambulation touristique, je n'ai aucun mal à les rejoindre. Pas de sirène, ils s'arrêtent à tous les feux rouges, ne grillent pas l'orange, marquent scrupuleusement, avec temps de pause, chaque stop.

Tic et Tac, je vais vous dépecer lentement avant de vous buter, vous empailler et vous enfiler dans le cul du docteur Smiley.

Je hurle dans ma voiture.

– Tiens bon ! Tiens bon ! Tiens bon ! Tiens bon !

Ma sirène t'accompagne, l'entends-tu ?

Mon chéri, mon poussin, mon bébé, mon tout-petit, mon bout de moi, tu es là, à quelques mètres devant moi, dans cette ambulance qui roule comme un escargot.

Dis-moi que tu t'accroches !

Envie de pleurer, mais je ne suis plus qu'un cri dans cette voiture.

Tiens bon !

Au pays des Schtroumpfs

15 h 07. Arrivée aux urgences de l'hôpital militaire de Percy. Tic et Tac, merci pour votre efficacité, à cloche-pied en poussant une brouette j'aurais été plus rapide. Le chef des urgentistes nous reçoit immédiatement. C'est un homme d'une cinquantaine d'années, la stature et le charisme du militaire sérieux et rigoureux investi de la noble mission de sauver des vies. Docteur Smiley, tu peux aller te rhabiller.

Je suis rassurée par cette gravité de soldat. Le guerrier me questionne, il est posé, il m'inspire confiance. Je sens un cocon de sécurité se tisser autour de nous. Après la bouffonnerie chez les clowns à voituriers, je suis chez des pros, c'est sûr, je le sens. Pour la première fois depuis trois jours, quelqu'un m'écoute enfin.

– Vous êtes d'accord, quelque chose cloche ?

Exit la gastro. Je déverse mes tourments, ton plongeon dans cette torpeur, tout ce temps perdu, le manque d'écoute, de soins. Il écoute, parle utile. Il me demande avec douceur de le laisser seul t'examiner. Quelques minutes s'écoulent, mais elles durent.

C'est ça, l'attente est dure.

Je m'affale sur les chaises en plastique de la salle d'attente. Pourtant, j'ai l'impression que maintenant ça va aller, qu'on est au bon endroit, que tout va rentrer dans l'ordre. Une voix derrière la vitre me demande une nouvelle fois ta carte Vitale, adresse, numéro de téléphone. Pardon, mais la carte Vitale, là tout de suite, je m'en fous carrément, le vital est ailleurs… Le soldat sauveur ressort de la salle d'examen, son expression a changé. L'urgentiste a activé le mode urgence, désormais tout urge. Le happy end, ça ne va pas être pour tout de suite.

Les explications volent, claquent, crépitent, directes, abruptes, vilaines, assommantes.

Service de réanimation, état très grave, hypothermie, 35 °C de température, prostré, score de Glasgow à 12, ptôsis de l'œil droit, pas de réponse aux sollicitations, état stuporeux, coma, il faut faire vite…

Coma.

Coma.

Coma.

Mes jambes sont gélatine, les carreaux du sol m'aspirent, je vais tomber, me répandre, m'éparpiller et me décomposer.

Coma.

Envie de vomir. Pourquoi je n'ai pas emporté de haricot dans mon sac à main ?

Pitié, je veux être téléportée n'importe où, ailleurs.

Dans mon lit.

Je serais tranquille, peinarde, avec Kevin Costner.

15 h 35. Une horde bleue vient de ruer dans les portes battantes avec un brancard de formule 1.

L'équipe de réanimation entre en scène.

Docteur House. Oui, c'est exactement ça, je suis dans une série, tout est fabriqué, c'est de la fiction. Je suis aux premières loges d'un spectacle, je n'en perds pas une miette. Mais mon être tout entier refuse de faire l'actrice dans cet épisode gore.

Tu es embarqué sur le brancard, raccordé à mille trucs, ventilé, tubé, perforé, en l'espace de quelques minutes. L'armée de Schtroumpfs, infirmiers et médecins habillés des orteils à la tête en bleu, repart en courant à toute allure. Les gestes sont calibrés, précis, coordonnés, d'une rapidité époustouflante. Le chef de file des Schtroumpfs baisse une seconde son masque pour me parler en même temps qu'il court. Alors je cours avec lui, je pense en même temps que ça fait vraiment débile, mais puisqu'on est dans un épisode de série…

– Je suis le docteur D, chef du service de réanimation, nous partons lui faire une ponction lombaire et un scanner cérébral, il faut faire vite.

La horde de Schtroumpfs franchit violemment les portes battantes. Une pensée parasite me vient à l'esprit, cette armée a les cheveux coupés très courts. Ma vieille, réfléchis, on est dans un hôpital militaire, les médecins sont militaires. Je me souviens que je suis antimilitariste. Mais là, tout de suite, finalement, ça me rassure énormément. Oui, ces crânes rasés m'apportent réconfort. Je n'ai jamais autant aimé les tontes militaires que ce jour. Vraiment.

Je les regarde disparaître dans les enfilades de portes battantes. Je suis là, maintenant, bras ballants. Une partie de moi s'estime apaisée par cette prise en main efficace, mais monte insidieusement une douleur sourde, une vague glauque, une marée gluante, un déferlement sombre, très noir, qui se tortille dans mon estomac. Ça fait des nœuds dans ma gorge, et une brume sombre opacifiante se répand dans mes pensées. L'idée que le pire n'est pas loin se distille comme du venin dans tout mon corps.

Berk, berk, berk.

Je refuse.

On ne passe pas d'une gastro au trépas comme ça.

Ça n'est pas possible.

Mon téléphone n'en finit pas de vibrer. Ce frétillement de ma poche est là pour me rappeler que je suis l'unique tour de contrôle avec pour douloureuse mission de communiquer des informations putrides avec le monde extérieur.

Ton père… Je délivre un compte-rendu sans filtre ni ménagement.

Données brutales, cinglantes, sans appel :

– Réanimation, Percy, coma, ponction lombaire, scanner.

Je raccroche, et je me rappelle que pour lui cette journée s'était annoncée sous de mauvais augure. Au mois de juillet, au beau milieu de nos vacances, son patron l'avait appelé, lui annonçant que son poste allait être supprimé. Juillet est un bon mois pour faire le ménage, semblerait-il. Voilà, comme ça, remercié avec élégance par un simple appel. « Allez, bonnes vacances quand même ! » avait ajouté l'employeur. Commode. Le patron élégant en question partait à son tour en vacances quand ton père rentrait. Ils étaient convenus de se voir ce mercredi 20 août pour discuter dudit licenciement.

Aujourd'hui, je le reconnais, je n'ai pas pensé une seule seconde à ce rendez-vous, et l'issue de cette affaire ne m'intéresse toujours pas.

Il y a des priorités dans les catastrophes.

La hiérarchie des merdes.

Là, on a gagné la merde en or.

Maintenant, il serait légitime de prévenir le reste de la famille. Je décide d'attendre un peu.

Que pourrais-je dire ? Pour l'heure, je n'ai aucune capacité à filtrer ce que je viens d'absorber, encore moins à le régurgiter.

Gentiment, on me fait prendre mes quartiers dans une autre partie du bâtiment. Les voix qui m'entraînent sont pleines de sollicitude, de douceur, j'obtempère docilement.

Réanimation. Juste le nom, ça file la trouille. Un lieu filaire entre vie et mort, où la bascule se joue dans un sens ou dans l'autre à chaque instant. Un lieu relégué dans le bas-ventre de cet énorme hôpital. J'étudie les panneaux, le mode d'emploi. Pour y entrer, il faut passer un premier sas de portes battantes qui claquent bruyamment, comme de grosses mâchoires, en se fermant. Puis il y a une salle d'attente assez curieuse. D'un côté des rangées de sièges, normal pour une salle d'attente, de l'autre de petites armoires à clés comme à la piscine. Pour le moment, je dois attendre. Je regarde si j'ai des barres sur mon téléphone. Malédiction – la journée est placée sous ce signe, non ? –, pas de réseau, pas de 3G, pas de 4G, même le rectangle le plus petit vient de se ratatiner platement. Non, mais ça ne va pas, comment vais-je survivre à ça ?

Telle une antenne géante, je parcours tous les recoins de la pièce, le bras tendu, téléphone en main. Par bonheur, je suis seule, je peux me livrer au ridicule. Zéro prise de courant : on veut ma mort 2.0 dans une salle d'attente de réanimation. Ah ! J'ai une barre quand je m'assieds sur le deuxième siège à partir de la gauche et que je lève mon bras à la verticale moins quinze degrés en direction de la baie vitrée du milieu, mais pas trop haut quand même. La position n'est ni naturelle ni confortable.

L'attente va être longue, je ne dois pas laisser mon cerveau développer des probabilités morbides. Stop.

Je me concentre sur le lieu, ces casiers. Manifestement, ça sert à mettre ses affaires pour entrer dans le service de réanimation. Je teste les serrures, casier après casier. Ça y est, j'ai trouvé celui qui marche, ce sera le mien. J'aime bien être organisée.

À moi le meilleur casier !

Je marque mon territoire.

MON casier.

Un bonnet de bain et des tongs et on dirait que je suis dans les vestiaires d'une piscine. Je hais les piscines. Je hais les vestiaires des piscines.

Dans l'entrée de la salle d'attente, un panneau affiche le mode d'emploi. Quand on arrive, il est indiqué qu'il faut sonner à l'interphone situé au fond et demander l'autorisation d'entrer dans le service. Si l'accord est donné, il faut déposer tous ses effets personnels, sac, veste, manteau, dans un casier. On ne sait plus bien si c'est la piscine ou la prison.

Ensuite, bien se nettoyer les mains avec la lotion hydroalcoolique à disposition sur un haut présentoir dans l'entrée. Je repère que l'entrée du service se fait ensuite par le franchissement de portes coulissantes qui s'ouvrent après qu'on a appuyé sur un gros bloc en plastique sur le côté. Un bouton-poussoir façon Fisher Price, gigantesque, certainement étudié pour qu'on ne puisse jamais le rater, ni de la main, ni de l'épaule, ni de la tête, ni du pied, ni d'un coup de genou. Pour les urgentistes qui ont la vue qui baisse ou sont maladroits ? Peut-être que ça permet d'ouvrir les portes avec les pieds des patients qui dépassent des brancards… J'étudie, je détaille, j'investis, je m'approprie l'endroit. Quand j'aurai le droit d'entrer, je le ferai à la perfection. J'aimerais bien essayer d'ouvrir d'un coup de fesses sur le bouton géant. Un peu haut, mais j'ai la fesse haute.

Combien de temps, cette attente ? Le manque de réseau téléphonique me coupe du monde, avec ce très gros problème, là, rien que pour moi, pas de partage possible…

Une jeune femme s'est postée devant moi. Elle porte l'uniforme militaire. On sent que c'est son boulot de venir au-devant des familles qui arrivent totalement désorientées dans ce service. Elle a une voix très douce, son visage respire la bienveillance et l'empathie :

– Vous voulez un café, de l'eau ?

C'est vrai qu'un verre d'eau pour avaler toute cette cochonnerie ne serait pas de refus (elle n'a pas d'Aquavit, j'imagine). Elle revient avec un verre et une bouteille entière. Là, je sens qu'il y a un message de durée… Si, au prochain coup, elle m'apporte un duvet, je saurai. Elle me tend un livret imprimé. Sur la couverture, on peut lire : « Département d'anesthésie réanimation – Livret d'accueil à l'attention des proches des patients hospitalisés en réanimation ». Formidable, le manuel du parent parfait de l'enfant dans le coma, genre *La Réa pour les nuls*, je ne l'avais pas. Je suis dans les vestiaires d'une piscine à choisir mon casier et lire les consignes d'hygiène du pédiluve.

La douce voix qui émane du joli visage militaire m'informe doucement qu'elle est à ma disposition pour toute question et me laisse à ma lecture. Je n'ai jamais compris pourquoi je fais toujours comme ça, je commence mes lectures par la dernière page : Lexique.

Cathéter : tuyau souple et fin en plastique placé dans une grosse veine du cou ou de l'aine… Je stoppe ma lecture. Je relève juste un numéro d'urgence à appeler et je referme l'ouvrage gore.

L'attente est un processus non linéaire. J'étais calme, dévouée à une dissipation puérile à la limite de la bêtise, mais les bouffées d'angoisse reviennent, sourdes, violentes. Je ne tiens plus en place assise, me voilà en train d'arpenter nerveusement toute la surface de cet espace, trop vide, trop silencieux, qui suinte le danger de mort. Cet environnement totalement paisible n'est en aucun cas en adéquation avec la tempête qui dévaste l'intérieur de tout mon être. Mon cœur est sur le point d'exploser.

Non, ça n'est pas possible.

P'tit con

Tu nous as déjà fait le coup quand tu es né. Une très mauvaise blague, mon p'tit con. Tu avais décidé de naître en avance, à sept mois et demi. Je ne t'en avais pas voulu car d'abord tu faisais 3,2 kilos, ce qui à terme aurait fait un bon 4 kilos. Merci pour moi et pour l'économie de cinquante points d'épisiotomie et de kilomètres supplémentaires de vergetures.

Tu étais arrivé en même temps que Plume, elle aussi débarquée bien trop tôt et surtout bien trop légère avec son 1,4 kilo. Sa mère, Nicoletta – pas la chanteuse –, est mon amie. Nous travaillions ensemble, toutes deux infographistes dans le même studio 3D au milieu d'une bande de sales gosses comme livrés à eux-mêmes dans un grand magasin de jouets high-tech. Nicoletta était tombée enceinte en même temps que moi, badaboum, incroyable coïncidence d'avoir la même date d'accouchement, ça nous faisait bien ricaner de partir en même temps en congé maternité, c'était comme un complot de traîtres face à la montagne de projets en cours. On partageait aussi le même gynécologue accoucheur, nos bébés verraient ainsi le même premier visage, dans le même endroit : tellement cool.

Et puis début mars, sans crier gare, Nicoletta, certainement pour faire l'intéressante, avait accouché six semaines en avance, un jeudi. Ambiance tendue, Plume n'avait pas assez profité des pains aux raisins, lasagnes, pizzas, glaces que dévorait sa maman, contrairement à toi qui stockait tout. Le samedi matin suivant, j'avais décidé d'aller voir mon amie à la maternité, Plume avait été transférée à l'hôpital Trousseau, loin de sa maman. Ma copine avait le moral dans les chaussettes, j'allais de ce pas lui apporter tout mon soutien. J'étais arrivée à la maternité et là, à l'accueil, tu avais exprimé ta solidarité envers Plume en m'envoyant une salve violente de contractions. Alors, au lieu de demander la chambre de Nicoletta, j'avais obliqué, dans un élan de détresse plus que de sagesse, vers la sage-femme. Moins d'une heure et demie plus tard, tu étais né, à une vitesse fulgurante. Je pus donc enfin rendre visite à mon amie, puisqu'on m'installa dans sa chambre. Ni épisiotomie ni césarienne n'eurent raison de nos fous rires douloureux du bas-ventre dans les jours qui suivirent. Tant pis pour la couture, on a ri à s'en exploser les points.

Quatre jours plus tard, nous rentrions à la maison, sauf Plume restée à l'hôpital Trousseau. Son état évoluait, elle prenait doucement du poids, gramme après gramme. Mais toi, rentré à la maison, tu as boudé tes biberons. Jour après jour, tu mangeais moins et dormais davantage, y compris pendant tes repas. Chaque jour j'appelais le pédiatre pour lui demander conseil. J'avais opté pour ce nouveau spécialiste, séduite à la maternité par sa réputation de superstar-des-pédiatres, une côte hype auprès des mères de l'Ouest parisien, le physique de Bradley Cooper. Exit celui qui suivait depuis sa naissance ton frère aîné, le bon docteur I, qui n'avait pourtant rien fait pour mériter une telle infidélité, sauf de ne pas avoir le physique de Bradley Cooper.

Probablement que la popularité de docteur-Brad-superstar l'empêcha de faire correctement son boulot : il me prodigua des conseils à la con piochés dans les articles qu'il publiait à la pelle dans une presse décérébrée et ignora mes demandes de consultation. Il répétait : les mères s'inquiètent toujours beaucoup trop. Quant à moi, j'aurais voulu changer de bébé et en trouver un qui marche bien, c'est dire si dans ma tête les choses commençaient à mal tourner.

J'ai toujours imaginé qu'il y avait une bonne étoile au-dessus de ma tête, une sorte de belle providence m'aidant au moment opportun. Cette bonne étoile se manifesta alors sous la forme d'un oubli : celui de ma montre, à la maternité. C'est là que je croisai par hasard le pédiatre cocufié avec Bradley Cooper.

Empêtrée, toute infidèle que j'étais, contrite d'avoir préféré un praticien bellâtre, roi du marketing et des médias. Aucunement rancunier, le bon docteur I me demanda : « Ça va, ce bébé ? » Et moi j'explosai en sanglot, hoquetai, déversant morve et honte. Je lui racontai ta lente décrépitude de ces deux dernières semaines. Une heure plus tard, toi sous mon bras, ton père sur mes talons, je traversais sa salle d'attente bondée. Docteur I prit exactement trois secondes pour se jeter sur son téléphone. « Allô, j'ai un enfant dans mon cabinet dans un état très grave de déshydratation, qu'il faut recevoir de toute urgence dans votre service. »

Ce soir-là, notre voiture a fendu l'air de Paris de haut en bas en un temps record. Moi, je me disais qu'on aurait l'air bien cons à finir encastrés dans une colonne Morris.

À l'hôpital Saint-Vincent-de-Paul, tu fus pris en charge en extrême urgence.

L'infirmière qui nous fit patienter en attendant les résultats de la ponction lombaire nous acheva :

– On va faire le maximum, on n'aime pas les perdre !

C'est la vie, qu'elle manqua perdre à cet instant, ne réalisant pas ma capacité à tuer à coups de chaise en plastique de salle d'attente.

Ce soir-là, j'entrepris une longue plongée dans le puisard de l'angoisse, celle qui tourmente la tuyauterie du ventre, qui tend tout le gosier, comme si un aspirateur agissait de l'intérieur, une rétractation de la périphérie du corps vers le centre. Les tripes se recroquevillent douloureusement en un gros tas tout enchevêtré : ça doit être assez moche à observer de l'intérieur. Ce lien unique qui soude un enfant à ses parents est tapi là, tout au fond du ventre. On ferait n'importe quoi pour que cela cesse.

Deux heures plus tard, on nous annonçait que tu souffrais d'une pyélonéphrite, une infection urinaire qui avait gagné tes reins. La gravité de l'atteinte et ton état de déshydratation avancé ne permettaient pas de se prononcer sur ton pronostic vital. C'est la première fois que je prenais la mesure de ce terme : pronostic vital.

On dit pronostic vital engagé quand le sujet n'est plus très vivant, mais pas totalement mort non plus.

Tu as passé deux semaines à Saint-Vincent-de-Paul. Et moi une quinzaine de nuits dans cet horrible fauteuil en skaï gris, poisseux à souhait, à l'odeur de vieux pneu. Te parler donnait du courage à mon cul pour tenir sur le skaï glissant. Depuis, mes fesses t'ont pardonné.

Plus de douze mois te furent ensuite nécessaires pour estomper les séquelles de ce séjour traumatisant.

Bien plus tard, j'ai retrouvé des photos prises quelques heures avant ton hospitalisation, on y voyait un bébé en décomposition, flétri, les yeux fermés, le teint olive. Je n'avais pas vu. Tu étais parti à la dérive sous mes yeux aveugles.

Tu étais passé tout près du bord…

Et moi, je n'avais rien vu.

À seulement deux semaines, tu t'étais accroché à la vie comme un morpion.

Oui, mon p'tit con, tu as cette force en toi, et, aujourd'hui, je veux croire que tu as toujours ce don de vivre.

Parce que ça n'est pas possible.

« 24 heures chrono »

Il est presque 18 h 30. Ton père vient de me rejoindre dans la salle d'attente. Il n'a toujours pas de brevet en psychologie.

« Il a quoi ? »

« C'est grave ? »

« Il va s'en sortir ? »

Je ne sais pas.

Je ne sais pas.

Et je ne sais pas.

On doit attendre, ça, je sais.

18 h 30. Le médecin réanimateur qui t'a emmené tout à l'heure, le chef schtroumpf, est maintenant devant nous. Bleu, des pieds à la tête. Il porte des Crocs. Bleus, les Crocs. Qu'est-ce qu'il fait jeune. Il a quoi, vingt-cinq ans à tout casser ? Dans ma tête, je fais le calcul... Médecine avec spécialité et internat de cinq ans, ça fait onze ans, et lui, il est le chef, donc avec un peu d'expérience quand même, j'imagine, donc plus trois ? Il a l'air intelligent, mettons qu'il ait eu son bac à dix-sept ans, ça lui fait genre trente et un ans, pas vingt-trois, c'est mieux, plus rassurant.

M'enfin, pourquoi je focalise sur ça ? Échappatoire : le rien face au pire.

Il se présente, docteur D, médecin adjoint au chef de service. Il nous prie doucement de le suivre. Nous suivons les Crocs bleus. D'une grande claque de la main sur le bouton géant, il nous fait franchir les portes de la réanimation. Derrière mes oreilles, un afflux de sang produit une cacophonie dans ma tête, ça bouillonne, ça m'embrouille, je n'ai pas le temps de scruter l'endroit, trop d'informations en même temps, mon cerveau pédale dans la semoule, Blédina land.

J'ai tellement peur.

Il nous fait entrer dans ce qu'il appelle la salle de repos, espace réservé au personnel. C'est une grande pièce, avec tables, chaises, bureau, télévision allumée. Il place des chaises en cercle, nous intime de nous asseoir. Trois personnes entrent à sa suite. La procédure prend une tournure solennelle, chacun regarde le bout de ses Crocs. Il fait les présentations, je ne retiens aucun nom, je retiens mon souffle, j'ai même totalement arrêté de respirer.

OK, une interne, deux infirmiers. Tous s'assoient en face de nous. Je me demande comment je vais retenir le raz de marée de larmes qui grossit dangereusement depuis notre entrée. Tout ce cérémonial sent le roussi. Je ne sais pas si j'ai envie de connaître la suite… Respire, ventile. Putain, qu'est-ce qu'ils sont jeunes, tous…

Le chef schtroumpf vient d'enlever tout doucement sa petite calotte bleue en papier et la serre dans ses mains. Ce geste symbolique gonflé de dramaturgie me glace la peau du dos.

Quelqu'un est mort ?

Moi, je le suis quasiment.

Il prend l'air le plus calme possible. Il est rodé à cette catégorie de situations, mais les Crocs bleus battent nerveusement le sol.

– Votre fils est arrivé en très grande détresse tout à l'heure, il était déjà dans un coma avancé, en hypothermie. Nous avons immédiatement pratiqué un scanner cérébral et une ponction lombaire. Les signes cliniques nous ont fait penser à un syndrome méningé. Nous avons donc immédiatement procédé à des injections d'antibiotiques de plusieurs types. Nous venons d'avoir les premiers résultats d'analyses de la ponction lombaire. Il s'agit bien d'une méningite. C'est une méningite à méningocoque, nous saurons dans les heures qui viennent le type exact de méningocoque. Cette méningite est due à une bactérie qui se transmet par voie aérienne, la personne porteuse n'est pas forcément malade, elle peut avoir simplement une angine. Chez votre fils, cette bactérie a réussi à franchir les portes de son cerveau. Elle est allée s'attaquer aux enveloppes de la moelle épinière et du cerveau, les méninges. La progression est souvent très rapide, la seule arme est l'injection d'antibiotiques en grande quantité. Au vu des résultats, nous avons stoppé l'un des antibiotiques injectés en première heure pour en garder trois plus ciblés. Nous avons sédaté votre fils pour le plonger dans un coma artificiel, ce qui permet de soulager son cerveau, qui était en grande souffrance. Je pense que vous avez conscience de la gravité de la situation. Nous avons mis tous les moyens en place le plus rapidement possible pour combattre la maladie et soulager son cerveau. Nous ne pouvons pas présumer des séquelles éventuelles que la maladie a déjà causées, il est trop tôt pour le savoir. Il a été intubé, il respire donc actuellement grâce à une machine. Les quarante-huit prochaines heures vont être décisives pour son pronostic vital. Il va falloir être patient. Vous allez pouvoir le voir dans un moment. Il est sous perfusion, ce qui permet l'administration des antibiotiques, de la morphine, de la sédation. C'est impressionnant, mais sachez qu'il ne souffre pas. Je ne sais pas si on vous a expliqué, mais ici, les visites sont autorisées vingt-quatre heures sur vingt-quatre. Vous pouvez rester auprès de votre enfant autant que vous le souhaitez. Mais il faut absolument aussi que vous vous reposiez, c'est important. On ne connaît pas la durée de ce genre de chose. Vous devez vous économiser pour tenir. Relayez-vous. Sachez que, lorsque vous n'êtes pas ici, tout le personnel veille et vous appelle au moindre changement de situation…

Il marque enfin une pause après le jet de mitraillette. Aïe, ça blesse. Je suis à terre. Je préférerais qu'on m'achève immédiatement si c'était possible. Il nous laisse reprendre nos respirations pendant deux infimes secondes et reprend, pragmatique :

– Maintenant je vais devoir vous interroger sur un certain nombre de choses… Notamment sur ce qu'a fait Antoine ces douze derniers jours. Dans un petit moment, vous allez être appelés par un médecin de l'IMVS, Institut médical de veille sanitaire. Il vous posera également des questions et vous expliquera la conduite à tenir pour vous et votre entourage. La méningite à méningocoque est une maladie contagieuse très grave, elle nécessite des procédures très encadrées pour éviter la propagation et une épidémie.

J'ai tenu en apnée durant tout le temps de son explication. La quantité d'informations est trop dense pour que je capte la portée de chacune d'entre elles. C'est trop. J'ai chaud, très chaud, je voudrais être téléportée ailleurs, là où le Schtroumpf n'existerait pas. Je ne regarde pas ton père dans les yeux car je sais que ça va avoir pour effet immédiat d'ouvrir les vannes des larmes, que je ne suis pas sûre de pouvoir refermer ensuite. Je regarde ses mains se triturer l'une l'autre et j'ai en vision, du coin de l'œil, ses mâchoires tellement serrées qu'on risque une explosion de dents. Son visage est si tendu, presque hostile, que je suis embarrassée. Je compose un maigre sourire afin que le médecin ne stoppe pas l'entretien, j'ai besoin de tout savoir.

Suit un questionnaire complet. Combien d'enfants ? Quel âge ? Où sont-ils ? Où étiez-vous en vacances ? Antoine s'est-il rendu à l'étranger ? En Afrique ?

Non.

Quand Antoine est-il rentré de vacances ? Il y a douze jours.

Où était-il ? Au Cap Ferret chez des amis.

A-t-il vu beaucoup de monde ces derniers jours ? Quelques amis.

Est-il toxicomane ou prend-il de la drogue occasionnellement ? Non !!! Mais peut-on être certain…

C'est bien, ce jeu des questions, ça occupe.

Les infirmiers nous proposent maintenant de les suivre pour te voir. J'ai le sang glacé en passant devant des portes ouvertes sur des corps en attente de devenir, je songe au quotidien de ces infirmiers dans un univers oscillant en permanence entre vie et mort.

Tout en douceur, ils nous emmènent vers toi. Tu es situé juste à côté du poste d'infirmiers, sous surveillance permanente. Visite du poste, minuscule pièce de deux mètres carrés, une vitre permet une vue dans l'axe de ton lit. Ils sont deux pour s'occuper de toi en continu. La porte de ta chambre est grande ouverte. Ton père reste pétrifié, il n'arrive pas à faire les pas nécessaires pour s'avancer vers toi. Dans ce calme irréel, tout paraît suspendu. Dans un étrange écrin spatial repose le long pantin blafard pris d'assaut par une pieuvre dont les longs tentacules se sont profondément plantés dans son gosier.

Je n'intègre pas véritablement ce qui est sous mes yeux, comme si je me maintenais juste en lisière de l'impossible réalité, refusant obstinément d'y plonger. Je ne reconnais pas mon enfant dans l'enveloppe figée au milieu d'un fatras de tubes.

Ton père est d'un gris à faire peur. Je lui suggère de te parler. Trop pénible pour lui. Il est en état de choc. Je n'insiste pas, le cadre n'est pas approprié pour une scène de ménage. Le chef schtroumpf m'extirpe de l'embarras ambiant en m'envoyant m'entretenir au téléphone avec le médecin de la veille sanitaire.

Pour exister dans cet endroit avec un portable, il y a une bulle de réseau, à l'extérieur du bâtiment, sur un petit parking, là où se font les déposes des ambulances pour les urgences. Ce lieu improbable va devenir mon aire de télécommunication. À force de le parcourir en téléphonant, j'ai fini par couvrir la totalité de cet espace de mes pas, aucun centimètre carré de bitume que je n'aie foulé.

Le médecin de la veille sanitaire va droit au but. Son rôle est de prévenir les risques d'épidémie. Ce type de méningite s'avère majoritairement fatal et laisse une palette de séquelles catastrophiques en cas de survie. La contamination a dû se faire dans les douze jours précédant ton hospitalisation, d'autres personnes de ton entourage peuvent être également contaminées, que ce soit par celle qui t'a refilé cette cochonnerie ou par toi-même. Nous devons donc retracer précisément ton emploi du temps et retrouver l'identité de toutes les personnes avec lesquelles tu as été en contact.

Le cauchemar continue.

Une véritable épidémie ? Le médecin me rassure. Si on arrive à contacter ce soir toutes ces personnes et qu'immédiatement elles se rendent dans l'hôpital le plus proche pour prendre le traitement antibiotique adapté, elles seront hors de danger. Nous devons établir ensemble la liste dans un ordre de priorité en fonction de la fréquence de tes contacts avec ces personnes potentiellement contaminées. Il faut ensuite savoir où elles se trouvent et arriver à les joindre coûte que coûte ce soir.

De « Docteur House », j'ai fait un saut à pieds joints dans la série « 24 heures chrono ». Je suis Jack Bauer et j'ai quelques heures pour sauver le monde d'une gigantesque pandémie qui peut tuer toute la population. Comme Jack qui sacrifie régulièrement sa fille, je vais devoir laisser mes petits tracas personnels de côté pour remplir ma mission. Le tracas personnel étant présentement la mort supposée imminente de mon enfant. Je n'ai jamais recousu mes bras avec une fourchette, ni extrait une balle de bazooka de ma jambe avec les dents, je ne possède pas les codes de la Maison Blanche pour te sauver. Je peux juste attester que je suis encerclée par un personnel d'hôpital en tenue militaire, mais ouf, ils appartiennent à mon camp. A priori. Les terroristes sont ailleurs, dans ton crâne, semblerait-il.

3, 2, 1. Top chrono.

Mon premier appel téléphonique est pour ma sœur. Mathilde passe chez elle quelques jours de vacances. Je ne pleure pas, je m'en étonne. Comme une machine, je débite un laïus synthétique, froid, sans émotion. Ma sœur, de l'autre côté de la France, reçoit la nouvelle comme une déflagration, je la sens qui vacille, ses silences marquent les temps de récupération qui lui permettent de ne pas fondre en larmes. Je ne m'attarde pas, je donne les consignes. Se rendre de toute urgence dans un hôpital, demander aux urgentistes de prendre contact avec la veille sanitaire, se faire immédiatement prescrire LE médicament sauveur à prendre pendant trois jours.

– Ne dis pas à Mathilde qu'Antoine est dans le coma, dis-lui qu'il est malade, qu'il est à l'hôpital et qu'on s'occupe au mieux de lui. Tu penses que tu peux faire ça ?

Un filet de voix cassé répond oui, bien sûr, je comprends. Je raccroche. J'imagine la détresse de ma sœur et le pétrin visqueux dans lequel je viens de la jeter. La soirée va être longue...

Qu'importe, je suis Jack Bauer.

« Copy that ! »

Jeu de pistes

20 heures. Le chef schtroumpf délivre l'ordonnance pour se procurer le comprimé sauveur destiné à toute la famille. Moi, je ratisse méticuleusement le territoire, je téléphone encore et encore. Il est désormais temps de prévenir la famille. Je prends la voix la plus assurée possible, et je baratine en continu pour éviter des creux qui laisseraient alors la place aux questionnements. Factuelle. Je raccroche, j'ai l'oreille droite en feu et le ventre qui tricote dans tous les sens.

Ça n'est pas possible.

21 heures. Ton père est allé chercher ton frère. Le chef schtroumpf le reçoit dans la grande salle de repos, l'interrogatoire est rapide, un contrôle de principe. Clément tremble, ses yeux sont rouges, il peine à articuler. Je demande :

– Tu veux le voir ?

Les larmes qui montent dans ses yeux et sa lèvre qui tremblote signifient ensemble oui. Comme nous, il ne reconnaît pas le corps qui gît inanimé dans son cocon spatial. Il abrège, il est perdu. Nous sortons prendre l'air. C'est une nécessité. Ouvrir grand la bouche, de l'air pour chasser le noir qui cherche à s'immiscer dans nos esprits.

Ton père est hagard, je ne lui ai toujours pas demandé s'il a encore un boulot.

Nous sortons nous installer dans notre aire de connexion avec le monde, celle qui va nous permettre de ne pas devenir fous. Clément m'aide à remplir la mission d'investigation confiée par la veille sanitaire. Nous remontons dans le temps au fil de nos appels, avec la sensation de pénétrer par effraction dans ton intimité.

Petit à petit, je mets des croix en face des noms que j'ai griffonnés sur une grande feuille blanche. Des parents fous d'inquiétude me rappellent après que j'ai alerté leur enfant. J'explique, encore et encore… Pas de temps pour ma propre peur, je dois gérer celle des autres en une monumentale panique générale. Certains peinent davantage que d'autres à comprendre, ils rappellent, demandent toujours plus d'explications, l'affolement gagne du terrain.

Ils en oublient que mon enfant ne passera peut-être pas la nuit.

Il est près de 22 heures. Je retourne auprès de toi. J'aurais bien aimé constater qu'une toute petite chose avait bougé… *Nada.* Les draps sont toujours aussi bien lissés, pas l'ombre d'un mouvement n'est venu casser l'ordre trop parfait de ce tableau désespérément statique. Ta température est un peu descendue, un petit dixième, je me dis que c'est une super-extra-chouette nouvelle. Médecin et infirmiers répètent que nous devrions rentrer à la maison. Après cette journée terriblement éprouvante, je deviens plus encombrante qu'utile, si tant est que je l'aie été depuis que je suis arrivée ici.

Je sens Clément accablé. Il est temps de se replier.

Donc là, l'idée, c'est de te laisser seul dans cette atmosphère lunaire ? Toi, le spationaute perdu en apesanteur, botté de blanc, emmêlé dans un tricot de tubes. Je pense à Bowie, à la chanson « Space Oditty », tu es ce soir ce cosmonaute errant dans l'espace après que tout contact avec la Terre a été rompu.

Major Tom, qui va te tenir la main cette nuit ?

Les infirmiers me rassurent, ils sont là, veillent constamment, sans relâche. Au moindre changement, au moindre cil qui bat, orteil qui pointe, ils me téléphoneront, promis. Il faut rentrer chez vous, madame. J'ai le cœur qui s'éparpille en mille morceaux. Un sentiment abominable de t'abandonner à ton sort. Clément est patient, il me laisse revenir vingt fois jusqu'à toi. Je vérifie tout, que chaque câble, chaque tube est bien branché. Comme si j'y connaissais quelque chose. Je contrôle l'écran, les constantes, la pince sur ton doigt, je lisse une dernière fois les draps. OK, on y va.

Il fait nuit noire sur le parking de l'hôpital, il fait doux, c'est désert, seul le vigile veille dans son bocal, il prend son temps pour lever la barrière de sortie, nous salue gentiment.

Silence, tranquillité, paix.

Ground control to Major Tom
Your circuit's dead, there's something wrong
Can you hear me, Major Tom?
Can you hear me, Major Tom?

Comment se douter que derrière ces grands murs se déroulent des drames, que des vies sont prêtes à basculer d'une minute à l'autre ? Gorge serrée, plomb dans le bide.

Tandis que nous roulons, nos téléphones se remettent à sonner, vibrer.

Cette minuscule parenthèse de quelques minutes sans réseau nous a fait du bien.

Retour à la réalité. Ils sont nombreux ce soir en route pour les hôpitaux les plus proches. Ça fait du monde en mouvement.

Je reçois un appel désespéré de l'une de tes amies proches, Mélisande, celle qui d'après nos recoupements serait la plus susceptible d'avoir été contaminée. L'urgentiste de l'hôpital de notre ville refuse de lui donner le traitement, elle est mineure, sans adulte responsable pour l'accompagner, sa mère partie en vacances, elle n'a personne à qui s'adresser. L'indigent est borné, refusant d'appeler l'Institut de veille sanitaire : il ne fera rien sans la présence d'un adulte signant une décharge.

Ça tombe bien, je manquais d'occupations ce soir.

Vingt minutes plus tard, nous sommes sur place. Ma patience s'effrite. Un simple coup de fil à l'IVS suffirait, le têtu s'obstine, refuse… Je rêve de donner à cet imbécile une bonne raison de profiter à son tour des soins médicaux des urgences, la voie diplomatique l'emporte, le rétif obtempère.

Mon portable sonne, mon amie Arielle :

– Ma chérie, j'ignorais que ce genre d'endroit existait, c'est une véritable exploration ethnologique, les urgences d'un hôpital. Si tu voyais la salle d'attente, c'est comme s'il y avait eu une guerre dehors... Note que ça ne sert à rien de voyager, on peut faire du tourisme autrement, y a qu'à aller à l'hôpital... Un mec m'a parlé à travers un Hygiaphone pendant cinq minutes sans que je comprenne un mot, heureusement ma fille était là pour traduire. J'ai senti qu'on allait y passer la nuit, mais, coup de bol, le toubib nous a reçues direct, il n'a pas voulu qu'on contamine et qu'on fasse crever toute la salle d'attente, va savoir : on a notre ordonnance pour le médoc. Direction la pharmacie de la place de Clichy maintenant, avec un peu de bol, on sera au lit dans vingt minutes. Moi, tu peux pas savoir, je suis claquée, j'ai voyagé.

Je ris.

23 heures. Mélisande peut enfin prendre l'antibiotique. Soulagée, elle nous confie :

– Je viens d'avoir ma grand-mère au téléphone, elle est un peu sorcière. Elle voit et sent des choses... Elle m'a dit que ça va aller pour Antoine.

J'apprécie que les sorcières s'en mêlent, de la magie est demandée à Percy.

Oui, ça va aller.

Parce que définitivement...

Ça n'est pas possible.

23 h 30. La maison est lugubre. Trois ombres sont prostrées dans la cuisine. Comment dire que les appétits sont absents. Besoin d'alcool. Nous avalons nos comprimés de Rifampicine à grandes lampées d'alcool, ce qui est très recommandé dans la notice que je ne lirai pas. Ce soir, nous avons tous les droits.

Débrief.

Je mouline, je tords le cou au silence afin que le doute ne s'insinue pas. Il est l'heure de rendre les armes et de déposer à l'horizontale des carcasses exsangues, de reprendre du jus pour envisager la journée de demain qui s'annonce ardue. Auparavant, je m'enferme un moment dans mon bureau pour rédiger un mail à la veille sanitaire. État des lieux : mercredi 20 août, liste des personnes qui ont été en contact avec toi. Demain, le médecin de la veille sanitaire devra vérifier auprès de chacun que le traitement a bien été pris.

Tetris

21 août, 1 h 30.

Il est où ce putain d'interrupteur cérébral ? Je suis au lit depuis une heure et tourne en boucle cette journée infernale. Pourquoi ne suis-je pas allée à l'hôpital où je vous emmenais toujours quand vous étiez malades ? Mais quelle idée conne d'être allée dans ce service d'urgence que je ne connaissais pas… Et si mon médecin traitant n'avait pas été en vacances ? Et si son associé ne s'était pas blessé, et si son fils n'avait pas fait une appendicite ? Et si le médecin des urgences à domicile m'avait donné l'adresse de l'hôpital Percy au lieu de la clinique de Smiley ? Et si, voyant que les médecins ne réagissaient pas ce matin, j'avais suivi mon intuition et fait un scandale pour qu'on prenne sérieusement ton cas en charge ? Et si j'arrêtais d'être trop sympa ?

Eh bien, tu serais certainement dans ton lit, à la maison, avec le traitement adéquat pour éradiquer cette saloperie et on ne parlerait pas de pronostic vital…

J'ai merdé…

Forcément, j'ai merdé.

Un Tetris d'hypothèses s'entrechoque dans ma tête. Chaque possibilité est une petite brique avec une forme différente. Je vois les petites briques tomber, je cherche à les emboîter comme il faut, mais ça ne colle pas. Je n'y arrive pas.

3 h 45. J'ai des bouffées d'angoisse, je suis asphyxiée. La gorge et le ventre se contractent en même temps, l'air ne passe plus. Je me sens mal.

4 h 50. Je capitule sur le fait que je puisse trouver le sommeil.

C'est mort. Non, ce mot est proscrit.

J'ai envie de me lever et d'aller taper « méningite » dans Google. Je ne pense qu'à ça. Sauf que je me suis fait une promesse à moi-même, hier soir : m'interdire ABSOLUMENT de googleter, c'est la pire chose à faire. Je sais que je vais trouver tout et surtout n'importe quoi. Je ne dois pas. Du tout, du tout, du tout.

Je me concentre sur toi, si je pense fort, fort, fort à toi, tu vas le sentir.

Tu le sens ?

J'en suis certaine.

D'ailleurs, l'hôpital va m'appeler dans un instant pour me dire que tu es sorti du coma, que tu as ouvert les yeux et que tu vas très bien.

On rentrera à la maison et je finirai ma nuit avec Kevin Costner.

5 h 20. Qu'est-ce que ça passe lentement…

Ils m'ont dit que je pouvais téléphoner quand je voulais. Donc maintenant, si j'ai envie, je peux. Parce que, de leur côté, ils n'ont pas encore appelé. C'est bon signe ou pas ?

Je reprends la brochure qu'on m'a remise aujourd'hui en arrivant. J'y trouve le numéro d'appel.

– Heu, bonsoir ? Heu, bonjour plutôt. C'est la maman d'Antoine Legrand. Je suis désolée d'appeler à cette heure-ci, mais j'aimerais savoir si tout va bien.

La voix de femme qui me répond est jeune, très douce. Elle me dit que je peux joindre le service quand je veux, cela ne pose aucun problème. Ton état est stable, rien n'a bougé dans un sens comme dans l'autre. Tu as toujours de la fièvre, mais pas trop non plus.

– Est-ce que vous voulez savoir autre chose, madame ?

– Heu, non, merci… Merci… Merci beaucoup.

Je retourne à mon fromage de tête et à mes hypothèses vaines. Inlassablement, je repasse cette journée du 20 août. Et si… Et si… Je fais des piles de « si » qui ne cessent inlassablement de se casser la gueule.

8 heures. C'est décent pour décider de bouger. Effroi lors du passage aux toilettes, pipi orange ! Mais pas n'importe quel orange, orange fluo, c'est joli. Ai-je le souvenir d'avoir avalé de l'uranium hier soir ? Ton

père me voit sortir en trombe des toilettes, il rit. Je n'étais pas présente hier quand le médecin a expliqué les effets secondaires psychédéliques de l'antibiotique… Ce matin, toute une population pisse fluo en ton honneur. C'est beau, ce pipi de solidarité.

Je saute dans la douche, avale un thé d'un trait. Ton père et moi sommes deux fantômes ce matin, pas causants, pas plus frais l'un que l'autre. Pas la peine de se demander si on a bien dormi, les visages fripés le disent.

Je traîne un peu, l'infirmière m'a prévenue qu'il vaut mieux arriver après 10 heures. Avant, il y a les visites des médecins, la toilette, les soins, je devrai certainement patienter en salle d'attente si j'arrive trop tôt.

9 heures. Il me faudrait un livre ayant le pouvoir de m'occuper un morceau d'esprit pendant les longues prochaines heures. Je parcours tous les rayons de livres des bibliothèques de la maison, je fouille dans les multiples piles qui trônent un peu partout dans le salon et les chambres, rien ne me tente. Et puis, dans les rayonnages de l'escalier, je trouve ce livre que j'ai posé là, depuis un certain temps, dans l'idée de le ranger. Clément l'avait acheté et dévoré d'une traite. « Maman, il est génial ce bouquin, il faut que tu le lises. » *La Vérité sur l'affaire Harry Quebert.* Joël Dicker me tend ses pages, je le cale au fond de mon sac.

Je me mets en chemin. Attendre pour attendre, autant que cela soit au plus près de toi. Ce trajet vers l'hôpital m'est si familier. J'ai emprunté cet itinéraire chaque jour pendant dix ans pour me rendre à mon travail. Un itinéraire tortueux, uniquement fait de petites routes, pas d'embouteillages, me faisant passer devant l'hôpital des Armées de Percy. J'avais toujours supposé qu'il était exclusivement réservé aux militaires. Jamais je n'aurais imaginé y pénétrer un jour. Je voyais cet endroit comme une base militaire secrète, un lieu mystérieux dont on ne franchit pas les remparts comme ça.

Un flot de larmes impromptu vient de jaillir sans prévenir. Énorme. Je cherche à canaliser et puis, finalement, je décide que c'est un endroit propice pour ouvrir le robinet.

C'est ça, je vais m'autoriser à me laisser aller pendant ces trajets.

Ça fait quoi, vingt minutes de chialeries ?

Une paille sur toute une journée.

Et peut-être qu'en vidant bien, je peux tenir toute la journée sans pleurer à nouveau.

Je pleure sans retenue, limite si je n'exagère pas.

Je renifle, je mouche, je sèche, Kleenex, Kleenex, Kleenex.

Je jette un coup d'œil au rétroviseur central. Arrêter avant le point de non-retour où je serai trop rouge et boursouflée. Ça doit passer inaperçu à mon arrivée à l'hôpital.

Vitres fermées, personne ne peut m'entendre, alors je crie.

Ce jour-là, entre la maison et l'hôpital Percy, des personnes rapporteront qu'elles ont croisé une folle rougeaude, luisante et pleine de morve, hurlant toute seule au volant de sa voiture.

Dans son habitacle roulant isolé du monde, elle hurle en boucle cette phrase qui va devenir son cri de guerre :

– Ça n'est pas possible !

À cinq cents mètres de l'hôpital, je ravale tout, je sèche, je vérifie une dernière fois dans le rétro que rien ne trahit cette séance de thérapie. Nickel.

Vaisseau spatial

9 h 30. J'arrive dans le hall. Je n'avais pas remarqué hier que cet endroit possédait une forme de majesté. Une immense verrière produit une belle lumière naturelle, ce matin d'août. Le hall est gigantesque, parsemé de palmiers, traversé de coursives suspendues qui quadrillent l'espace ; il incite à la paix malgré son statut militaire. Je prends l'ascenseur pour descendre au niveau de la « réa ».

Personne ne dit « réanimation », on dit « réa ». Comme cafet', c'est plus cool.

J'entre dans la salle d'attente. On ne dit pas « salledat' ».

Je range mes affaires dans MON casier, l'unique qui ferme à clé. Je vais me laver les mains, soigneusement, consciencieusement. J'appuie sur le bouton de l'interphone.

– C'est la maman d'Antoine Legrand. Je peux entrer ?

La voix me répond qu'elle va se renseigner. Quelques instants plus tard, elle reprend :

– Pas encore, madame, on lui fait les soins. Nous vous appellerons.

Je m'installe à MA place, le seul siège qui, lorsqu'on tend le bras en l'air, autorise une minuscule barre de réseau téléphonique. La secrétaire du service, qui m'a entendue, vient me proposer un café. J'accepte avec reconnaissance cette source de réconfort. Cette jeune femme est en tenue d'officier militaire, les cheveux attachés avec perfection en arrière. Elle me parle avec beaucoup de douceur et d'empathie. Nous devisons quelques instants. J'apprécie cet endroit où l'humain reprend le dessus.

Elle repart à sa tâche et je m'assieds. Je dois canaliser cette peur qui me submerge à nouveau. Je sors mon livre et j'en commence la lecture. Le style est fluide, agréable, facile, prenant. Compagnon parfait pour cette attente. Si je saute une page, je ne m'en apercevrai probablement pas.

10 h 45. Je suis toujours seule dans cette pièce sinistre. Où peuvent bien être les familles des autres pensionnaires de ce service ? Ils sont déjà rodés, ils savent que ça ne sert à rien d'arriver trop tôt. L'interphone me fait sursauter.

– La famille de monsieur Antoine Legrand est autorisée à entrer en chambre.

Ici, tu es un monsieur…

Le même infirmier que la veille m'accueille à l'entrée. Il s'appelle Mathieu ; à l'entendre, il vient manifestement du sud de la France. Il a déjà la tête du mec gentil, mais son accent chantant lui fait encore gagner des points de sympathie. Il m'explique que tu es stable, raccourci de « ton état est stable ». Beaucoup de choses sont raccourcies à l'hôpital, y compris les mots et les phrases.

Rien n'a bougé depuis hier ? Je prends ça comme un truc positif.

J'entre. Tu es en effet exactement dans la même position qu'hier, peut-être ont-ils un poil remonté la tête de ton lit, à tel point qu'on a l'impression que tu es assis. Je souris en observant ta tenue. Rien vu de plus ridicule. Je m'en veux d'avoir cette pensée, mais j'imagine que, si tu te voyais, tu serais horrifié. Ou tu mourrais de rire, ce qui serait toujours mieux que d'une méningite.

Je vais faire mon Arielle, ma copine qui balaie les feuilles des arbres au même rythme qu'elles tombent sur sa terrasse, une à une. Elle a des placards rangés comme je n'en avais jamais vu avant de la connaître. Je vais faire du rangement. Ta belle tunique blanc et bleu est un peu remontée et laisse entrevoir les jarretières de tes élégants bas blancs, mais surtout je constate qu'une grosse serviette éponge étalée comme un large string fait office de cache-sexe. La serviette a glissé et, du pas de la porte, la vue est plongeante sur tes couilles. Je range tout ça. La dignité est capitale. Je vais militer contre l'usage dégradant des blouses d'hôpitaux. Quel frustré a un jour conçu cette chose destinée à exhiber le cul des gens hospitalisés ? Un effet cu-ratif dans le fait de se trimbaler les fesses à l'air ? Toi, tu as le look complet. La blouse, le string-serviette, les bas et les chaussures géantes qui gonflent, qu'on peut vraiment qualifier de « pompes ». Mathieu explique que ces tatanes de spationaute simulent la pression de la marche pour éviter les complications veineuses telles que les phlébites. L'immobilité totale de la population comateuse de réa génère tout un lot de dommages secondaires. Dans cette liste, il y a les escarres. Terme moche. Il suinte, rien qu'à le prononcer. Pour pallier le risque de plaies qui guettent le corps immobile, le matelas se gonfle, brasse, malaxe la chose inerte qui repose dessus. Tu es posé dans un espace composé de mobiliers et d'objets qui bougent à ta place. Tes chaussures, ton matelas, tes tubes, tout se remplit, se vide, se rétracte, suivant un tempo régulier : pauvre marionnette, ta vie ne tient qu'à des câbles, tubes, tuyaux, sondes.

Je me suis installée sur la chaise que m'a apportée Mathieu. J'ai pris ta main dans la mienne. Je la caresse, je la pétris. Je sais que tu es là, je ne sais pas déterminer à quelle distance, mais j'ai la certitude que tu sens ma présence.

Je te parle sans interruption, je t'explique où tu es, pourquoi, comment.

M'entends-tu ? Tu DOIS vivre !

Je parle, je t'embrasse, je te menace de représailles odieuses et insensées si tu ne survis pas. Je scrute tes constantes, la fièvre ne descend pas.

Ma vie est suspendue aux signaux sonores de cette satanée machine. De temps à autre, un truc s'emballe, une sonnerie retentit, un chiffre clignote en rouge et je m'affole. Je guette, et si personne n'est là dans les dix secondes, je me rue dans le couloir, alpaguant tout le personnel, y compris la femme de ménage. Mathieu ou une infirmière de garde vérifie alors les branchements, les données, coupe la sonnerie et repart en me rassurant. Mon cœur vacille à chaque alerte. Chaque retentissement d'alarme claque comme un arrêt cardiaque. Je dois m'accoutumer à ces stress, ne pas m'indigner du temps d'intervention. Je suis dans l'incapacité de rester assise sur ma chaise plus de dix minutes d'affilée. Cette attente me tue plus que toi.

Je respire inconsciemment au rythme du respirateur. Dark Vador est à côté de moi, je reconnais son souffle lent et bruyant.

Je pleure ?

Non, j'ai vidé mon réservoir de larmes dans la voiture ce matin, ça doit être une erreur.

Est-ce que je t'ai déjà dit que je t'aimais ?

Ah oui, déjà cinquante fois depuis ce matin.

Et tout cet amour ne te donne pas envie de finir ta sieste, là, petit branleur ?

Pardon, tu as raison, mon chéri, récupère, profite d'être peinard, de glander et de faire comme si tu ne m'entendais pas.

Le chef des bleus vient faire un point, accompagné d'une femme, elle dirige avec lui ce service. Les internes suivent à la trace les deux califes. Une cohorte de Schtroumpfs qui semblent à peine plus âgés que toi. Le chef des bleus m'explique que la nuit s'est bien passée, et si rien ne vient perturber cette journée, ils tenteront de baisser la sédation demain. Si alors tu sortais de ton coma, ils commenceraient à évaluer les séquelles éventuelles. « Séquelles éventuelles. » Ça résonne comme la boîte noire d'un avion après crash, sur le point de révéler des horreurs. J'aime pas. Le docteur poursuit. Des complications sont toujours à craindre en réa. Des attaques bactériennes sont possibles (on est dans *La Guerre des étoiles*, ça se confirme).

Je n'imagine qu'une seule issue, je ne veux pas entendre la suite.

Je m'installe pour une pause dans mon espace de communication téléphonique. C'est aussi l'espace fumeur du personnel. D'un côté, assise sur les trottoirs ou adossée aux murs, se détend une population éreintée, une cigarette au bout des doigts ou des lèvres ; de l'autre, une population hagarde avide de 3G arpente l'espace central selon des trajectoires circulaires, portable collé à l'oreille. C'est ma catégorie.

Quand je retourne auprès de toi, je suis rechargée d'au moins deux barres d'énergie après un échange régénérant et fortifiant avec mon amie Florence. Je ne laisse pénétrer dans ma sphère que les porteurs de courant positif. Les grincheux, les ruminants d'idées noires, les désenchantés de la vie et autres pessimistes rois des lamentations, les racketteurs d'énergie qui tels des Shadoks avides pompent goulûment le carburant des autres, allez voir ailleurs.

Ton père me rejoint. Il a un peu une tête de Shadok, parfois… Il se fige sur une chaise de l'autre côté de la chambre.

Nous passons une bonne heure dans cette configuration, moi accrochée à ta main. Je ne consens à te lâcher que pour aller chercher les infirmiers quand les sonnettes s'affolent. Il est l'heure de déjeuner, besoin de prendre l'air, cette attente nous étrangle. On est en août, il fait un temps magnifique, c'est paradoxal. Je concevrais mieux un ciel d'orage grondant. Nous sillonnons en voiture la ville avoisinante pour finir installés dans une petite brasserie à pianoter fébrilement sur nos téléphones. Comment faisait-on quand il n'existait ni portable ni 3G ? Informer, mais pour dire quoi ? Qu'on ne sait rien ? Les technologies ont apporté les informations vides de sens. En expédiant mon message de non-information, je partage du rien, j'alimente l'état de suspension en l'air de ce drame. Mais, si je ne le fais pas, j'aboutis au même résultat, personne ne comprendrait une rupture du flux. Curieux dilemme.

Là, dans cette brasserie, au milieu de toute cette normalité, je te sens, ta présence nous enveloppe. Tu es avec nous.

Cette vie normale qui papillonne est à la limite du supportable. Le monde tourne, mais, à notre échelle, tout s'est suspendu. Une tragédie se joue, susceptible de faire basculer nos vies pour le restant de nos jours, et le monde frétille tout autour dans une écrasante indifférence.

Ça n'est pas possible.

Et si…

Retour dans le vaisseau de l'espace.

J'avais méticuleusement enregistré la position de ton corps en partant : tu n'as pas bougé.

Les habitudes se prennent très vite, chacun de nous regagne son poste. Chacun sa chaise, de chaque côté du lit.

Ton père fait une tête d'enterrement, pourtant j'aimerais lui dire que c'est un peu prématuré. Je reprends ta main. Je devrais en faire un moulage pour en avoir un exemplaire à la maison que je pourrais tenir la nuit.

Tu es toujours aux abonnés absents.

Le temps coule sans linéarité, distendu à l'extrême, disloqué par instants. Je ne fais rien d'autre que te regarder, te parler, te toucher. Ton père demeure rigidifié sur sa chaise, les bras croisés tellement fort que j'ai du mal à croire que le sang circule. Son visage ne se desserre pas, il semble fossilisé sur son séant. Cela fait bien des années qu'il ne s'habille plus qu'en noir, jean noir, chemise noire, chaussures noires, parfois regard noir dans ses yeux si clairs. Ce noir m'indispose, fait planer une ombre sombre dans cette chambre.

Je rêve d'un pilier réconfortant qui saurait me rassurer en soufflant des mots positifs, des « Ça va aller, ma chérie », des bras optimistes qui me serreraient fort. Lui se noie, seul dans son chagrin, complètement anéanti.

Régulièrement nous sommes priés de sortir de ta chambre, pour des soins, des contrôles. Les rituels s'installent. En face de ton lit, il y a une gigantesque horloge à aiguilles, il doit y avoir des patients à la vue très altérée. Elle, c'est notre repère temps. J'observe ton corps, tes membres immobiles. Ton cerveau s'est-il fait atomiser, tes circuits nerveux et tes neurones se sont-ils fait pulvériser ? Si tu avais le choix, préférerais-tu baisser le rideau, là, plutôt qu'envisager ta vie aveugle, ou sourd, ou tétraplégique, ou décérébré, ou tout à la fois ?

Et moi, si j'avais le choix, je dirais quoi ?

Je dirais que ça n'est pas possible.

J'ai envie de vomir et de chialer... À quoi bon établir la liste des « si », alors que tu es au bord du précipice ? Je sais que ton père pense à la même chose que moi. Il faut rester dans le moment présent, les spéculations parasitent.

Le chef de la réa revient avec sa collègue. Ils sont très beaux tous les deux. Ils vont très bien ensemble.

– Nous avons les résultats. Il s'agit d'une méningite à méningocoque de type W135. Ce n'est pas un germe courant, surtout en Europe. Nous attendons les résultats d'ici demain pour la listéria. Nous explorerons par la suite les causes d'un éventuel déficit immunitaire. Nous adaptons les antibiotiques au vu des résultats, l'un d'entre eux va être stoppé dès maintenant. Quand nous aurons les résultats pour la listériose, nous adapterons à nouveau. Il reste toujours une légère fièvre, mais nous partons sur l'idée de baisser la sédation demain matin.

La question qui nous brûle les lèvres, nous ne la posons pas.

Personne ne sait.

On aimerait bien leur extorquer des phrases d'espoir mais, honnêtes, ils s'en tiennent aux faits.

On voudrait aussi qu'ils ne s'occupent que de toi. Ce couloir comporte une dizaine de chambres comme la tienne, toutes occupées par des gens pas super en forme. Il va bien falloir accepter de partager les médecins avec tes camarades de coma.

Nous les regardons se diriger vers la salle d'attente. Ils reviennent quelques instants plus tard avec toute une famille. Les uns pleurent, reniflent, les autres semblent terrifiés, certains tiennent à peine debout.

On les installe doucement dans la fameuse salle de repos, tous en cercle. Le chef des Schtroumpfs a retiré son couvre-chef en papier bleu. Le protocole est rodé. J'échange avec ton père un regard compatissant. À leur tour d'encaisser. Voilà donc la fonction essentielle de cette pièce. Salle de repos et sales nouvelles.

Au milieu, ce tout jeune médecin chef, Schtroumpf en Crocs bleus. C'est son boulot, chaque jour, de faire face aux familles effondrées, de trouver les mots adéquats pour décrire la réalité crue, répondre avec diplomatie aux questions insistantes, affronter l'effroi, l'incompréhension, la colère, le chagrin, les rejets.

À observer les visages en larmes de cette famille, les sanglots, les hoquets, les plaintes, j'estime avoir de la chance. Leur situation semble beaucoup plus grave que la nôtre. Les pauvres gens, je les plains, parce que moi, je sais un truc que personne ne sait ici : tu vas t'en tirer.

J'ignore, à cet instant, que la jeune fille à la famille qui pleure à grande eau sera repartie deux jours plus tard, totalement tirée d'affaire. Alors que toi…

Arielle m'appelle, elle est folle d'inquiétude. Elle m'a envoyé un sms un peu plus tôt qui m'a fait sourire : *« Je ne suis pas bigote, mais je prie. »* Moi, je suis totalement athée sur le papier. Seulement là, comme elle, je suis prête à prier la terre entière, la galaxie et tous les dieux quels qu'ils soient pour que tu t'en sortes. Arielle me demande quel visage tu as. Je lui réponds que tu sembles très paisible. Je décris ta tenue, on se fout de ta gueule ensemble. Je lui demande :

– Tu veux que je t'envoie une photo ?

– J'aimerais, oui.

– Dis-moi, toi aussi c'est orange ?

– Pas orange, fluo…

– C'est beau, moi j'dis !

Avec mon téléphone, j'essaie de cadrer ma photo sous un angle avantageux, afin de ne pas trop voir la canalisation qui rentre et sort de toi. Je sais Arielle très sensible, l'idée n'est pas de la faire vomir lorsqu'elle recevra l'image. Je fais un gros plan sur tes pompes de l'espace. J'envoie les photos. Elle me répond qu'elle aimerait bien avoir les mêmes chaussettes blanches et chaussures pour bosser, ça l'aiderait pour ses problèmes de jambes lourdes.

Pantin blanc

Je cherche désespérément une connexion avec ton esprit dans cet étalage inerte. J'articule dans le creux de ton oreille à coups de décibels débridés. J'espère que, de là où tu es, tu m'entends, ne serait-ce qu'un petit peu.

Entends-moi bien.

Cette pute de W135 envoyée mystérieusement d'un autre continent ne va pas te faire abdiquer. Ma colère expulse un torrent d'adjectifs vulgaires dans la conviction ferme que cette putain de saloperie de bactérie de merde finira atomisée et ce sera bien fait pour sa gueule de connasse de chiotte de bactérie.

Tu dois tenir bon ! Tu n'as pas l'autorisation de démissionner, compris ?

Sinon quoi ?

En te touchant, j'ai encore actionné par erreur les boutons sur les côtés du lit.

Merde, merde, merde.

Te voilà qui remonte en position assise, ça tire sur les tuyaux de ta bouche.

Merde ! La boulette…

Je touche tous les boutons, mais du coup, au lieu de redescendre, tes pieds montent.

Mais non !

Ça tire sur les câbles de tes chaussures galactiques et toi, tu glisses doucement sur le côté…

Le W135 ne t'a pas encore tué, c'est ta mère qui est en train de le faire.

Je pars en courant chercher Mathieu. Le nez dans mes chaussettes, morveuse, j'explique que j'ai mis un peu de désordre. Il répond par un beau sourire, les yeux farcis de compassion.

J'imagine que j'ai commis l'erreur du débutant de réa.

– Ne vous inquiétez pas, si un truc se débranche, c'est simple, ça va biper et on rebranche, voilà.

– Merci, Mathieu.

Il vient donc te « ranger » tout comme il faut dans ton coffret, vérifie tout.

Ouf. Ta mère ne t'a pas achevé.

Ton père et ton frère viennent d'entrer dans la pièce.

Clément tremble, il est blême, il s'installe à tes côtés et te tient la main. Maladroit, mais il faut lui pardonner, il n'a pas eu de formation pour faire ça… Il répète que tu dois tenir bon, qu'il t'aime. Il pétrit délicatement ta main. Il pleure. J'ai le cœur haché menu.

Et ta sœur, Mathilde ? Comment la préserver ?

Je sors téléphoner à ma sœur.

Leur soirée de la veille, véritable jeu de piste oppressant de recherche de la pilule qui repeint la cuvette des toilettes orange fluo, s'est transformée en road movie à travers tout le département des Alpes-Maritimes. Mathilde n'a pas compris pourquoi il lui a été imposé immédiatement de porter un masque en papier pour l'entretien avec les médecins. La région est vaste, et les pharmacies de garde possédant la pilule rares. Leur périple les a conduites de pharmacies en commissariats, de commissariats en pharmacies, pour s'achever dans l'épuisement vers 2 heures du matin, avec plusieurs centaines de kilomètres au compteur, mais la précieuse pilule flashy en poche.

Est-ce que je veux parler à Mathilde ?

En arrière-fond, j'entends des rires, j'espère celui de ta sœur au milieu des autres, ça joue bruyamment aux cartes.

Non, je ne préfère pas… Qu'elle m'appelle quand elle en aura envie…

Je voudrais suspendre le temps qu'il lui reste avant de plonger dans ce désastre.

Compte tenu de son jeune âge, il ne lui serait pas permis de pénétrer en service de réanimation. En vérité, dans cet hôpital qui a ses propres règles, les médecins examinent chaque demande, et le chef schtroumpf nous a vivement conseillé d'attendre : la vue de son frère dans le coma avec ses appareillages pourrait être traumatisante. Je préfère la savoir accaparée par une crapette avec ses cousines, dans une réalité floutée, à l'abri de la vérité indigeste. Je hais l'idée de dissimulation, optant pour un arrangement peu honnête, mais commode. Ma sœur ne me contredit pas. Solidaire, elle fera son possible en affichant une belle humeur malgré le paquet bien pourri à garder rien que pour elle.
Merci, petite sœur.

19 h 30. L'équipe de nuit a pris le relais après le passage des infos, la « transmission ». Le tandem Charlène-Jérémie va s'occuper de toi ces prochaines heures. Très vite, ton père va baptiser Charlène « Petit Chat ». Charlène n'est que douceur, regard généreux rempli à ras bord de bienveillance. Le tandem fait preuve d'une gentillesse et d'une sollicitude touchantes à notre égard. Et puis ils sont si jeunes tous les deux.
À y réfléchir, ils sont tous jeunes, ici.
Je ne me lasse pas de m'en faire la réflexion.
Ou c'est moi qui suis vieille ?
Aïe !
Je suis vieille…
Ce n'est pas un service d'adolescents prépubères, ce sont des adultes, point.
Et moi, je suis vieille.
Voilà.

W135

20 heures. Je décide de rentrer. Au volant, oreillettes ajustées, je téléphone. Utilisation optimale du temps, là, je m'en tape de mes points de permis. Je tisse une stratégie de crise, une personne reçoit l'info, elle la dispatche à son tour à un autre groupe. Chaque appel me demande de puiser dans une provision d'énergie qui commence lentement mais sûrement à s'amenuiser. Cela dit, chaque échange distille suffisamment de chaleur humaine pour me redresser la colonne vertébrale.

Je regagne la maison et notre famille amputée, ton frère, ton père et moi, blottis misérablement dans notre minuscule cuisine. Mais ce soir, le bilan est positif, tu es toujours en vie.

Jusque-là, tout va bien.

Ça va aller.

Il faut.

On se serre dans les bras les uns des autres.

On s'embrasse, il ne sert à rien de laisser couler les larmes toute la soirée.

Je suis à la fois épuisée et une foutue boule de nerfs.

Sans mon accord, mes jambes me traînent dans mon bureau où, sans mon consentement, mes mains allument mon ordinateur.

Google…

Je m'étais promis…

Allez, juste une toute petite fois, rien qu'une, et si c'est trop dégoûtant, je referme immédiatement.

Méningite à méningocoque W135… W135, ça sonne comme une arme nucléaire, non ? Une arme de destruction massive, terrible.

Méningite A, B, C. Les types qui ont découvert ces charognes ont fait l'alphabet pour dégoter un nom, facile. Je trouve qu'il existe également une X et une Y, d'autres ont pris l'alphabet en sens inverse, en zappant le Z. Mais W135 ? Manifestement, les A et W135 sont rangées un peu ensemble, on les trouve principalement en Afrique. La souche W135 apparaît visiblement davantage en Afrique de l'Ouest. Elle est beaucoup plus rare que ses collègues et semble n'avoir été découverte qu'en 2000. C'est une souche particulièrement virulente qui a atteint des pèlerins revenant de La Mecque. D'où le nom de « méningite de La Mecque », établi à la suite des attaques meurtrières en masse durant des pèlerinages. La maladie est extrêmement contagieuse, et le taux de « létalité » lié à cette souche particulière est plus élevé que les autres. En médecine, on ne parle pas de mortalité, mais de létalité…

Je devrais refermer l'ordinateur, là, immédiatement.

Je savais que ça n'était pas une bonne idée.

Ce que j'en retiens, c'est que, dans la majorité des cas, les personnes atteintes sont soit localisées en Afrique, soit revenues d'un voyage sur ce continent. Mais toi ? Comment t'es-tu débrouillé ? Le 13 août, tu as fait une escapade à La Mecque avec Mélisande ? Aller-retour en Arabie saoudite juste le temps d'une soirée pour un shoot de W135 ?

Bon, je vais me coucher.

Zut… J'ai oublié de regarder « listéria » sur Google… Tant pis, j'ai ma dose.

Pipi fluo et au lit.

Malgré la douche interminable que je viens de prendre, mon corps tout entier sent l'hôpital, ou plus exactement la réanimation. C'est à la fois un mélange de ton odeur et des produits de soins. Acre, résistant, entêtant même. Je ne dirais pas que ça pue, mais ça remplit abondamment les narines. Je débute une nouvelle nuit de chouette, yeux grands ouverts, tricotant à nouveau dans ma tête mille et un scénarios plus glauques les uns que les autres.

Déstabilisant, ce contraste jour/nuit.

Mon esprit est noir foncé, oui, ça existe, c'est plus noir que noir.

Est-ce que tu souffres ?

Les médecins semblent penser que non.

Et si je répète, dans ma tête en boucle, tiens bon, tiens bon, ça va aider ?

Tu sais, je suis prête à tout, même à un pèlerinage à La Mecque à genoux si ça pouvait te tirer de cet enfer. J'envie les croyants qui ont une bouée salvatrice à laquelle s'accrocher. Au moins, ils savent comment, quoi, où et qui prier. Moi, je bois la tasse, je compose mes propres prières pour résister à la noyade. Je prie je ne sais pas qui et n'importe comment. Ce que je sais, c'est que je ne me laisserai pas couler.

Je t'aime.

J'ai besoin de toi.

Plutôt en vie.

Ça va aller.

C'est ma prière.

Le Sauveur

22 août. Je suis fripée comme une vieille date racornie. Il faudra que je cherche si je n'ai pas des Stilnox cachés dans un tiroir pour m'assommer la nuit prochaine, sinon je vais bientôt ressembler à Michel Houellebecq.

Pipi fluo.

Combien sommes-nous ce matin à penser à toi et à contempler le Fanta au fond de la cuvette ?

Je téléphone au service de réa.

La situation est la même qu'hier.

On t'attend toujours, tu n'es pas revenu.

Il est important que je défroisse mon corps ratatiné avant d'attaquer cette nouvelle journée de combat. Une série de salutations au soleil et, pour finir, la posture du cadavre, posture qui, pour le coup, me parle ce matin. Je me convaincs que j'ai une superpatate pour me lancer dans la bataille. Je jette un œil à mon téléphone avant de partir. Sms de mon amie Aline : *« Appelle-moi, on peut vous aider. »*

Ma chérie, je ne vois pas bien comment… Elle s'est peut-être lancée dans un trafic de drogue ?

Embarquée dans ma voiture, je déclenche le programme lavage. C'est l'heure des grandes eaux qui nettoient. Pleurer lave bien. Mon portable sonne. C'est Aline. J'interromps mon cycle rinçage et je réponds.

– Il faut que je te parle d'un truc… commence doucement Aline. C'est sûr, elle va me proposer de la coke. Elle marche sur des œufs, ne sachant pas très bien quelle sera ma réaction.

– J'ai une amie dont la sœur a été très gravement malade, elle a failli mourir. Elle avait un cancer de l'œsophage très avancé. Sa dernière chance était une intervention chirurgicale pour lui enlever une partie de l'œsophage. Seulement, chose assez rare, ça ne s'est pas bien passé. Il est apparu une fistule, c'est une sorte de brèche impossible à réparer en chirurgie. Quand tous les médecins la croyaient perdue, sa sœur a fait appel à une personne qui vit dans le sud de la France. C'est une sorte de magicien, un guérisseur, il voit des choses. Il peut entrer en contact à distance avec les esprits des personnes qu'il prend en charge et les aide du mieux qu'il peut. Il leur envoie de l'énergie et nettoie ce qui les empêche d'avancer ou de guérir. La sœur de cette amie s'en est sortie. Quelque temps après l'intervention du guérisseur, on lui a fait un scanner pour vérifier la fistule. Elle avait totalement disparu… Les médecins n'ont pas compris comment. Un truc de dingue. Un miracle, quoi…

Le mot miracle me plaît, il est tout ce dont j'ai besoin ce matin, j'aime moins fistule (ai-je déjà employé ce mot dans ma vie ?).

Elle continue :

– Tu vas peut-être me dire que je suis folle… Mais j'ai demandé, hier, à mon amie de le contacter. Il est d'accord pour s'occuper d'Antoine. Tu sais, c'est quelqu'un d'extraordinaire, un vrai magicien. Tu accepterais ?

À cet instant, je dois dire que mon cerveau gauche, logique, rationnel, fait une joute avec mon cœur en lambeaux. Mais j'étais prête cette nuit à parcourir des kilomètres jusqu'à La Mecque à quatre pattes pour te sauver, alors pourquoi pas un magicien ? Un fond de suspicion résiste. Fait-il cela pour de l'argent ?

– Non, me répond Aline. À l'âge de huit ans, il a été déclaré cliniquement mort après une banale opération d'appendicite, mais sa mère raconte qu'il a retrouvé son souffle alors qu'il avait déjà été transféré à la morgue. À partir de là, il n'a plus réussi à dormir normalement. C'est un homme qui n'a quasiment pas besoin de sommeil, moins d'une heure lui suffit par nuit. En grandissant, il a découvert qu'il avait un don, non seulement pour lire dans les esprits et les corps des gens, mais également pour soulager leurs douleurs, leurs peines. Depuis, il aide les autres.

– OK, ma chérie. Dis-lui que je suis d'accord.

– Le truc hallucinant, c'est qu'il s'appelle Salvatore. Tu sais, ça veut dire "Sauveur" en italien…

Me voilà passée de l'autre côté. En seulement deux jours, j'ai franchi la frontière de l'irrationnel. Ça ouvre des perspectives, exactement ce qu'il me faut. La religion requiert de l'initiation, un enseignement, de la pratique, un véritable engagement qui ne me convient pas, la magie demande juste de l'ouverture d'esprit ou de l'inconscience, ou les deux : ça me va.

Il est 9 h 30 quand j'arrive à Percy, je procède à mon petit cérémonial dans la salle d'attente, casier, désinfection des mains, interphone.

– C'est la maman d'Antoine Legrand.

Oui… je sais… il est trop tôt, je reviendrai après 10 h 30.

L'adorable secrétaire m'a entendue, elle vient me saluer. Elle me propose un café, que j'accepte sans hésiter. Ça y est, j'ai mes habitudes. On papote un moment, elle repart à sa tâche. Ce café est un présent d'humanité qui me réchauffe chaque matin. Le chef schtroumpf fait son apparition, il souhaite me parler.

– Nous avons enlevé l'injection qui permet de maintenir sa tension. Si cette journée se passe bien, nous essaierons de baisser sa sédation demain matin. Son état est stable, mais la température n'est pas totalement tombée. On va procéder à d'autres prélèvements pour voir si on trouve autre chose. Il n'est pas du tout certain qu'il se réveille dans les heures qui vont suivre la baisse de sédation. Cela peut prendre une journée, voire plusieurs jours.

Outch !

– Plusieurs jours ?

Je dois avoir l'expression d'un poisson japonais. Je referme ma bouche.

– Pour certains patients, ça se compte en semaines…

Double outch !

– Il va forcément se réveiller ?

– On ne peut être sûr de rien.

Triple outch !

– Vous pourrez retourner auprès de lui dans un moment. Aujourd'hui, il restera encore sous sédation. Nous aurons, j'espère, les résultats pour la listériose dans la journée. En fonction des résultats, nous adapterons son traitement.

Il lit dans mon regard, sentant la question qui pointe, et ajoute :

– On attendra son réveil pour évaluer les séquelles neurologiques. On ne peut rien dire à ce stade.

Je décide qu'il me faut un autre café et de l'air, beaucoup d'air.

Je prends l'ascenseur, mais je ne fais pas vraiment attention au bouton que j'actionne pour monter. Lorsque j'en sors, je cherche des yeux ce qui pourrait être une cafétéria. J'aperçois un kiosque à journaux et un comptoir tout au bout du hall. Je commande un café et j'avise où je pourrais m'installer. Des petites tables sont disposées devant le comptoir, mais les gens semblent tous se diriger vers une porte qui ouvre sur l'extérieur. Jusqu'ici, je n'avais pas remarqué la terrasse. Je sors, et j'en prends plein les yeux. L'esplanade est immense, et la vue qu'elle offre est magnifique. À mes pieds, tout Paris sous un ciel bleu indécent et insolent. À gauche, le parc de Saint-Cloud, plus à gauche encore, là où ton père et Clément doivent être en train de se lever. C'est immense de bleu partout, si calme, paisible, c'est tellement bon. La pression est redescendue, je m'apaise.

Ça va aller.

Mon p'tit con, tu vas te réveiller et on va rentrer à la maison.

D'ailleurs, cet après-midi, Rock en Seine commence, là-bas, dans le parc de Saint-Cloud.

Tu ne seras pas très frais pour y assister, c'est certain.

Message d'Aline :

« J'ai eu Salvatore, le magicien. Pour entrer en contact avec Antoine, il a besoin que tu fasses quelque chose. Pour cela, tu dois être à côté de lui. »

« OK. J'y vais. »

Il est 10 h 30. En franchissant la porte de la terrasse, je réalise que je suis seulement à l'autre extrémité de l'immense hall d'entrée. J'avais imaginé, pendant un moment, que je m'étais trompée d'étage et avais atterri par hasard dans ce lieu providentiel. Il règne ici une atmosphère particulière, grandiose et sereine à la fois. Ça me remplit d'un sentiment gigantesque, je suis enveloppée dans quelque chose de grand, de puissant, un invisible réconfortant.

Rien ne m'arrêtera aujourd'hui.

Salle d'attente, interphone, solution hydroalcoolique.

Je te retrouve. Tu as l'air moins serein qu'hier, je ne saurais pas dire pourquoi. Peut-être est-ce ton drap, légèrement froissé ? Tu es un peu penché, aussi. L'interne de service vient me voir. Francis, contrairement à tous les autres, est plutôt rude et prend facilement un ton un peu trop directif pour s'adresser à moi. Fais gaffe parce que, aujourd'hui, rien ni personne ne se mettra en travers de ma route.

J'envoie ma missive à Aline :

« Je suis à côté de lui… »

« Il faut que tu dessines un signe de croix sur son front et qu'en même temps tu prononces à haute voix : "De la part de Salvatore." Envoie-moi un message quand ce sera fait. »

Là, à cette minute précise, ça tergiverse dans ma tête. Non mais, sérieux, je vais faire ça, moi ? L'esprit mystique en moi, répond : « Qu'as-tu à perdre ? »

Ben rien, vraiment rien.

J'attends que le cerbère Francis sorte de ta chambre. Je guette le couloir, personne.

Je me penche sur toi et, investie de ma mission, je dessine consciencieusement une croix sur ton front. Merde, je n'ai pas demandé assez de précisions, quelle croix… Je ne sais même pas dans quel sens on signe dans la religion catholique. Mais est-ce que ça a à voir avec la religion ? Je ne suis pas catholique. Je viens d'une famille où la laïcité est une religion. Allez, c'est juste une croix. Une croix pas catholique.

Je vise à faire entrer toute mon énergie positive en toi et je prononce tout bas : « De la part de Salvatore. »

Oh ! Putain !!!

Là, toi, à la seconde où je termine le signe de croix, tu ouvres grand les yeux !

J'aurais pu mourir à cette seconde.

Je t'aurais rejoint sur le lit d'à côté, on aurait eu l'air malin.

Tu es face à moi, les yeux totalement exorbités, ça n'a rien d'un regard humain. Tu remues brusquement jambes, bras, mains.

Je crie. Je panique. Je saute hors de ma chaise et je me précipite dans le couloir, horrifiée.

Merde, merde, merde ! J'ai fait une énorme connerie !

Je suis mortifiée… C'est ça, mortifiée d'entre les morts.

Très, très grosse bêtise…

J'alpague le molosse Francis.

Oh là là… Je n'aime pas du tout la façon dont il me regarde, lui, son air ras la frange de condescendance. En même temps, à sa décharge, je dois avoir l'air d'une cinglée qui a vu un coq à deux têtes.

– Il a les yeux ouverts ! Il bouge !

– Ah non, madame, je ne pense pas (regard très méprisant). Avec la dose de sédation qu'on lui donne, impossible !

– Je vous jure, venez voir !

Quand nous entrons ensemble, dans ta chambre, tu as les yeux clos. Lâcheur. Tu as retrouvé une absolue immobilité. Je vois au regard de Francis qu'il va bientôt demander à faire sortir de ce service la femelle hystérique qui couine bruyamment.

Mais toi, dans un élan solidaire pour ta cintrée de mère, tu ouvres à nouveau les yeux. Tu t'agites plus violemment.

– Ah ! Vous voyez bien qu'il a les yeux ouverts !

Je passe sous silence ma probable responsabilité surnaturelle dans ton agitation relative à une connexion cosmique avec un magicien du sud de la France qu'on appelle Sauveur.

Il prend ta main dans la sienne.

– Antoine !!! Vous m'entendez ? Serrez-moi la main !

Tu as refermé les yeux, tu es reparti dans ta ouate.

Il reprend, plus fort cette fois-ci :

– Antoine !!! Serrez-moi la main !

Zone de turbulences

Ton corps s'agite. Tu te contorsionnes. Ta bouche se tord dans des rictus douloureux, tu sembles gémir. Mais tes yeux restent résolument clos.

Le molosse vérifie la seringue de sédation, il est perplexe. Il part demander conseil au chef schtroumpf et ils reviennent en force avec de quoi t'injecter une dose de rhinocéros de sédation supplémentaire.

– Avec ça, il va forcément dormir ! » lance la montagne désobligeante.

Je m'installe à tes côtés. Ta mère n'est pas complètement conne, elle a enfin compris comment on baisse le montant du lit sans te mettre en vrac ou t'écrabouiller dans le matelas. Je peux ainsi me coller tout contre toi. Bats-toi, p'tit con, tu n'as pas intérêt à me décevoir, tu fais chier de dormir sans arrêt, bouge ton cul, je t'aime. Ouais, c'est dur ce combat, mais tu es un lion et tu vas le gagner. Je te rassure, tu n'es plus seul, on a le Pass Navigo de Salvatore. Ça va aller.

Tu m'entends ? Antoine !!!

J'envoie un message à Aline : « *C'est fait.* »

Salvatore, je ne vous connais pas encore, mais vous avez un putain de gros chantier, là.

Aline me transmet immédiatement la réponse du magicien : « *Je suis en contact avec Antoine, ça va marcher. Je suis heureux et comblé.* »

La phrase est simple, minimaliste, sans chichis. Une personne en possession de tous ses moyens pourrait trouver cela un peu court, mais ça me suffit pour l'heure, je dirais même que ça me comble également. En même temps, il faudrait peut-être que je demande à Salvatore qu'il te foute un peu la paix si on ne veut pas que ton corps ait à engloutir l'équivalent d'un semi-remorque d'anesthésiant, parce que là, tu continues de t'agiter violemment.

Ta bouche, d'où sort toujours cet énorme tuyau du respirateur, est complètement déformée par de terribles grimaces. C'est ignoble de te voir ainsi pédaler dans la douleur et les méandres d'un monde auquel je n'ai pas accès.

Je me sens inutile, impuissante.

J'ai l'impression que tu voudrais dire quelque chose. Comment pourrais-tu parler avec cette tuyauterie dans le bec ? Déjà, petit, tu ne supportais pas qu'on t'enfourne les cuillères trop loin dans la bouche.

Ton père m'a rejointe. Il est paniqué de te voir ainsi et me demande des explications. Dès qu'il se passe dans notre vie un truc inexplicable, je suis supposée en avoir la clé.

Désolée, je ne sais rien.

Tu parais nager entre deux eaux. Très troubles, ces eaux…

Je suis là. Incapable de te sortir de ce merdier. Pardonne-moi…

On vient te coller une fois encore une dose supplémentaire de sédatif. Tu dois être plein, à force, ça va finir par déborder. L'interne, à qui je demande pourquoi tu résistes autant aux produits, me répond :

– Ça arrive, chez les jeunes comme lui… Et puis souvent chez les toxicomanes.

Et voilà… Comment une phrase déboule sournoisement, sans crier gare, et en une fraction de seconde fragmente le cerveau, pulvérisant toutes ses certitudes.

Deuxième allusion à la drogue en moins de quarante-huit heures. L'hypothèse qu'elle aurait pu affaiblir ton système immunitaire permettant à cette fouine de W135 de choper la suite royale dans ton crâne avait été mise sur le tapis. Et maintenant, voilà que, devenant totalement insensible aux sédatifs, tu ouvres de nouveau la voie à cette suspicion.

Pardon, mais moi, j'ai enfanté d'un fils parfait qui ne prend pas de drogues. Sérieux ?

Par instants très brefs, tu ouvres les yeux, en grand, vraiment très grand. On dirait un tarsier, tu sais, cet animal aux yeux exorbités, très mignon. Tu balayes l'espace d'un regard perçant et puis rideau, ciao, tu repars dans tes sables mouvants. Mon cœur cesse de battre à chaque rictus gondolé que dessinent tes lèvres.

Tu te mets à tousser. Cette maudite toux refait surface.

Les quintes déclenchent les alarmes de l'écran. Tout s'affole. Ça bipe.

Tu sembles chercher à expulser un feu qui déchire tes poumons. Tu étouffes. Les infirmiers se succèdent dans ta chambre, alertés par les sonneries, vérifient tes constantes, coupent les alarmes et repartent, jusqu'à la suivante : un va-et-vient incessant a commencé.

Ils ne comprennent pas.

La dose de sédation est très élevée, tu ne devrais pas pouvoir bouger un orteil, alors ouvrir les yeux encore moins...

Ai-je bien fait de contacter Salvatore ? Le seul fait de me poser la question me semble par instants absurde. Ça suppose que non seulement j'admets la capacité d'intervention à distance d'un médium, mais aussi qu'il puisse être un élément déclencheur de la bataille qui se livre sous nos yeux... Dans mon bulbe terre à terre, une autre castagne fait rage, irrationnelle, mêlée à une soudaine culpabilité.

Les quintes s'amplifient. Tu fais des bonds dans ton lit, la toux t'arrache les poumons.

Ton père et moi sommes pétrifiés, recroquevillés dans notre totale impuissance. Je n'aime pas ces constantes qui font le yoyo sur l'écran de contrôle. La quiétude d'hier a fait place à une agitation déchaînée. Ta température est remontée. Pas bon du tout.

Il suffit d'observer les infirmiers pour comprendre que les choses peuvent basculer. Régulièrement, Mathieu vient jeter un œil sur l'écran, il prend ta main et te parle très fort :

– Antoine ! Serre-moi la main !

Il a un tel accent du Midi que je ne vois pas comment tu pourrais comprendre un seul mot de ce qu'il dit. C'est affreux, je pouffe intérieurement, et pourtant c'est si tragique. Ta main, parfois, donne l'impression de prendre vie, tu serres un peu mais pas exactement au moment demandé. Tes contorsions et ta température inquiètent le chef. Tout indique un encombrement important des bronches, il est nécessaire de procéder à une aspiration. Ils vont insérer un flexible à l'intérieur du tuyau du respirateur et essayer d'aspirer les sécrétions qui t'étouffent. Tout le monde dehors.

Nous sommes jetés en salle d'attente.

Les sonneries d'alarme de surveillance des constantes retentissent, sans, cette fois-ci, s'arrêter. Il ne faut pas être devin pour comprendre qu'elles émanent de ta chambre. En parfaits égoïstes, on aimerait bien pourtant que ça soient celles du mec d'à côté. Ce fond sonore est insupportable. Mes tripes font des scoubidous. La voix de Mathieu résonne au loin, il doit crier de tous ses poumons pour qu'on l'entende d'ici.

– Antoine, est-ce que tu m'entends ? Antoine !

Ça dure des siècles. Ces bips qui ne s'arrêtent pas.

Sont-ils en train de te perdre ?

Si ça continue, c'est moi qu'on va devoir réanimer…

Non, ça n'est pas possible.

Allez, j'ai toujours eu cette bonne étoile au-dessus de moi.

Elle ne va pas mettre les voiles, là, maintenant, cette conne ?

La voix de l'interphone nous sort de notre torpeur :

– Les parents d'Antoine Legrand peuvent revenir en chambre.

Ouf, p'tit con, tu ne t'es pas fait la malle !

Le calme est revenu dans ton astronef. Les sonneries sont coupées, le silence règne. La jeune interne qui accompagnait le grand chef, Sonia, nous fait le topo.

– Antoine est très encombré. On l'a aspiré et on va pratiquer de la kiné respiratoire pour le soulager. On a effectué un prélèvement pour essayer de déterminer si une infection est à l'origine de ce problème. Si on trouve des germes, on adaptera l'antibiothérapie. La fièvre est montée. On a eu les résultats pour la listéria. C'est négatif. Est-ce qu'on vous a parlé du test VIH ?

– Heu, non…

– Savez-vous s'il a déjà fait un test ?

– Ben, non… Pas à notre connaissance…

– On va lui faire un prélèvement pour le tester. On recherche une cause possible de sa déficience immunitaire. En principe, notre corps est fait pour résister à cette bactérie responsable de la méningite. Elle peut provoquer des formes d'infection comme des angines, en général, rien de plus. Dans le cas de votre fils, la bactérie a réussi à franchir les portes du cerveau. Nous recherchons donc une cause potentielle de cette faiblesse immunitaire. La listériose aurait pu en être une. Nous l'avons écartée. Il nous faut étudier la piste du sida.

Ah, c'est vrai, ça faisait au moins une heure qu'on n'avait pas eu de bonne nouvelle, non ?

Récapitulons. Un, es-tu drogué ?

Clément est en mission pour enquêter sur le sujet. Il cuisine tes amis.

Deux, as-tu le sida ?

On encaisse. Enfin, moyen quand même…

Retour sur nos chaises. Ton père, à ta gauche, contre le mur, brisé, prostré, est en train d'entrer en fossilisation, ne rien attendre de lui pour l'heure. Pour la suite, peut-être ?

Je baisse la paroi du lit. Je verrouille ta main dans la mienne.

Parfois, tu la serres un peu. Comme Mathieu, que j'ai bien observé, je répète alors :

– Serre-moi la main !

Et je discours encore et encore de l'intérêt extraordinaire de rester en vie, de la beauté de l'existence en général et de ta tenue ridicule en particulier, de Rock en Seine qui va commencer d'un moment à l'autre. Je trouve que c'est quand même dommage tout ce que tu vas rater si tu ne fais pas un effort.

Allez, s'il te plaît, bouge de là…

Le grand remue-méninges

Nous irons déjeuner tour à tour. Le combat s'organise. Ce que nous avons enfin compris, c'est que cette phase qui paraît interminable pourrait s'étirer sur une durée inconnue. Il va falloir tenir le siège. Il est capital de s'alimenter, dormir, prendre l'air, puiser des forces dans tout ce qui nous entoure.

Je succède à ton père qui a dégotté un petit restaurant sur une place ensoleillée, on se croirait en province. Comme tu le sais, ton père est un accro des photos prises avec son téléphone qu'il poste dans la seconde sur Facebook, parce que tous ses amis sont évidemment impatients de savoir ce qu'il mange. Facebook renferme une telle quantité de bouffe qu'on pourrait nourrir le continent africain pendant des siècles, si tout cela n'était pas si pauvrement virtuel. Donc là, avant que je ne parte déjeuner à mon tour, j'ai reçu dans l'ordre les photos de son entrée, de son plat et de son dessert. Je commande un ballon de rouge. J'ai le sentiment d'y avoir droit, chaleur d'une lampée d'alcool, douceur de la brume caressante et enveloppante qu'elle distillera dans ma tête le temps de cette paisible parenthèse. Il fait beau, le soleil est insolent, l'endroit accueillant. Je prends cet instant si doux comme un gros câlin bienvenu.

Ma bulle d'oxygène dégustée, je retourne à tes côtés. Ton père n'a pas bougé, en apnée, droit comme un i sur sa chaise, les bras emmêlés sur la poitrine, un escalier de plis sur le front.

J'ai bien fait de profiter de la parenthèse : je rebascule instantanément dans une angoisse bouillonnante, la guerre fait rage dans ton lit.

Manifestement, tu souffres. Tel un vers, tu te tortilles désespérément dans tes draps, tu tousses, tu t'étouffes.

J'ai la tête qui va exploser, à encaisser les sons des alarmes qui se déclenchent en permanence, et mon cœur n'est pas certain de tenir ces attaques répétées.

Ballet sans interruption d'infirmiers, kiné, médecins, tantôt pour vérifier tes constantes, tantôt pour t'aspirer, te repositionner dans le lit.

Le grand chef vient d'entrer. Une question me brûle les lèvres depuis ce matin :

– Vu qu'il arrive à bouger comme ça, c'est qu'il a de la mobilité au niveau des bras et des jambes ?

– Non, ça ne veut rien dire, ça peut être juste des mouvements réflexes.

Ben voilà, tu as fait ta grosse maline avec ta question, tu es bien contente de la réponse, n'est-ce pas ?

Les médecins sont rodés aux répétitions fatigantes de questions. Des interrogations reformulées inlassablement, avec tout l'espoir du monde, et dont l'unique but est d'obtenir les réponses qu'on rêverait d'entendre. Je me dois d'être attentive à cela. Ne pas épuiser nos interlocuteurs avec un questionnement inutile et agaçant. Vœux pieux…

Au dehors, on entend de la musique. Un gros son, lointain. Je demande à Mathieu de nous ouvrir ta fenêtre. Il faut une clé spéciale carrée pour la déverrouiller. Je lui demande si c'est parce qu'ils ont déjà perdu des patients par la fenêtre. Précaution curieuse, vu l'état de péremption des pensionnaires. Cette musique que nous entendons si proche est celle du festival Rock en Seine.

Mathieu accepte de laisser la fenêtre ouverte. Je n'ai pas de tendances suicidaires aujourd'hui, ça va aller, merci, Mathieu. Tu vois, je t'avais dit que tu pourrais y assister ! OK, le son est pourri… J'espère au fond de mon cœur qu'une infime part de toi capte ces notes lointaines.

Un message d'Aline m'avertit que Salvatore va m'appeler.

Quelques minutes plus tard, je décroche. Je ne sais pas comment on s'adresse à un magicien, s'il y a des formules spéciales. Il a une belle voix, un léger accent du Sud mélangé à une pointe d'italien. Il me demande de lui envoyer une photo de toi pour pouvoir travailler. Je lui raconte ce qu'il t'est arrivé. Je décris ton état présent, l'incertitude qui plane et les séquelles neurologiques éventuelles. Il est très serein.

– Ça va aller pour Antoine, je le sens, je le vois. Il va s'en sortir. Il faut que je travaille sur les séquelles avant qu'il ne se réveille. Je passerai toute la nuit prochaine à cela, je serai avec lui, ne vous inquiétez pas.

– Vous faites ça souvent ?

– Non, plus maintenant. Mais je vais m'occuper d'Antoine, je vous le promets. J'ai pu entrer en contact avec lui ce matin, il répond très bien, c'est formidable. J'étais avec lui toute cette journée. Je ne le quitte pas. Ça va aller, je le sais, je le sens.

– Merci infiniment, Salvatore.

Oui, ça va marcher, je veux y croire.

La partie de moi-même qui regarde la scène de l'extérieur a du mal à en croire ses yeux, mais elle la ferme. Salvatore, un petit miracle, s'il vous plaît… Je lui envoie une photo que je prends avec mon téléphone. J'opte pour ton profil, plus avantageux du point de vue des proéminences des tubulures du respirateur.

Ton père t'embrasse, les larmes aux yeux, silencieux. J'aimerais qu'il te parle, qu'il fasse sortir les mots qui doivent forcément tourner dans sa tête, mais il demeure muet, impuissant à t'aider, dévasté, prostré dans sa douleur. Il ouvre la route pour rejoindre la maison pendant que je prolonge ma présence auprès de toi. Ça aussi, ça fait partie d'une routine qui va progressivement s'installer.

Je prends le temps d'appeler Porzia, notre ostéopathe aux mains d'or. Si elle était avec nous, ici, ses phalanges feraient des miracles. Une main sur toi et elle sentirait là où les tissus se sont compactés, empêchant des organes d'accomplir leur tâche, j'en suis convaincue.

Puis je prends une grande inspiration destinée à m'emplir de courage et compose le numéro de Mathilde. J'appréhende la discussion. J'hésite encore entre l'idée de lui dire la vérité et celle de la protéger. J'ai déjà mis un pied dans le mensonge, je persévère dans cette voie et j'ai horreur de ça. Pour la première fois, j'emploie le terme « coma », en l'aménageant à ma sauce.

– Tu comprends, ma chérie, c'est un coma "géré" (n'importe quoi). On l'a volontairement provoqué avec des sédatifs pour soulager son cerveau (enfin, pas seulement). En le mettant au repos, on évite une propagation trop rapide de l'infection et il ne souffre pas (qu'est-ce que j'en sais ?). Quand la maladie aura disparu, on enlèvera cette sédation et ton frère sortira du coma (oui, bien sûr…). Il faut être patient, ça va aller (c'est ça, oui…). Tu ne dois pas t'inquiéter (aucune raison, non ?). Je sais que tu voudrais être avec nous, mais tu es trop jeune pour entrer en service de réanimation (ça m'arrange). Et puis, avec papa et Clément, on passe nos journées ici, je n'aimerais pas te savoir seule à la maison… Tu comprends (que peut-elle comprendre ?) ?

– Oui, je comprends… Mais, ça va aller pour Antoine ?

Mon cœur est déchiqueté, les larmes dégoulinent sur mes joues. Pourvu que ça ne s'entende pas. Je laisse couler mon nez, je ne renifle pas, c'est assez dégoûtant.

– Mais oui, ma chérie ! Bien sûr que ça va aller ! Allez, retourne avec tes cousines et ne t'inquiète pas. Je t'aime !

– Moi aussi, maman. Embrasse Antoine pour moi, dis-lui que je l'aime.

J'ai un poteau électrique à la place du nez, duquel s'écoule un long trait de morve, Pinocchio pas à l'aise. Mathilde a suffisamment d'antennes pour sentir le marécage nauséabond dans lequel on patauge. C'est moche… Elle ne me pardonnera jamais d'avoir ainsi été mise à l'écart si tu ne t'en sortais pas… Mais comme *ça n'est pas possible*, ça n'arrivera pas… Et voilà.

Message d'Aline : « *Le magicien est confiant. Ça va marcher. Il va travailler toute cette nuit sur les séquelles. Il vous embrasse.* » Salvatore, quand on a reçu à la naissance un tel prénom, c'est qu'on est fait pour le job, non ?

Cher Salvatore, je vous prie de bien vouloir sauver mon enfant et ça serait commode que ça soit dans pas trop longtemps, s'il vous plaît, merci.

À 19 h 30, l'équipe de nuit prend le relais. J'attends la fin de la « transmission » pour m'entretenir avec Petit Chat et Jérémie. Ils savent être si doux, je leur en suis reconnaissante.

Je te laisse. Un déchirement. Je fais comme une photo dans ma tête de ton être tout entier, puis je m'en veux en me disant que, non, il est impossible que demain je ne te retrouve pas vivant. J'hésite, est-ce que j'ai dit assez de choses pour que tu tiennes toute la nuit ? Alors je reviens.

– Tu n'as pas le droit d'abandonner, compris ?

Tu fais vraiment chier de ne pas répondre...

J'ajoute avant de partir :

– Ah, j'oubliais, cette nuit, Salvatore vient te filer un petit coup de main, tu ne seras pas seul, tu verras, il est très cool !

Dehors, ça pulse du côté de Rock en Seine. Je m'installe dans la voiture et je reste un moment sur le parking, suspension du temps. Je sais que, lorsque j'aurai démarré, je devrai donner des nouvelles à chacun. Cinq minutes de chialage : pas plus. Personne ne peut me voir là où je suis, tapie dans ma voiture, et puis, de toute façon, je m'en fous.

Je pleure et ça ne sert à rien.

En franchissant la barrière, je salue le gardien. Il me reconnaît, me fait un signe. Salut, mon pote !

Le trajet se passe en coups de fil sans interruption. J'essaie d'être positive, de donner le strict minimum, laissant au remblai la montagne de doutes et d'idées pourries qui m'encombrent. Arielle arrive à me faire pouffer de rire.

– Quel feignasse, celui-là... Note, ma chérie, que, déjà cet été au Cap Ferret, il n'arrivait pas à se lever le matin... Là, il abuse un peu, mais bon, c'est un ado, tu n'y peux rien.

Je garde pour moi les interventions de Salvatore. Je ne sais presque rien de lui, je sens que j'ai besoin de son aide, que ce soit pour l'énergie qu'il te donne ou pour l'espoir. Je lui ai à peine parlé, ce que je sais de lui, je le tiens d'Aline, qui elle-même ne le connaît pas directement. La sœur d'une de ses amies a bénéficié des dons de Salvatore de manière spectaculaire là où les médecins avaient perdu espoir. Elle lui a raconté les innombrables cas qu'il a traités, que ce soit pour apaiser des traitements de chimiothérapie, soulager des douleurs, agir sur des tumeurs, parfois à distance en se basant sur une simple photo. À la seule vue d'un portrait il sait déceler si la personne souffre, décoder sa personnalité, son comportement, sa psychologie. Il sait couper le feu, calmer les plus violentes brûlures : des hôpitaux font appel à lui. Certains recourent à ses services pour trouver de l'eau sur leur terrain, il peut déterminer à la fois l'emplacement exact et la profondeur à laquelle il faut creuser pour trouver une source.

J'ai décidé de faire confiance à cet inconnu, qu'ai-je à perdre ? Pas la peine de mettre la famille au courant, elle va penser que je perds ce qu'il me reste de discernement.

Mes appels s'achèvent sèchement, interrompus par l'absence totale de réseau lorsque je traverse la forêt qui mène à la maison. Sas de transition.

Nous nous retrouvons, ton père, Clément et moi, dans notre configuration rétrécie, dans la cuisine qui demeure l'endroit le plus accueillant, comme si le reste de la maison était devenu hostile. Il y a tout de même une bonne nouvelle dans notre paysage miné : papa va garder son travail. Son employeur s'est senti coupable de licencier un père de famille au chevet d'un enfant assez mourant.

Tu lui as sauvé son job avec ton petit numéro de méningé, il peut être reconnaissant.

Je fais le moulin à paroles pour ne pas laisser la chape de plomb nous engloutir. On s'alimente, plus qu'on ne dîne. Je farfouille dans tous mes tiroirs et finis par tomber sur une vieille boîte de somnifères.

Mais mon téléphone sonne : notre ami Renaud. Renaud a une capacité à raisonner et à parler à une vitesse ahurissante, au-delà de l'humain standard, ce qui est en inadéquation totale avec ma capacité neuronale déconnectée et malmenée par la journée. À chaque problème posé, il propose instantanément un catalogue complet de solutions qu'il met généralement en perspective dans la seconde qui suit. C'est du sport de haut niveau de le suivre. De son esprit vif et rationnel surgissent tous les scénarios possibles concernant les suites de la situation actuelle, avec une vision résolument optimiste.

Avant de se lancer dans la réalisation, puis la production audiovisuelle, il a d'abord traîné sur les bancs de médecine. Son credo, ce soir, c'est que la médecine, dans un cas pareil, ne peut rien prédire et qu'Antoine, du haut de ses dix-sept ans, bénéficie d'une capacité à récupérer largement supérieure à celle d'un adulte. Le corps est une machine incroyable, qui s'adapte, dit Renaud, une machine qui compense, répare, puise des solutions là où on ne s'y attend pas. À dix-sept ans, contrairement aux filles, les garçons n'ont pas encore fini leur croissance, leur corps peut mettre tout son potentiel de construction dans la réparation de ce qui a été détruit. De merveilleux phénomènes étranges et imprévisibles ouvrent une immense fenêtre d'espoir.

Ton corps est celui d'un ado en pleine croissance, la médecine ignore ta capacité à te battre et à réparer les dégâts, tu as l'atout colossal de ta jeunesse.

Renaud a raison, et je vais tâcher de m'ancrer cette idée dans la tête.

Je raccroche pour m'entretenir comme chaque soir avec ma mère. Maman, ma chère petite maman. Je la sais ravagée par la douleur et l'angoisse tant pour l'épée de Damoclès au-dessus de la tête de son petit-fils que par empathie pour sa propre fille, alors elle masque du mieux qu'elle peut, répandant avec attention son flot d'espoir. Elle est à plus de cinq cents kilomètres de moi, mais ces appels quotidiens me réconfortent autant que si j'allais me blottir comme une enfant dans ses bras.

Ce soir, le tissu amical et familial tend vers nous des bras chargés d'amour.

C'est chaud, c'est doux, ça fait gonfler l'espérance.

Il est 1 heure du matin, je suis assise dans mon lit.

Tout m'assaille, à commencer par cette odeur indécollable d'hôpital, mélangée à la tienne. Tu es fortement imprégné de parfums étrangers depuis qu'on t'a chargé à bloc de lourdes doses de produits pas bio et qu'on te recouvre à longueur de journées de désinfectant pour chaque prélèvement. Rien à faire, cette odeur de malade, elle s'incruste dans tous les pores de ma peau. S'ajoute à ça, au fond de mes tympans, le battage infernal des alarmes des constantes. Je les entends encore, comme après un concert quand les oreilles continuent de vibrer. Ça rend dingue… Mais tu sais quoi ?

Tu sens ce concentré de pensées pour toi ? Famille, amis, magicien.

Tu te rends compte ? Tout ce monde uni dans une unique prière ?

Tu dois vivre !

J'avale un demi-comprimé de Stilnox. La peur me donne la sensation que mon cœur va éclater, je me laisse emporter avec libération dans un sommeil de commande. Cerveau, OFF.

4 heures du matin. Cerveau, ON. Un peu court, ma foi.

Coup de fil à l'équipe de nuit. Charlène-Petit-Chat répond, elle reconnaît ma voix. Non, tu ne t'es pas réveillé, oui, tu es très agité, oui, tu as de la fièvre, oui, on a dû encore remonter tes doses de sédation. Visiblement, il te faut des doses d'éléphant pour te terrasser.

Ça veut dire que tu résistes de toutes tes forces, non ? C'est bien, mon chéri, tu te bats !

Je pense au magicien, au sauveur, à Salvatore. Je réalise combien je m'accroche à l'espoir glissé dans ses propos cet après-midi. Mon esprit, bien que mis au carré par une famille athée à l'esprit scientifique, a toujours eu au fond le sentiment (ou le désir intense) de l'existence d'une part invisible et inexpliquée de notre monde. Je n'ai aucune réticence à basculer dans le paranormal et l'irrationnel. Je veux y croire. J'ai besoin d'y croire. Allez hop, un demi-Stilnox supplémentaire dans le cornet. Très mauvaise idée à cette heure-ci… Tant pis, je suis incapable d'affronter mes pensées délirantes, je préfère la sensation de gueule de bois et bouche en carton au réveil.

Ça en fait du remue-méninges, tout ça…

Je sais, les tiennes sont totalement toastées.

ON/OFF

23 août. Gagné, j'ai l'impression d'avoir mâché du savon à mon réveil et que mes paupières balaient mes genoux. Deux salutations au soleil, un Gomukhasana (la vache), un Garudasana (l'aigle) et, pour finir, une petite posture du cadavre (je devrais l'éviter définitivement), suivie d'une douche de trente minutes et hop… c'est reparti pour une journée de combat.

Tenue confortable, baskets, zéro make-up, Kleenex dans les poches, bouteille d'eau, bouquin, chargeur de batterie, monnaie pour les cafés. Je peux écrire le guide du Routard de la réanimation.

Comme la veille, je pars seule, en éclaireur. Je m'autorise une séance complète de pleurs et une sorte de méditation très personnelle qui consiste à concentrer toutes mes pensées sur ta guérison. Un passant a semblé avoir beaucoup de peine en apercevant furtivement à un passage piéton ce visage rouge, bouffi et détrempé derrière le pare-brise.

Le gardien du matin me fait un salut amical en levant la barrière : il me reconnaît. Il a suffi de trois jours pour que je sois comme une habituée dans ces murs. Salut, mon pote !

Arrivée dans la salle d'attente, la secrétaire m'a entendue et m'offre le café. Elle est aux petits soins, une vraie mère si elle n'avait pas dix ans de moins que moi. J'ai interrogé l'interphone, qui m'a répondu que je dois patienter. Je m'installe avec mon café et mon livre. Je l'aime, ce bouquin. Facile, prenant, distrayant, il remplit sa fonction à la perfection. Je ne dois pas le finir trop vite, j'en ai besoin. Alors je lis lentement, détaille chaque phrase.

« La famille de monsieur Antoine Legrand peut entrer en chambre ! » L'interphone me parle. Le temps de me désinfecter les mains et je te rejoins. Tu as une grosse inscription faite au marqueur dans le cou, juste à la base, à droite. « 23/8 », c'est la date du jour.

Ah bon, on écrit sur les malades ? Ça fait un peu date de péremption… Tu n'es pas frais, mais ça se voit, pas besoin de le marquer.

En dessous sortent trois tuyaux très fins qu'on a fixés avec une sorte de grosse agrafe, elle-même cousue dans la peau : j'ai un haut-le-cœur.

Tu gis, les bras en croix. Autour de tes poignets, de gros bracelets blancs très épais, avec des crans de serrage. Je comprends très vite que ce sont des courroies pour t'attacher au lit. Tu es crucifié dans ton berceau, ambiance sadomaso.

On t'a retiré tes pompes de l'espace. Tes bas blancs ne tiennent plus très bien sur tes cuisses. Trop de poils sans doute. Ils plissent au-dessus des genoux. Juste une petite ouverture au niveau des orteils, pour qu'ils respirent sans doute… Tes jambes sont repliées sur le côté. À nouveau, j'imagine, j'espère que c'est toi qui les as bougées pour les mettre là. Forcément.

Tu ne peux pas être paralysé. Idem, si on a dû t'attacher, c'est que tu bouges les bras !

Ta blouse est juste posée sur ton torse, elle est descendue à moitié de ta taille. Sur toute ta poitrine sont fixées des électrodes. Le lien qui maintient le tube du respirateur en place dans ta bouche, noué autour de la base de ton crâne, est taché de sang à proximité de tes lèvres.

Je n'aime pas l'ensemble du tableau que je découvre ce matin.

Hier, ça ne débordait pas dans tous les sens comme ça, tu étais bien rangé dans ton vaisseau. Là, il y a eu comme une guerre nucléaire, on dirait l'office des tortures.

La jeune interne, Sonia, vient m'expliquer que tu as eu une nuit très agitée, ils ont dû t'injecter davantage de sédatif et t'attacher pour que tu n'arraches pas ton intubation. Ta température est montée sans qu'on sache pourquoi. Depuis ce matin, ils redescendent tes doses et espèrent que tu pourras te réveiller. Francis, l'armoire, celui que je ne peux pas saquer, est à tes côtés et je voudrais bien qu'il aille se faire cuire un œuf ailleurs. Il ouvre même la bouche pour me parler :

– Il faut que vous restiez auprès de lui, vous avez un rôle important pendant ces prochaines heures. Calmez-le et empêchez-le de se débattre comme un forcené. C'est dangereux pour lui. Sinon, on va l'attacher davantage et ça va pas lui plaire, croyez-moi. Si vous quittez la pièce, vous m'avertissez, OK ?

Francis, jusqu'à nouvel ordre, on ne m'en donne pas, des ordres, OK ?

Je m'installe tout près de toi et, encore une fois, je t'explique où tu es, pourquoi tu es là. Je suis là, Salvatore s'occupe de toi, quelque part, ailleurs. Je ne sais pas bien où.

– Alors, grosse feignasse, tu vas enfin sortir de ta sieste ?

Lentement, ton corps s'agite. Contorsions, bouche déformée, tu tires de toutes tes forces sur les sangles qui te relient aux montants du lit. Ton visage n'est que souffrance. Tu as des haut-le-cœur, comme si ton gosier prenait conscience qu'il a un corps étranger planté là, cet énorme tentacule destiné à te maintenir en vie. Tes yeux restent résolument fermés, mais tout est difforme dans tes expressions. Tu livres avec acharnement une bataille contre des ennemis invisibles, ton corps entier se révolte. Au fur et à mesure que cette transe s'amplifie, mon cœur se décompose, je voudrais tant te sortir de ces sables mouvants.

Je te caresse le visage, les mains, j'essaie de te rassurer, mais à l'évidence mes pouvoirs sont nuls. L'astronef est en zone rouge, dans une déferlante de turbulences, et je ne peux rien y faire.

Je vois bien que ta température grimpe dixième après dixième, accompagnant cette activité anormale. On me prie de sortir, aspiration de tes poumons encombrés. Je fais les cent pas devant la porte, les alarmes sonnent dans tous les sens. Ton cœur va-t-il tenir ? À quel moment le mien va-t-il lâcher ? Je voudrais être téléportée sur une autre planète, dans un autre espace-temps. Tu rentrerais de la planète Rock en Seine, les traits un peu tirés par la fatigue.

– C'était bien ?

– Cosmique, maman !

Au lieu de cela, la partie reprend. Mon pantin, hier inanimé, se démène comme si dix mille volts lui traversaient la couenne.

Ton père est maintenant à côté de moi. Cette scène de torture l'insupporte plus que moi. La vue de tes bras attachés le rend fou. Il tente en vain de négocier avec les infirmiers ta libération. Si tu arraches ton intubation, il faudra retourner au bloc la remettre en place, t'endormir et repartir à la case précédente.

Scène de ménage au pied de ton lit. Je l'enjoins de s'adresser de manière plus conciliante aux équipes soignantes. Et puis, merde, arrêtons de poser sans fin les mêmes questions aux médecins ! Ils ne savent pas. On avance pas à pas. Mon sermon terminé, il exprime sa désapprobation par un repli mutique sur sa chaise, il capitule. Cette phase ne dure pas longtemps. Tes oreilles l'obsèdent… Le lacet qui maintient l'intubation et qui passe derrière ta tête aplatit tes oreilles. Tu as subi une opération pour les recoller quand tu avais sept ans, et depuis tu ne supportes pas qu'on te les touche. Ce détail obnubile ton père. Il fait venir Mathieu, qui repositionne le lien, une fois, deux fois. Ton oreille dépliée, il se défroisse un peu, lui aussi. C'est sa manière à lui de fuir l'idée du pire, il a besoin de faire quelque chose, de se rendre utile. Il tape maintenant sur son iPad, décidé à te concocter une « Keynote », un texte fait dans un logiciel de présentations. Puisqu'on ignore si tu nous entends, ça sera pratique pour t'expliquer la situation par écrit. C'est son truc à lui, les gadgets digitaux :

« Antoine, nous sommes à l'hôpital
Tout va bien
Reste calme
Maman et papa sont avec toi
Est-ce que tu m'entends ?
Ferme une fois les yeux pour dire non
Ferme deux fois pour dire oui
Ferme la main
Ouvre la main »

Je lui suggère de faire une pause pour déjeuner et d'aller se détendre, si c'est possible. Un moment plus tard, je reçois la photo d'une tranche de pâté, avec un cornichon. Je suppose que la communauté Facebook l'a reçue également et lui en est reconnaissante.

Je ne te quitte pas des yeux une seconde, de peur de rater un truc. Ça fait une heure que je me dandine avec l'envie furieuse de faire pipi, rien à faire, je ne bougerai pas de là. Je demande à Mathieu qu'on me branche une sonde à moi aussi : il rit. Et là, comme ça, tu ouvres tes paupières en grand. Ton regard exorbité balaye la pièce, tombe sur moi. Tu me scrutes, et, rideau, tu fermes à nouveau.

– Mon chéri ! je suis là ! Regarde-moi ! Ouvre les yeux !

Tu es reparti dans ta tanière de marmotte.

Hou ! hou ! reviens !

Allumé. Éteint. On. Off.

Il se passe un quart d'heure. Je ne cligne pas des yeux de peur de rater quelque chose.

Lentement, tu me regardes à nouveau. Merde, ça y est, je pleure. Je suis un flot de paroles et un flot de larmes. Je te dis où tu es, pourquoi, comment... Dans tes yeux écarquillés, je ne lis qu'une gigantesque incompréhension. Il y a comme un énorme point d'interrogation audessus de ta tête. Ta bouche se tord comme si tu essayais de me dire quelque chose. Tes lèvres tremblotent. Ta lèvre inférieure paraît énorme, elle pendouille un peu, aplatie par le tuyau d'intubation. Et puis rideau. Tu fermes la boutique.

Je dois attendre vingt minutes pour de nouveau capter ton regard perdu. C'est l'expression d'une désolation immense. Je suis minée, impuissante à communiquer, te rassurer, mes mots, mes caresses ne suffisent pas à t'apaiser. On dirait un oisillon traqué. Mon pioupiou...

Rideau à nouveau. Plus rien.

Tu ne te lèveras pas pour midi.

Saleté d'ado.

(Off.)

Saint Benoît

Ton père revient de sa pause et je me jette à mon tour dans la voiture. Ton frère va me rejoindre pour déjeuner. Je m'installe à Ma table, dans Notre brasserie. Deux plats du jour, s'il vous plaît. C'est possible d'être servis très vite ? Je ne sais pas si j'ai une tête d'enterrement qui les convainc, mais nos plats arrivent deux minutes plus tard, en même temps que Clément. Hop, avalé. Le ballon de rouge, sifflé.

Je reçois alors ce message de ton père : *« Je lui ai demandé de cligner des yeux, ce qu'il a fait, mon bébé, ce qu'il a fait ! »*

Je fonds en larmes au milieu du restaurant.

Un second message suit : *« Par contre, il voulait me dire quelque chose que je n'ai pas compris. Mal ou maman… Il s'est rendormi »*

Quelques minutes passent, et : *« Je crois qu'il dit maman. »*

Je déteste avoir le nez qui coule quand je pleure.

Arrive le dernier message : *« Je lui ai montré la Keynote, il m'a répondu en clignant des yeux ! »*

Clément est en larmes, nous nous précipitons dans la voiture.

On se dit que ça y est, tu vas te réveiller.

Enfin.

Mais c'est la marmotte qui nous accueille.

Le Schtroumpf en chef explique pour la deuxième fois – le travail de médecin, c'est beaucoup de répétition – que cette phase de réveil est compliquée, elle peut être très pénible et surtout longue. Il faudra peut-être attendre des jours avant que tu ne remontes à la surface. C'est vrai qu'il nous a déjà prévenus, on aurait quand même préféré qu'il ait changé d'avis.

L'après-midi se passe dans ce climat de sursauts de ton corps, ouvertures furtives de tes yeux, tentatives d'arrachage des sangles, alertes des alarmes des constantes, aspiration de tes poumons. À chacun de tes microréveils, Mathieu te prend énergiquement la main, pardon, « la maingue », et crie très fort : « An-toua-neu, ser-reu-moi la maingue !!! » Parfois, il semble que tu la serres. Alors, on s'extasie tous. Mais Mathieu explique que le fait de serrer n'est pas révélateur, c'est parfois un simple réflexe. Il enchaîne alors : « An-toua-neu ! C'est biengue ! Maine-te-nangue, dé-serre la maingue !!! »

Et là, rien ne se passe.

C'est donc ça, le vrai test. Serrer est un réflexe, desserrer est une véritable action commandée par le cerveau. On ne s'extasie plus.

Malgré les antibiotiques en doses pour pachyderme, ta température refuse de descendre dans une zone acceptable. Les infirmiers effectuent un prélèvement qui permettra de déterminer si tu es victime d'une infection supplémentaire, provoquée éventuellement par l'intubation. Les premiers résultats arriveront demain. Nous ne te quittons pas des yeux, nous alternons pour te tenir la main, t'éponger le front qui ruisselle de fièvre, en espérant que tu sentes un peu notre présence. Clément est blême, voir son petit frère ligoté ainsi et qui se tortille avec le désespoir d'une anguille tout juste pêchée, un gigantesque hameçon planté au fond de la gorge, est une vision inacceptable. Je le chasse gentiment, lui demande de s'organiser une soirée avec de l'amitié tout autour de lui.

Je reçois un message d'Aline. « *Salvatore est très confiant. Il faudrait écrire sur un papier "saint Benoît" et le glisser sous l'oreiller d'Antoine.* » Ah… mais qui est saint Benoît ? Je pose la question à l'ami Google sur mon téléphone. Ce moine, qui est né vers 480, fait d'abord sa vie dans une communauté des Abruzzes en Italie. Il vit en ermite pendant trois ans dans une grotte pour s'éloigner des tentations humaines néfastes et se concentrer sur le bien et l'aide à autrui. Il semble qu'au IXe siècle, un roi est guéri miraculeusement d'une mystérieuse maladie après l'intervention de saint Benoît tenant une croix dans sa main droite. Il est relaté que le port de la médaille de saint Benoît assure la protection du diable et des dangers, apporte guérisons corporelles et conservation des animaux.

Va pour saint Benoît, au point où on en est.

Je trouve un petit bout de papier et m'applique à faire une belle écriture. *« Saint Benoît »*

On se regarde avec ton père, on est d'accord. Qu'a-t-on à perdre à demander un coup de main à saint Benoît ? Ma grand-mère, résolument athée, portait une médaille de saint Antoine de Padoue, prétextant que ça l'aidait à retrouver les choses qu'elle perdait. On va donc faire un petit arrangement avec nous-mêmes et avec saint Benoît. On attend d'être seuls avec toi. On contourne ton lit pour se placer au niveau de ta tête, ton père soulève légèrement l'oreiller et je glisse tout doucement le petit papier plié en quatre, juste derrière ta nuque. À cette seconde entrent deux infirmiers. On a l'air empêtrés, là, derrière ta tête de lit, car, en principe, on n'a rien à y faire. Ben oui, on visite la tête de lit de notre fils, on peut, non ?

Il est l'heure pour eux de refaire le lit.

Mais non !!!

Pas maintenant…

Chacun d'un côté du lit, ton père et moi scrutons anxieusement le moment où le papier va être découvert et où nous serons démasqués en tant que parents possédés. Nous serons certainement reconduits à la porte de cet hôpital, voire envoyés en consultation psychiatrique.

Le papier volette doucement vers le sol, personne ne le remarque. Le lit est refait, nickel, ton corps inanimé remis en place comme il faut, bien rangé. Nos regards ne quittent pas une seconde le petit carré blanc posé au sol.

Quand les infirmiers sortent enfin de la chambre, tels deux mômes, dans un fou rire nerveux, nous nous jetons dessus et le repositionnons religieusement pour sa destinée magique. J'envoie un message à Aline : *« C'est fait ! »*

Ouf.

Que penseras-tu de tout cela lorsque tu auras fait ton boulot de survivre et que je te raconterai l'activité paranormale de cette chambre ?

Là, tu n'as pas l'air d'en penser grand-chose, avec ta lèvre qui pendouille…

Pause dans l'aire téléphonique. Mathilde. Je lui fais part de ce que, fidèle à ton habitude, tu es assez difficile à réveiller, tu n'as toujours pas fini de roupiller. Je ne m'appesantis pas.

Non, ça n'est pas une bonne idée de rentrer maintenant, ma chérie.

Son retour était initialement prévu deux jours plus tard, ce sera bien assez tôt.

Mais Mathilde maintenue sur le banc de touche, comment t'imagine-t-elle ? Elle, si discrète et sensible, qui ne laisse rien paraître, qui verrouille ses émotions, je redoute la suite. Impossible d'imaginer que son intuition si fine ne l'ait pas déjà mise sur la voie. Me reprochera-t-elle un jour de lui avoir dissimulé la vérité et de l'avoir mise à l'écart ? Ma chérie, c'est que je voulais tant t'épargner ce cauchemar, la souffrance, les larmes… Combien de temps vais-je encore pouvoir jouer la comédie ?

Ce soir, tu es calme, ton père et moi partons en soirée consolante dans le cocon de l'amitié. Les amis sont d'un indéfectible soutien. Repas généreux, vins réconfortants, blagues revigorantes. Certains rires s'éparpillent parfois en étranglements, mais chacun feint de l'ignorer.

Je rentre regonflée à bloc, prête à en découdre pour la prochaine baston.

Nuit de chouette.

Somnifère.

Chouette.

Coup de fil à Charlène-Petit-Chat.

RAS.

Somnifère.

Goût de savon au réveil.

An-toua-neu !!!
serreu-moi
la **maingue** !!!

Mathieu, infirmier en réa
est de Perpignangue...

E.T.

Dimanche 24 août, à 8 heures, la route est déserte. La vidange de larmes est finalisée avant de franchir la barrière de l'hôpital. Le compteur lacrymal est à zéro, je devrais tenir la journée sans chialer.

Signe au gardien.

Salut, mon pote !

Flûte alors, je n'ai pas mon petit café, ce matin… C'est dimanche, pas d'adorable secrétaire. Je n'aime pas quand elle s'absente.

J'ai le droit d'entrer dans ta chambre dès mon arrivée. Tu dors, plus paisible que la veille mais toujours attaché, ta température reste perchée.

Je te tiens la main. Je te parle.

L'interne passe l'encadrement de la porte.

Alors, on est bien ou on n'est pas bien ?

Il est question de t'enlever l'intubation dans la journée.

Oh !!! C'est bon signe, ça, non ?

Ah… non… trop tôt pour le dire…

Les bonnes nouvelles ne sont pas facilement gagnées, ici.

Ils vont dans l'immédiat procéder à une radio pulmonaire, car il reste des zones d'ombre dans le bilan de ce matin.

La radio va s'effectuer en chambre. Un énorme engin tout blanc débarque, piloté par un radiologue, blanc lui aussi.

Ambiance BTP. Ils vont te couler dans du béton.

On me fait sortir.

Clic, clac.

L'engin et le bonhomme blancs repartent.

Les clichés ne montrent rien de particulier, tout est normal. Ce matin, le docteur F est de garde et doit procéder à l'extubation. Tu seras ensuite placé sous masque à oxygène.

Je trépigne.

Chouette ! Bonne nouvelle, n'est-ce pas, docteur ?

Non, toujours pas ?

Ils sont coriaces.

On me fait sortir. Salle d'attente. Je me replonge dans la lecture de mon livre. Je suis confiante, j'ai l'impression que ce beau dimanche ensoleillé est annonciateur du happy end de ce mauvais film. Ça va bien se passer. Salvatore et saint Benoît ont bossé, et accessoirement le personnel de ce service. J'ai placé tout mon espoir entre leurs mains, j'ai confiance en eux, ta vie sera sauve.

Les séquelles neurologiques, on en parle maintenant ?

Message d'Arielle, avec qui je viens de partager ma vision optimiste de ce jour plein d'espoir : *« Joie et bonheur. Parlons-nous plus tard quand tu auras pu profiter de lui et l'engueuler un peu pour le dérangement occasionné. »*

C'est certain, espèce de petit trou du cul, tu vas te faire sacrément enguirlander quand tu auras fini de roupiller. J'ai eu la trouille de ma vie, c'est malin.

Soixante minutes s'empilent plus lentement les unes que les autres. Les portes coulissantes s'ouvrent, je vois le docteur F s'avancer dans la salle d'attente, le visage grave. Je n'aime pas le fait que ce soit elle qui vienne à moi. Jusqu'à présent, ils m'ont toujours fait entrer dans ta chambre d'abord, m'expliquant ensuite. À passer des journées dans l'attente, chaque détail infime hors norme sonne comme une catastrophe.

Mauvais signe…

Merde.

Effectivement, l'extubation ne se passe pas comme prévu.

Tu es en difficulté respiratoire, tu ne t'oxygènes pas correctement. Quelque chose déconne, on ne sait pas quoi… Elle me prévient : si on ne trouve pas très rapidement la raison, compte tenu de ton état qui continue de se détériorer, elle sera obligée de te réintuber.

C'est ma faute, j'étais trop confiante, j'ai bradé la peau de l'ours alors que je ne l'aurais jamais tué. Voilà ce qui arrive. Mon ventre se coupe en deux, une vague de terreur m'engloutit.

11 h 00. J'ai le droit de retourner à tes côtés. On t'a installé en position assise dans ton lit, dossier remonté presque à la verticale, pour faciliter la respiration. Ton visage est avalé dans un énorme masque à oxygène. J'ai du mal à te voir au travers, tant il est rempli de buée. Tu as la bouche entrouverte, comme si l'air injecté ne suffisait pas. Tu as les paupières mi-closes, celles tombantes et désespérées du chiot abandonné sur la nationale. Au terme d'un combat de gladiateur, à bout de forces, tu rends les armes. Le filet de regard qui subsiste est rempli d'une souffrance immense implorant la fin du conflit. Tu as l'air tellement épuisé et inquiet à la fois. À côté de toi, sur l'écran de contrôle, c'est le festival ininterrompu des alarmes. Manifestement, tu n'en fais aucun cas. Tu as toutes les peines du monde à respirer, un peu comme si tu devais survivre sous l'eau avec un tuba de la taille d'une paille. Je reprends ta main dans la mienne. Je sens par moments de la vie dans tes doigts, tu me serres un peu. La vision de ton corps épuisé ne me fait pas pour autant renoncer à vouloir te maintenir hors de l'eau, je ne veux pas te voir plonger. Je crie dans tes oreilles :

– Antoine ! Serre-moi la main, mon chéri !

Sous tes paupières qui pèsent trois tonnes, je vois bien que tes pupilles de noyé me fixent. Ta bouche tente d'articuler des choses que je ne comprends pas. Pas besoin de mots prononcés pour entendre désespoir, souffrance éperdue. Tu as cette bouche déformée des enfants qui vocifèrent en pleurant, en gondole vers le bas. Je parle très fort pour te prier de ne pas parler. Comment pourrais-tu te faire entendre, prisonnier sous ce scaphandre…

– Tu as la tête d'ET. Si tu te voyais, c'est trop drôle !… Allez, serre-moi la main, ET !

Alors il se passe une chose merveilleuse. Tu la serres une fois.

Je crie à nouveau :

– Tu m'entends ? Cligne des yeux pour dire oui !

Tu clignes des yeux. J'y lis un ras le bol complet mêlé à une totale incompréhension. C'est comme si tu disais : « Putain, mais c'est quoi tout ce binz ? »

Moi je déborde de joie.

Tu m'as entendue.

Tu es avec moi.

– Desserre ta main ! Tu m'entends ? Desserre ta main.

Tes doigts relâchent leur pression sur les miens et tes yeux levés au ciel me disent que c'est complètement con de demander un coup de serrer et juste après de desserrer.

J'ai eu beau vider mon réservoir de larmes ce matin, il s'est rempli à nouveau.

Je pleure, mais tu ne vois rien derrière ton pare-brise mouillé.

– Ça va aller ! Ça va aller ! Tu es super fort et courageux ! Je suis tellement fière de toi.

Tu bats des cils, tu te donnes un mal de chien pour garder tes yeux ouverts. Tu tousses, ça remplit totalement ta bulle de buée. Je distingue juste les deux ronds de tes prunelles.

On me fait sortir. La kiné a été appelée en urgence pour une séance qui devrait t'aider à respirer. Elle va essayer de désencombrer tes bronches.

Je réintègre mon siège dans ma salle d'attente. Personne d'autre que moi, ici, ce matin, et pourtant c'est dimanche. Il n'y a qu'une prise de courant dans cette pièce. J'ai mis du temps à la repérer. Comment survivre sans charger son téléphone ? La prise est à deux mètres du sol, juste au-dessus d'un casier, installée pour un écran de télé qui n'y est visiblement plus. En étendant mon bras, je fais plus de deux mètres, je peux brancher mon chargeur de téléphone, tout là-haut, et je pose mon téléphone au sommet du meuble. À cette hauteur, il y a du réseau téléphonique, ce qui n'est pas le cas cinquante centimètres plus bas. Je ne suis pas sitôt assise qu'une vibration sur le casier m'indique qu'un message est arrivé. Je me retrouve donc dans la posture grotesque de lire et écrire des textos les bras en l'air, le nez dans un meuble.

Arielle. Nous échangeons sur ces défaillances respiratoires inquiétantes. Cette fichue toux qui traîne depuis longtemps… Arielle me raconte que, très récemment, là où elle travaille, elle se souvient avoir vu une personne atteinte de tuberculose.

Si, en définitive, tu avais la tuberculose ?

Je crois qu'on tient une piste majeure.

C'est vrai, ça, les médecins ne peuvent pas penser à tout, ils ont le nez dans le guidon. Je leur demanderai tout à l'heure. Arielle a raison. La tuberculose. Forcément.

L'interphone me parle. Je peux retourner auprès de toi. La salle d'attente est toujours vide. Les beaux dimanches d'août sont d'une solitude immense pour les patients de réanimation.

Je croise la kiné, elle est si jeune (non, c'est moi qui suis vieille). Son travail est de t'aider à tousser pendant que l'on insère dans tes poumons un tuyau pour aspirer les sécrétions. Elle reviendra un peu plus tard pour une nouvelle séance, en fonction de ton évolution.

Poupée géante à la tête posée de guingois, maintenue entre des coussins et des draps roulés pour qu'elle arrête de tomber sur le côté, tu as croisé tes jambes avec une incroyable élégance et posé tes poignets sur les montants de chaque côté du lit. Une position aristocratique d'une classe folle, bien que tes bas blancs boulottent sur tes cuisses et que tes poignets restent entravés par les larges sangles. Tu es si beau.

La vision d'un roi fou dans son trône.

– Antoine ?

Je me dis que tu m'entends quand je prononce ton prénom. Tu ouvres un œil. Ce simple effort semble te demander une énergie incroyable. Je lis dans ton regard englué une immense tristesse et un gros « Pourquoi ? » qui me bousille le palpitant. Ma poche vibre. Texto d'Aline. *« Il faudrait que tu sois près d'Antoine et que tu lui tiennes la main. »*

C'est précisément ce que je fais cent pour cent de mon temps.

Je réponds : *« Oui, je lui tiens. »*

« Salvatore est sur le coup, tiens-lui bien la main », enchaîne Aline.

Mon téléphone vibre à nouveau. Salvatore m'appelle. Je jette un œil au couloir, personne en vue, je décroche. Je change de côté du lit, là où le réseau téléphonique permet une conversation sans interruption. Je t'attrape l'autre main.

– Bonjour, Salvatore !

– Bonjour, Fabienne. Comment va Antoine ce matin ?

– C'est dur, très dur. Il est extubé depuis un moment, mais il y a un problème respiratoire. Il tousse, il ne s'oxygène pas bien, il souffre, il paraît s'étouffer complètement, c'est atroce…

– Je sais. J'ai travaillé toute cette nuit. Et j'ai vu. Il y a un problème qui pour moi est dû à l'intubation. Ça se passe au niveau de la trachée. Ce qui se passe maintenant, ce n'est plus la méningite, c'est l'intubation. Mais ça va aller. Je suis avec lui, je sais qu'il va s'en sortir. Bon… Pour la marche, la vue, la mobilité, ça va aller, pas de soucis, le reste, on verra plus tard. Là, l'urgence, c'est le problème respiratoire dû à l'intubation. Pour mieux me connecter avec lui, j'ai besoin que vous lui teniez la main. Ça m'aide.

– Je lui tiens la main. Merci, Salvatore. Merci infiniment.

Rien de totalement rationnel dans tout cela, mais mon être tout entier veut y croire.

Je reste ainsi pendant l'heure qui suit, n'osant pas te lâcher une seule phalange de peur que le lien magique ne soit rompu. J'ai le rôle d'une prise d'alimentation qui ne doit pas se débrancher. Pas bouger. Pourquoi ai-je bu ce thé ?

Toi, tu as réalisé qu'il t'est impossible de communiquer par la parole, enfermé sous ce masque gigantesque, ligoté à ton lit, empêchant tes mains d'exprimer également quoi que ce soit. Il ne reste que tes yeux. Se succèdent dans ton regard colère, agressivité et immense détresse. Tu tires fort sur tes bras attachés qui ne peuvent décoller du lit. Alors les constantes s'affolent, les alarmes couinent, infirmiers et infirmières volent à ton chevet. La résignation suit alors, baignée d'un abattement qui vire au désespoir. Ces yeux m'arrachent les boyaux. Je voudrais te détacher et arracher ce masque qui t'étouffe à petit feu.

La lutte s'éternise trois heures durant. Trois heures pendant lesquelles tu fais ton possible pour résister, remettre ta tête dans l'axe, soulever tes paupières, tirer sur tes liens, demander de l'aide de tes yeux épuisés et tenter d'articuler des appels au secours de tes lèvres tremblantes. Trois heures pendant lesquelles mon cœur bat au rythme du tien et que j'implore que cette tyrannie cesse.

J'ai demandé à Mathieu s'il pouvait me brancher à ta machine avec des électrodes. Je l'ai prévenu que mon cœur lâchera avant le tien et qu'il sera bien emmerdé. Il a souri, accoutumé à mes vannes pourries.

Ton père et Clément se relaient pour te tenir la main.

Mon frère Philippe est dans le hall. Il sait qu'il ne pourra pas te voir, mais il a eu envie d'être avec nous. Longue étreinte, il est bouleversé. On n'en parle pas parce qu'il sait que je sais à quoi il pense. Aujourd'hui, il replonge dans la mare sombre du souvenir, de son drame à lui, des hôpitaux, des attentes, des mauvaises nouvelles, de l'issue fatale. Je l'embrasse avant de laisser les larmes m'envahir, on se quitte en se disant que « oui, on continue d'y croire ! ».

15 heures. Forces épuisées à lutter sans résultat. Les médecins décident de mettre fin à cette impossible souffrance en te plongeant à nouveau dans un coma artificiel. Ton cœur est soumis à trop rude épreuve, la limite a été atteinte, il est nécessaire de t'intuber une nouvelle fois.

On part une fois de plus en marche arrière…

Le poumon qui dit non

J'ai prévenu Salvatore du revirement de situation.

Il me répond : *« Ce soir, je m'occupe du poumon. Pour moi, ça vient de l'intubation. Posez la question aux médecins, juste comme ça. »*

À 18 heures, le docteur F vient nous rejoindre en salle d'attente. Ça, c'est pas bon…

– Votre enfant souffre d'une surinfection de l'appareil respiratoire. Le laboratoire a identifié des germes au microscope en attendant des résultats plus précis et plus longs après culture. La fièvre est remontée. On lui administre un antibiotique supplémentaire dans l'urgence. Une radio des poumons montre que le gauche est rétracté, complètement plat, on appelle ça une atélectasie. Un bouchon a dû se former dans les bronches, empêchant l'oxygénation. Nous allons tenter une fibroscopie pour déboucher. Un scanner est prévu dans la foulée. De la kiné respiratoire suivra. Nous allons le coucher sur le côté droit et le changerons de position toutes les quatre heures, ce qui, j'espère, aidera son poumon à se regonfler.

– Et ?… Il peut s'en sortir ?

– Il est jeune, un cœur solide, on peut l'espérer.

C'est une question à laquelle aucun médecin ne répondra jamais par un simple oui ou non.

Je pense au message de Salvatore.

– Tout ça ne pourrait pas être causé par l'intubation ?

– Oui et non. Enfin, pas directement. Ça semble être une surinfection de l'appareil respiratoire, on a identifié des germes au microscope. C'est, malheureusement, une complication assez fréquente en réanimation.

Lorsque nous revenons dans ta chambre, j'ai le moral descendu au niveau des malléoles. Tu es à nouveau en position allongée. Fini le scaphandre, on t'a replanté le gros tentacule dans le fond du gosier. Régression. Le calme est revenu, l'ambiance de l'astronef paisible, les bips des machines battent régulièrement. Le pantin blanc est même libéré de ses entraves. Plus besoin, il ne risque pas de s'agiter, avec ce qu'on lui colle dans le cornet.

Nos expressions défaites sont pitoyables, les infirmiers viennent gentiment nous souffler que rester ne sert à rien. Tu dors, tu dois te reposer et nous aussi.

Trois fantômes repartent de l'hôpital. Dehors, tout est d'un trop grand calme. On est dimanche, la vie est ailleurs, pas ici…

Devant la porte d'entrée, je trouve un cabas rempli de victuailles. Montagne de produits frais du marché, fruits, légumes, fromages, jambon. Un message de ma douce amie Catherine me dit que probablement je n'ai pas eu le loisir de faire le marché. Un ange est passé et a déposé beaucoup d'amour sur ce pas de porte.

Réfugiés dans notre petite cuisine, chacun le nez dans son verre. J'ai bien compris que la couleur de mon humeur conditionne l'espoir sous ce toit. Alors je palabre, je capture chaque détail positif que j'étire dans tous les sens pour en faire un grand tissu d'optimisme. Tu t'es tellement débattu dans ton lit qu'il est évident que tu n'es pas paralysé. Tu me suivais des yeux, tu n'es donc pas aveugle. Tu semblais comprendre ce que je te disais, tu n'es donc pas décérébré… Il y a du positif. Il y a un poumon comme une crêpe, mais le deuxième va bien. Un petit coup de pompe et ça repartira. L'antibiotique donné ce soir fera son effet, et demain ça ira bien mieux. Et puis Salvatore a dit que ça irait, donc ça va aller.

Alors quel besoin ai-je d'aller me coller devant mon ordinateur et de taper dans Google « Méningite à méningocoque W135, séquelles » ?

Je m'étais interdit de le faire, non ?

Ce fut bref, car ce que j'ai lu dans les premières pages m'a suffi. Il est plus de minuit. J'ai envie de vomir. J'éteins mon ordinateur. Pendant que j'attends le moment où le somnifère me donnera le coup de massue libérateur, je concentre sur toi l'énergie de la terre entière et de la galaxie pour te maintenir en vie. Peut-être ai-je moi aussi des pouvoirs ? Oui, en fait, j'ai la certitude que j'ai un certain pouvoir.

Salvatore s'occupe de regonfler ton poumon cette nuit. Je l'imagine en train de souffler dedans comme dans un ballon de baudruche.

Rideau.

Train-train

3 heures, fin de l'effet massue.

Coup de téléphone à Charlène-Petit-Chat. Mais pas de voix de Petit Chat cette nuit, c'est une autre voix qui me répond, tout aussi compréhensive et douce. Évidemment, tu n'as pas bougé un orteil. En revanche, ta température a très légèrement baissé : ça me plaît.

Un autre Stilnox pour replonger illico.

Mauvaise idée.

Lundi 25 août, le lever est atroce, j'ai l'impression d'avoir passé la nuit sur un bateau et de tanguer comme une grande tige de bambou dans le vent. N'empêche, j'ai dormi, c'est toujours ça de pris.

Je dois régler quelques détails qui sont devenus totalement insignifiants dans la tourmente qui nous emporte depuis cinq jours. Ma vie professionnelle va s'offrir une parenthèse nécessaire. Je n'ai pas l'esprit à faire du dessin d'humour ce matin, et j'ai une excuse en béton.

Je me remets en route avec une nausée débordante. Je roule au ralenti en jetant des regards haineux aux conducteurs exaspérés par ma lenteur. J'ai besoin de ce temps de parcours étiré pour vider mes larmes, rincer mes idées. Je ne prends pas les appels.

Essorage. Vidange.

Barrière de l'hôpital.

Salut, mon pote !

Programme séchage.

Le rétroviseur n'est pas charitable ce matin, visage fripé.

Il y a un peu de monde dans la salle d'attente. C'est déconcertant, cette attente collective. Chacun doit se demander si l'autre est dans une situation plus dramatique que la sienne.

Après quatre jours passés ici, je classe les gens dans trois catégories. Il y a les vrais habitués, les experts. Cette dame qui vient de me dire bonjour semble être chez elle. Elle ne pleure pas, elle est en mode longue durée. Ses gestes sont rodés, il y a de la lassitude dans son comportement. Elle s'agace de la lenteur des infirmiers que je trouve très efficaces. Puis il y a les débutants, pour qui c'est une parfaite nouveauté. Le truc vient juste de leur tomber dessus. Cette famille fraîchement arrivée est sous le choc, tout le monde pleure, se prend dans les bras. Les débutants font en général beaucoup de bruit, ils parlent fort, téléphonent à tout-va, cherchent bruyamment les toilettes, le distributeur de café, le bureau des admissions, n'arrivent pas à faire fonctionner l'interphone, oublient de se désinfecter les mains, ne laissent pas leurs sacs et manteaux dans les casiers, ne comprennent pas que seules deux personnes au maximum sont autorisées à entrer en chambre, mangent dans la salle d'attente, apportent des fleurs, croient que les internes sont les chefs.

Nous faisons maintenant partie de la troisième catégorie, plus débutants, pas encore experts, on a compris que ce n'est pas la peine de pleurer fort, que tout le monde est ici avec la même incertitude sur le devenir de son proche.

Il est vrai que le débutant gesticulant agace.

Je me plonge dans mon livre, ce qui évite radicalement son regard perdu en quête d'un « petit renseignement ». On passe inévitablement de la demande anodine à l'écoute forcée de la conférence exhaustive du drame. Ce matin, je n'ai pas envie de connaître le CV des nouveaux postulants au cercueil.

Surtout, ne pas lire trop vite, ce livre sera le seul que je lirai ici. Tu sortiras avant que je l'aie fini, c'est promis.

L'attente est bien longue, mais je me suis habituée à ces heures qui défilent, je ne compte plus. En réanimation, le temps s'étire avec une lenteur infinie, parfois se suspend, en rupture complète avec le monde du dehors, je m'imagine porter des pantalons blancs et me déplacer dans cet endroit dans une petite voiture de golf comme dans « Le Prisonnier ».

L'interphone parle : « La famille d'Antoine Legrand peut entrer en chambre. »

Là, on est deux à se lever. La dame du groupe expert, debout en face de moi, me regarde, l'œil rond.

– Je crois que c'est moi qu'on appelle, me dit-elle.

– Heu, non, pardon, je pense que c'est plutôt moi.

– Elle a dit Antoine Levand.

– J'ai entendu Antoine Legrand.

Si on doit se disputer les comateux maintenant… Je sonne à l'interphone et demande :

– Vous avez dit Antoine Legrand ou Levand ?

– L… and !

Dans cet interphone du Moyen Âge, impossible de distinguer lequel des deux noms est prononcé. Je réitère, la réponse n'étant pas plus claire, je demande alors :

– C'est pour la méningite ou l'autre ?

– La méningite !

J'ai gagné, désolée.

Je comprends qu'elle soit agacée, elle a plus d'ancienneté que moi ici.

Je dois attendre encore quelques minutes devant ta chambre. Une femme de ménage passe un balai-serpillière géant tout autour de ton lit. Ce tableau de ton corps inerte qui oscille entre vie et mort associé à cette femme énergique, appliquée à faire briller le sol au-dessous de toi, est saugrenu. La routine du quotidien devient si dérisoire face aux enjeux, et pourtant il faut continuer à l'accepter et s'y plier. Lorsqu'elle quitte la pièce, je m'applique scrupuleusement à marcher sur la pointe des pieds pour ne pas salir. Mon premier regard va à l'écran, qui affiche tes constantes.

Ta vie s'agrippe à des nombres qui alimentent toutes nos conversations du matin au soir. Ta température n'est pas redescendue. Notre journée entière va être conditionnée par cette mauvaise nouvelle matinale. Ton visage est pourtant serein, les souffrances de la veille semblent effacées. Le soleil qui remplit généreusement ta chambre est forcément annonciateur de bonnes choses. On vient te faire un prélèvement de sang, rituel qui ponctue les heures. L'aiguille plantée ne te fait pas bouger d'un cil. Je demande à Aurélia, l'infirmière qui te ponctionne :

– Il n'est déjà pas frais, alors si vous continuez à le vider comme ça toutes les heures, ça ne va pas s'arranger, non ?

Elle rit. Les premiers jours, je laissais les équipes perplexes face à mes commentaires décalés, maintenant, ils plaisantent eux aussi, l'ambiance s'est relâchée. Si je fais la gueule, ils feront la gueule, tout le monde fera la gueule, quel intérêt ? À quoi bon rendre davantage mortifère ce qui l'est déjà ?

Quand même, ce matin, il y a plus de bruit que d'habitude. Ici, les portes des chambres restent toujours ouvertes, les patients seraient bien en peine de les ouvrir. Dans la chambre d'à côté réside depuis quelques jours un vieux monsieur, quatre-vingt-dix ans bien sonnés, totalement décharné, mais d'une vivacité surprenante. Il est coriace, il a repris du poil de la bête, refuse de garder le masque pour l'oxygénation, arrache ses perfusions et décide à peu près chaque heure de se faire la malle du service, cul nu, ses bas blancs en tire-bouchon sur ses mollets inexistants. Comme il est dur de la feuille, les infirmiers hurlent pour se faire entendre. Papy fait de la résistance. Il n'est pas près d'y passer, avec une énergie pareille. Il a interdiction de boire, j'ignore la raison. Dès que l'infirmière tourne les talons, il s'asperge la bouche avec un brumisateur qu'il a négocié, vieux roublard, sous prétexte de chaleur intenable. Chaque heure, une infirmière, à bout de nerfs, crie :

– Ah non, alors ! Je vais devoir vous attacher si vous continuez !

Il joue de son regard de poussin contrit, car il n'est toujours pas attaché.

Il est l'heure de la visite des médecins. En fin de matinée, les chefs de service font le tour des patients, une guirlande d'internes à leurs basques. Comme on est en août, la horde est limitée à trois. Ils procèdent ensuite à un point récapitulatif dans l'un des bureaux de surveillance situé à l'entrée des chambres. Le docteur F, qui mène le groupe ce matin, m'explique qu'une nouvelle radio a montré que ton poumon avait repris un peu de volume. Elle me présente le beau cliché pour que je puisse moi-même apprécier la progression. J'apprécie l'esprit de cet endroit, qui consiste à expliquer les choses, même les plus compliquées.

J'ai une chose importante à lui dire.

– Docteur, il y a quelque chose qui me turlupine… Je l'ai déjà signalé, Antoine toussait depuis presque un mois quand tout cela est arrivé. Mais il y a maintenant cette fièvre inexpliquée, ce poumon raplapla, cette toux qui persiste encore. Je dis ça comme ça, mais si, en fait, il avait la tuberculose ?

L'autre chose que j'apprécie également ici, c'est que même si, à cet instant, le docteur F contient son envie d'éclater de rire, elle n'en laisse rien paraître. Elle me laisse ma dignité intacte avec mes diagnostics abracadabrants et me répond avec tact :

– Oh non, ne vous inquiétez pas, on n'est pas du tout dans ce cas de figure.

Petit sourire tout de même pour conclure que ce n'est pas la peine de revenir ultérieurement avec mon catalogue de suggestions à deux balles.

Je remballe ma tuberculose, je me la mets sous le bras et je la rendrai ce soir à Arielle.

Elle enchaîne :

– Nous ignorons ce qui provoque cette fièvre. Mais le nouvel antibiotique donné depuis hier a permis de la faire descendre un peu. Nous aurons des résultats d'analyses plus poussés dans l'après-midi, ce qui nous permettra peut-être de mieux comprendre. En attendant, nous le laissons dans un coma artificiel afin qu'il récupère. Nous verrons demain si nous tentons un nouveau réveil.

Tu as encore gagné une grasse mat'. Gros profiteur ! Et moi aussi je profite, car je peux te toucher, te caresser les cheveux sans que tu fasses ta grimace de monsieur l'énervé.

Une journée lente, très lente, parce qu'il ne se passe rien, absolument rien. Moi, j'ai mal au bide. Cette foutue enclume est encombrante, à la longue.

Une journée assis à ton chevet, en chiens de faïence, ton père et moi. Par moments, tu bouges très légèrement les bras, alors on se précipite, en chœur, tous les deux. Chacun te tient la main, très fort, dans l'attente de quelque chose. Comme il ne se passe invariablement rien, nous nous asseyons à nouveau. Ni l'un ni l'autre ne fait autre chose que de te regarder, comme si ça allait t'aider.

Les résultats des analyses sont décevants, rien qui pourrait expliquer ton état instable. Après la zone de turbulence, brouillard total, aucune lumière à l'horizon. Ce soir, il est facile de te laisser dans ton long sommeil, tu es reparti très loin, au calme. Je préfère ça à tes souffrances de la veille.

Ma conduite en voiture est absurde, je fais moult détours pour ne pas avoir à être coupée dans mes conversations téléphoniques par la traversée de zones dénuées de réseau. Et comme je n'ai pas terminé lorsque enfin j'arrive à destination, je reste au volant de ma voiture, garée devant la maison. Scène grotesque.

En me couchant, j'avale mon dernier comprimé de Stilnox et prie pour ne pas me réveiller deux heures plus tard.

Notre chatte, Lilo, est devenue folle. Il est bien connu que les animaux ont une perception plus aiguisée que la nôtre. Elle a senti qu'un truc ne tourne pas rond à la maison. Son jouet principal et favori, c'est-à-dire toi, a disparu. Elle ne cesse de miauler, c'est insupportable. Je la mets dehors. Elle miaule. Je la fais entrer. Elle miaule. Je la sors. Elle miaule. Je la fais donc entrer à nouveau. Mouvement perpétuel qui prend fin vers 5 heures du matin, heure pour elle d'entamer sa vraie nuit de sommeil, roulée en boule sur ma poitrine, pétrissant généreusement ma peau de ses griffes tout en ronronnant, cessant enfin de geindre. Ça m'occupe, j'ai l'esprit trop torturé pour dormir.

Vas-tu te réveiller demain ?

Salvatore, aide-nous.

Brushing

La routine s'installe, la fatigue avec.
26 août.
J + 6.
Ces nuits hachées, en montagnes russes, entre sommeil commandé et crises d'angoisse, creusent chaque jour de nouveaux sillons autour de mes yeux. Je camoufle à coups de tartines de rimmel waterproof. Pas question que tu décèles la moindre défaillance quand tu ouvriras les yeux. Ton père, rompu, s'est posé à tes côtés en mode sidération statique et muette, charge à moi de compenser en soufflant un vent énergique. Allez, aujourd'hui va être une journée incroyable, tu vas ouvrir les yeux, tu nous expliqueras que tu en as assez de glander et qu'on peut t'enlever la plomberie.

Barrière. Salut, mon pote ! Café avec Nathalie. L'adorable secrétaire a un prénom. Elle se dépêche avant que la salle d'attente ne se remplisse, elle ne peut pas offrir le café à tout le monde. Je me sens élue, bichonnée, choyée. Cet endroit est désormais une extension de ma maison. Je range mes affaires dans mon casier et me plonge dans mon livre en attendant un signe de l'interphone. Je souffre d'ordinaire d'une impatience non contenue dans les cas d'attente, considérant mon temps trop précieux pour le perdre en activités non productives. Je m'étonne ici de n'en ressentir aucune. Je me laisse porter par les minutes, heures, journées qui glissent, élastiques. Le monde extérieur n'existe plus, je me fous de ma productivité. L'empressement a laissé place à une autre fébrilité, qui rend aussi les mains moites. Ça permet de tourner facilement les pages d'un livre.

Il est l'heure de la relève des médecins. J'ai appris que les tours de garde durent vingt-quatre heures. Rester sur le pont pendant autant d'heures d'affilée, avec un tel enjeu vital ? Ici, pas de faute professionnelle envisageable avec une excuse du genre : « Ah pardon, j'ai eu un petit coup de mou vers 4 heures, je me suis planté dans les réparations, votre fils a malencontreusement trépassé, j'en suis confus, je ferai gaffe la prochaine fois. » Après vingt-quatre heures de boulot en continu, ils rentrent enfin chez eux. Ce matin, je vois partir le docteur M, l'un des internes. Sans son uniforme bleu, il paraît sortir du lycée. Il est en jean, tee-shirt, trottinette en bandoulière, barbe de hipster, coolitude totale, impossible d'imaginer son job si je le croisais dans la rue, je ne lui confierais même pas mes clés de voiture.

Interphone. J'ai l'autorisation d'entrer.

Échalas figé dans ton lit, bras et jambes dans une posture artificielle. Ces tuyaux qui font entrer et sortir à ton insu, de ton corps, air, médicaments, nourriture, sang, urine, gomment toute humanité en toi… Le matin, tout est plus ordonné que le soir, blouse parfaitement lissée, bas remontés, draps tendus. Tes poignets ligotés par les sangles me crèvent le ventre.

Ce matin, Robin fait équipe avec Aurélia. Délicats et drôles, ils se taquinent sans cesse. Robin arbore un abondant sourire d'autosatisfaction. Posté à la tête de ton lit, le torse bombé, un bras tendu vers ta chevelure rassemblée en une improbable coiffure, geste qui signifie un magistral « C'est moi qui l'ai fait ! ». Aurélia pouffe de rire.

– Je l'ai rasé, et puis je lui ai fait un shampoing et un brushing ! Il est beau comme ça, non ?

Aurélia le coupe :

– Je suis désolée, j'ai beau lui expliquer que je suis convaincue qu'Antoine ne doit pas être adepte de ce genre de coiffure, il a tenu à lui faire cette espèce de brushing…

– Dès qu'il est réveillé, je lui montre. Moi, je suis sûr qu'il va adorer !

Robin n'en démord pas. Aurélia m'envoie un regard entendu, comme moi, elle a capitulé. C'est vraiment mieux que tu ne voies pas ce qu'il a fait de tes cheveux. Un brushing incroyable, volumineux, tiré vers l'arrière, impeccablement lissé. J'ai peine à te reconnaître. Je ne peux retenir un fou rire, malgré la gravité de ton état. Ta tête proprette, maxi brushée, plantée en haut d'un corps de pantin en blouse mouchetée, gambettes en bas blancs au-dessous, c'est d'un ridicule, si tu te voyais…

– Alors, Robin, on a envie de jouer à la poupée ?

Robin tourne les talons, jouant le vexé, sèche-cheveux et brosse sous le bras, la mine boudeuse de l'artiste incompris. Il s'est donné tant de mal et voilà… Ingrats.

– Robin ?!

– Oui ?

– Merci !

Fin de matinée, visite troupeau des médecins et internes, du bleu partout. Le docteur F m'annonce que ta température est descendue, néanmoins pas complètement, mais tes constantes sont dans l'ensemble assez bonnes.

La loupiote d'espoir s'est rallumée !

Ta sédation est stoppée et on attend donc, maintenant, que tu émerges à nouveau.

Je sais désormais que les heures qui viennent vont être pénibles. Je pétris ta main dans la mienne. Tu es un peu ma chose, inconscient que tu es. Je joue moi aussi à la poupée, je peux te recoiffer, arranger ta belle blouse, sans que tu protestes.

Le calme avant la tempête.

J'appréhende…

Bonjour !

Voilà.

On y est.

Tu surgis brusquement. Contorsions. Tu tires violemment sur tes sangles, tes poignets ne vont pas résister. Le fracas sonore reprend, entre « Antoine, tu entends ? Serre-moi la main ! » et les alarmes survoltées.

Tu viens d'ouvrir les yeux.

Ton regard balaie la pièce, se pose sur moi.

Ce regard… Cette montagne de pourquoi… Alors je recommence, t'explique, encore et encore. Je parle si fort. Mais tu me fais signe que tu ne comprends pas. Tu tires avec fureur sur tes liens. Ton regard interroge, pourquoi suis-je attaché ? J'appelle Robin et Aurélia à la rescousse. En accord avec les médecins, ils acceptent de te détacher à la condition que je ne te quitte pas d'un cil et t'empêche d'arracher tes tuyaux. À la seconde où les sangles sont défaites, tu essaies directement de te délivrer de tout ce qui t'entrave, tu te débats comme un forcené. Une boucherie. Malgré ton état, tu fais preuve d'une force incroyable. Robin et Aurélia m'aident à te maintenir les bras plaqués sur le lit. Je veux être ailleurs…

– Antoine, mon chéri, il faut que tu te calmes ! On va devoir t'attacher si tu n'arrêtes pas de gigoter ainsi ! Antoine, tu comprends ?

Tu me fais signe que non… Je remise mes larmes et j'articule davantage, je crie. Tu clignes des yeux en signe d'approbation. Ouf. La tension redescend légèrement.

– Antoine, on va libérer tes bras. Tu ne dois pas arracher le tube qui est dans ta bouche. C'est vital, tu m'entends, vi-tal ! Tu ne peux respirer qu'avec ça. Si tu l'arraches, on va devoir te rendormir pour le remettre. Tu comprends ?

À nouveau, tu clignes des yeux pour acquiescer.

Nous relâchons l'étreinte et tu obtempères. Tu scrutes intensément tout ce qui t'entoure, les yeux comme des soucoupes. Un chiot perdu.

Je hurle :

– Tu as mal quelque part ?

Tu agites la tête de gauche à droite. Non.

– Antoine, c'est très important. Serre-moi la main !

Je sens la pression de tes doigts sur les miens.

– Maintenant, relâche ta main ! Antoine, s'il te plaît, fais ce que je te dis, desserre ta main !

Tes doigts lâchent les miens. Ma vue se remplit d'eau. Je regarde Robin.

– Il l'a fait ! Vous avez vu, il l'a fait !

Robin sourit, acquiesce. Alors j'enchaîne, toujours en hurlant :

– Antoine ! Bouge les jambes !

Tu prends un air agacé, mais tu replies tes jambes vers toi.

Je ne vois plus rien, trop d'eau dans mes yeux.

Les tiens disent : « C'est quoi, ce jeu à la con ? »

– Vous voyez, il peut bouger les jambes quand on lui demande ! Il les commande, ça veut bien dire qu'il n'y a pas d'atteinte neurologique à ce niveau, non ?

J'embarrasse ce pauvre Robin. Il n'est pas de son ressort de répondre à ça. Je sors en trombe de la chambre. Où est le chef schtroumpf ? Je dois le voir tout de suite ! Quelques minutes plus tard, je le ramène devant toi, je l'aurais porté, traîné de force par les cheveux, si ça avait été nécessaire. Je lui explique ce qu'il vient de se passer et, pour finir de le convaincre, je te refais faire la démo des bras, des mains, des jambes.

Alors ?

Il me regarde, visage de compassion niveau maximum, il répond :

– Bien sûr, c'est très positif. Mais on ne pourra faire de véritable évaluation de la motricité que lorsqu'il sera en mesure de marcher… Même chose au niveau neurologique, même s'il semble comprendre, il est trop tôt pour évaluer son état…

Mauvaise réponse. Ce n'est pas ce que je veux entendre.

Je m'en fous. Salvatore l'a dit. Ça va aller.

Je demande à Robin s'il serait possible d'avoir une ardoise, pour tenter une communication par écrit. Il m'apporte celle qui sert à noter les températures. Il m'aide à relever le dossier de ton lit et à t'installer en position légèrement relevée.

Je place l'ardoise devant toi et positionne un gros feutre bleu dans ta main gauche. Tu hésites un instant, tu poses l'ensemble sur ton ventre et inverses ardoise et stylo. Tu commences à écrire avec difficulté de la main droite. Alors je te prends le stylo et le repositionne dans la main gauche.

– Tu es gaucher, mon chéri, pas droitier !

Tu me jettes un regard horripilé, tu m'arraches nerveusement l'ardoise et remets le stylo à droite… Bon, si tu insistes… L'énorme pince qui englobe tout ton index droit et qui sert à mesurer la saturation te gène, tu la dégages sans ménagement. Je la remets en place en te faisant comprendre que tu dois la garder. Les alarmes sonores se sont, du coup, mises en route. Robin pointe une tête, je lui fais signe que je gère. J'arrête l'alarme sur l'écran de contrôle. Je commence à maîtriser certaines choses ici. À nouveau, ton œil désapprobateur me toise. Tu éjectes la pince. Je la remets. J'arrête l'alarme. Tu recommences. Moi aussi. Au bout de cinq ou six fois, tu prends un air triomphant et tu clipses la pince sur ton index gauche. Ma foi, tu es méga chiant mais ton cerveau a l'air de bien fonctionner.

Toi qui es donc gaucher, tu amorces un début d'écriture, péniblement, de la main droite, lettre après lettre, chacune d'elles te demande un effort considérable. J'ai arrêté de respirer en attendant la fin du mot. Je tremble comme une feuille.

« FABBIENNE »

C'est donc le premier mot qui te vient à l'esprit, en cet instant…

L'écriture est gondolée, mais lisible. Tu as mis deux B dans mon prénom.

Jamais tu ne m'appelles Fabienne, c'est toujours maman.

Tu effaces le mot avec la paume de ta main.

Dans un geste qui te coûte, à nouveau, tu dessines les lettres tordues d'un autre mot, cette fois en minuscules.

« ANTOINE »

C'est rassurant, tu te souviens de ton prénom. J'y vois un signe encourageant.

La fatigue te submerge. Avec une infinie difficulté, tu effaces à nouveau. Ce seul geste semble puiser toute ton énergie. Je t'aide.

Les lettres se forment, de plus en plus penchées. Majuscules.

« MATHILDE »

Je t'explique que ta sœur n'est pas là. À l'heure qu'il est, elle doit être à l'aéroport de Nice, prête à embarquer pour rentrer. Demain, si tu vas bien, elle viendra. Tu sembles parfois comprendre. Peut-être lis-tu sur mes lèvres. Pas de certitude.

Tu as lâché ardoise et stylo, à bout de forces. Tes yeux se révulsent d'épuisement.

Tu t'endors.

Trois mots, trois prénoms, peut-être que les médecins ont raison, ton cerveau est dans un état de purée mousseline, tu as dix-sept ans et je viens de monter au septième ciel parce que tu as écrit mon nom.

N'empêche. J'ai le cœur qui bat à toute vitesse.

Il y a de la vie aujourd'hui.

Je suis heureuse.

Tu as réussi à tenir plus de six jours sur un fil, et tu n'as pas basculé.

Je suis confiante, tu as la force en toi, petit scarabée.

Je nettoie avec un mouchoir et un peu d'eau l'encre bleue de stylo étalée sur la paume de ta main.

Et je la reprends doucement dans la mienne.

Sens l'énergie que je t'envoie. Imagine que je suis un groupe électrogène, que je t'injecte du flux de vie. Je n'ose plus te lâcher, de peur que tu ne repartes trop loin.

Pause pipi prohibée. Je vais demander le bassin à Robin.

Il s'écoule une bonne demi-heure avant que tu n'ouvres, à nouveau, un œil. Un œil davantage habité. Je te tends l'ardoise et le stylo. Main droite encore. Tu essaies d'écrire mais, avant d'avoir achevé ton mot, tu l'effaces, irrité de ne pas réussir à inscrire ce que tu as en tête. Je mets une pile de serviettes en papier à tes côtés pour que tu puisses effacer sans te couvrir d'encre. Péniblement, tu inscris lettre après lettre.

L'écriture est illisible, je mets un certain temps avant de décoder, sous ton regard excédé.

« iPhone »

Je rêve !

Donc, le premier truc essentiel que tu demandes à ta sortie de coma, c'est ton téléphone ?

J'hallucine. L'objet vital du rescapé de la W135 est dans mon sac. Je préviens Robin que je sors chercher la chose dans le casier. Il vient te rattacher les poignets avec les sangles. Le risque est trop grand que tu arraches l'intubation. Tu le regardes d'un œil haineux qui dit « Pourquoi ? ».

Je reviens en courant, de peur que tu ne disjonctes, ainsi ligoté. Je défais les sangles. J'écris sur l'ardoise :

« Ton code ? »

Tu fais non de la tête et tends ton bras vers moi, impérieux.

Faut quand même pas déconner. OK. Toi, tu n'as pas oublié d'être un ado chiant. Je te tends le téléphone.

Avec maladresse, tu cherches le bouton pour l'allumer. L'écran s'éclaire et réclame le code. Tu tapes alors dans tous les sens, manifestement n'importe quoi. J'arrache l'appareil de tes mains. Après trois tentatives, il sera bloqué, ce serait stupide.

Ardoise, j'écris :

« Donne-moi ton code, je vais le taper moi-même ! »

Tu me lances un regard furieux et tends à nouveau ton bras. Je t'indique que je refuse de te le rendre. Tu détournes la tête, furibond, vexé. Si tu es capable de faire la gueule, c'est que tu ne vas pas si mal.

Après l'expérience de la Keynote de ton père, j'avais imprimé des messages sur des feuilles A4, dans l'espoir d'un possible réveil. Je te montre les feuilles une à une.

« Tu es à l'hôpital de Percy
Tu es dans un service de réanimation
Tu as souffert d'une grave méningite, c'est très grave, mais tu vas mieux
On t'a plongé plusieurs jours dans un coma artificiel pour te soigner
Ça fait six jours
On est le mardi 26 août
On sait que tu n'entends pas bien
Tu fais preuve de beaucoup de courage, on est très fiers de toi »

Je n'arrive pas à déceler si réellement tu arrives à lire. Je n'en suis pas sûre…

Tu pleures.

Tu me demandes l'ardoise. Tu écris :

« Alice ne va pas rester ici éternellement »

Alice ? Pourquoi mentionnes-tu ton amie Alice ?

Manifestement, ton cerveau connecte mal.

Illumination

Tu es à l'évidence, contrarié de la présence de ce gros tuyau dans ta bouche. La salive qui s'écoule sur le côté et que je ne cesse d'essuyer t'énerve. Tu fais une fixette là-dessus. Tu me fais signe d'appeler Robin ou Aurélia. Je m'exécute. Robin accourt :

– Alors, Antoine ! Ça roule ? Tu as besoin de quelque chose ? Tu veux quoi ?

Robin a la voix qui porte, tu sembles comprendre ce qu'il te dit.

Tu saisis l'ardoise : *« vide-salive »*.

Je croise le regard perplexe de Robin.

Un « vide-salive »... Ben tiens, évidemment, tout le monde connaît le « vide-salive »...

Ton cerveau est peut-être confus concernant l'espace-temps, en revanche l'intelligence pratique carbure. Robin sourit.

– Je vais te trouver quelque chose qui va te plaire !

Il sort de la chambre et revient quelques minutes plus tard, triomphant, avec un grand tuyau souple, muni d'un long embout coudé en plastique rigide. Il installe, dans la forêt de matériel située à la tête de ton lit, une potence supplémentaire avec un réservoir. Il branche plusieurs tuyaux, relie le réservoir au système d'aspiration d'air général et voilà ! Tu as ton « vide-salive » ! Il te tend le tuyau et place l'embout en plastique dans ta main. Comme chez les dentistes, tu peux désormais aspirer ta salive en le mettant dans ta bouche. Ton visage s'est illuminé. Tu gratifies Robin d'un immense sourire et d'un pouce levé, en signe de victoire et de remerciement.

– Pas de quoi, Antoine ! Si tu as besoin d'autre chose, dis-moi !

À Nice, le vent souffle trop fort, les avions sont bloqués au sol… Mathilde s'inquiète de son retour. Elle devra patienter pour rentrer par un vol demain. Elle soupire, ce qu'elle veut c'est te voir, là, maintenant.

De ton côté, tu dors, épuisé.

Salle d'attente.

Une famille a débarqué, visiblement après l'accident de voiture d'une jeune fille. Ils pleurent sur les épaules des uns des autres, couvrant lacrymalement l'espace entier. La mère s'est déchaussée, exhibant sans complexe des pieds à texture de parmesan, et s'est allongée sur toute une rangée de sièges. En moins d'une minute, elle ronfle dans une gamme de décibels que je ne pensais pas accessible pour une femme de constitution normale. Elle repartira dès le lendemain avec son troupeau. Sa fille, après une sortie de route, s'est seulement fracturé la mâchoire et le nez sur le pare-brise. Du coup, celle-ci ronflera probablement un jour, elle aussi.

En revenant dans le service de réanimation, je croise le docteur F.

– Je peux vous poser une question, docteur ?

Dans les beaux yeux bleus souriants de cette femme toujours avenante, on lit aussi qu'il ne faut pas trop l'emmerder quand même.

– Mais, bien sûr !

– Notre fille de quatorze ans rentrera demain à la maison. On l'a maintenue éloignée tant qu'on a pu, mais elle a besoin de voir son frère, d'être avec nous. Je sais qu'en règle générale, dans les services de réanimation, les visites sont interdites aux enfants de moins de seize ans. Mais le docteur D m'avait expliqué qu'ici vous n'avez pas des règles aussi strictes qu'ailleurs… Pensez-vous donc qu'il serait possible qu'elle vienne voir son frère, après-demain ?

Elle prend quelques secondes avant de répondre.

– En effet, nous n'interdisons pas l'accès de manière rigoureuse. Mais je pense qu'il est encore trop tôt. L'intubation est une chose très impressionnante, et peut être vraiment traumatisante pour une enfant de cet âge. Vous êtes là tous les jours et vous ne percevez plus l'image que renvoie votre enfant dans cet état, ainsi relié à tous ces tuyaux. Il a des perfusions partout, des sondes, des électrodes. Et puis vous l'avez bien vu, il peut s'agiter par moments, se débattre, avoir des réactions qu'elle aura du mal à supporter. Pour moi, c'est vraiment trop tôt. Le mieux serait d'attendre l'extubation.

Je m'attendais à cette réponse. La partie va être serrée avec Mathilde.

– Je pense que vous avez raison… Merci !

En la regardant s'éloigner, je pense à son métier qui exige courage, maîtrise de soi, écoute, empathie, mais également de l'humour pour avaler certaines situations. Et cette capacité de détachement, indispensable car, forcément, ils doivent en « perdre », des clients, certains jours…

Ton père et Clément m'ont rejointe. Ensemble, nous retournons dans ta chambre.

À l'entrée, nous stoppons, stupéfaits. Tu as été installé en position assise sur un fauteuil, à côté de ton lit. Malgré tous les tuyaux, fils, câbles, tu trônes avec distinction, jambes croisées, les bas recroquevillés sur tes mollets de serin. Ta lèvre inférieure pend, lestée du système d'intubation. C'est moche. Tu as les paupières basses, ton épuisement saute à la figure, mais ton regard s'illumine à la vue de ton frère.

Tes yeux pétillent. Tu es à la connerie, je le sens.

Clément peine à avancer vers toi, il a les larmes aux yeux, intensément bouleversé de te voir ainsi. Il tremble, s'approche et te caresse délicatement la main. Vos yeux échangent longuement, explosant au passage mon cœur de maman.

Clément se saisit de l'ardoise :

« Je t'aime »

Tu demandes l'ardoise à ton tour.

Tu peines. Main droite tremblante. Mais les coins de ta bouche se fendent d'un sourire.

On se regarde alors tous, stupéfaits par ce que tu viens d'écrire…

« T'es de la merde ! »

Code entre vous, réplique tirée d'un film dont vous connaissez les dialogues par cœur, *Notre jour viendra*. Tu es très content de l'effet de surprise. Tu es quasi mourant et tu fais des blagues de cinéphile à deux balles.

J'écris :

> *« Tu sais que tu es là depuis cinq jours ? »*

Tu rédiges à ton tour, avec une énorme grimace :

> *« Oui, mais heureusement pas dans ce fauteuil inconfortable »*

Puis tu enchaînes, d'une écriture à peine lisible :

> *« Je n'entends pas, je ne peux pas parler mais je peux manger... Ah non, je vomis »*

Tu te marres...

Malgré l'état catastrophique dans lequel tu es physiquement, tu trouves l'énergie et l'esprit de plaisanter.

Seulement, tu as puisé dans les dernières réserves de ta batterie, et là tu es sérieusement à court. Tes yeux sombrent, tu penches dangereusement, mettant en péril la tubulure de ton air vital. On nous fait sortir le temps de te transférer à nouveau dans ton lit.

Lorsque nous revenons, tu dors. Tu dois recharger tes accus. Ton père suggère que nous rentrions pour recharger les nôtres.

Dehors, la lumière est orange, apaisante.

Tu es sorti du coma.

Je me dis que c'était une bonne journée.

La partie est loin d'être gagnée, mais, aujourd'hui, on a fait un pas en avant.

Cette nouvelle nuit est à son tour interminable.

Je reçois un sms de Salvatore. Des photos. Plutôt dégoûtant comme aspect, un frigidaire rouillé, du vomi par terre ? Des taches noirâtres baignent dans une sorte de liquide jaunâtre. Un message suit. Salvatore coule de la cire dans un bol pour voir apparaître des taches dont il interprète les formes, c'est l'une de ses nombreuses méthodes de travail. Il voit toujours un poumon et un œsophage en difficulté. Demain je retournerai voir les médecins en demandant pour la énième fois si ce n'est pas un problème lié à l'intubation, tout ça parce qu'un dégueulis de cire a dessiné des trucs dans le bol d'un magicien dans le sud de la France. Je garderai ces détails pour moi.

J'ai épuisé mon stock de somnifères, mon cerveau macère un bouillon saumâtre d'hypothèses moisies.

À 3 heures, j'appelle le poste infirmier.

Jérémie me répond avec douceur. La nuit, ils ont cette voix calme au téléphone, comme si tout était au ralenti dans le service. Ta fièvre est remontée et ils ont dû te sédater en raison de ton agitation. Et merde…

Grosse pelote noire dans ma tête.

La chatte est dingue.

Je vais la pulvériser si elle n'arrête pas de miauler comme ça.

Gaucher contrarié

Mercredi 27 août.

Il fait un soleil radieux. C'est tellement plus sympa les catastrophes en été, le soleil gomme le noir et insuffle généreusement l'énergie du combat. Je fais un stop dans une petite papeterie sur le trajet, y déniche la plus grande ardoise plastique existante, format A3, et je dévalise l'intégralité du stock de feutres. Toutes les couleurs, on ne sait jamais, des fois que tu aurais des envies de coloriage. Je sors, vraiment satisfaite de mon achat.

Barrière.

Salut, mon pote.

Bonjour, Nathalie, merci pour le café.

Je décide aussi de ralentir la vitesse de lecture de mon bouquin. J'en ai englouti plus de la moitié, mais j'ai le pressentiment que notre séjour ici peut véritablement durer. Ce livre se terminera avec cette attente. Je me suis fait une promesse, je la tiendrai, quitte à ne lire qu'une phrase, ou un unique mot par jour. Parce que c'est une certitude dans ma tête, tu vas sortir d'ici.

Ça n'est pas possible autrement.

La famille très nombreuse d'un vieux monsieur vietnamien dont le cœur a eu des ratés vient d'investir la salle d'attente. Organisés, ils apportent boissons et pique-nique. Beaucoup de larmes, beaucoup de bruit. Je ne pose pas de questions. Ici, on ne fait pas de compète de mort, ça se joue plus subtilement, dans un codage comportemental. Yeux mouillés, soupirs, épaules basses, visages marqués, regards plombés. Avec mon bouquin, mon sourire indélébile et mes textos rédigés au sommet d'un meuble, je ne me pose pas dans la catégorie mère éplorée. Je laisse jouer la scène du malheur aux autres. Je tâche d'avoir l'air occupé pour échapper à tout début de discussion. Instinct de protection oblige, je ne veux rien savoir de leur souffrance.

Interphone. Pas d'embrouille ce matin, je suis la seule mère d'un Antoine en salle d'attente.

Tu dors. Je fais le tour du propriétaire. On t'a changé la perfusion de place. Tu n'as plus ces horribles agrafes dans le cou, juste un très gros pansement à la place. Les lacets qui tiennent en place les tuyaux dans ta bouche ont été déplacés pour soulager tes oreilles cisaillées. Tu es super bien coiffé, les cheveux plaqués en arrière. La touche stylistique de Robin. Le ridicule ne tue pas, rassure-toi…

Farandole de bleu dans ta chambre, docteur F en tête.

Je connais déjà quelques bribes de ce qu'elle va m'apprendre. Nuit épouvantable, dans un état extrême d'agitation, essayant d'arracher les tuyaux, ne supportant pas ensuite d'être attaché. Ta fièvre est remontée de manière alarmante, tes constantes se sont affolées, tu toussais. Ils ont dû te rendormir, procéder à des aspirations et un lavage de tes poumons. Des prélèvements ont été effectués et ont été envoyés au laboratoire. Résultats dans la journée. Pif, paf, pouf…

Je me prépare à cette nouvelle journée qui ne s'annonce pas simple.

Je range, je sors la pile de serviettes qui va être nécessaire pour t'essuyer la bouche. Ce matin, l'infirmière qui s'occupe de toi s'appelle Emmanuelle, elle m'a montré où sont les réserves d'« américains »… J'apprends à parler couramment « réa » : un américain est un genre de très grosse compresse qui peut être utilisée comme pansement mais aussi comme tissu absorbant. Très pratique, l'américain. Je le place sous ton menton pour recevoir les litres de salive qui s'écoulent des coins de ta bouche. Parce que avec ces gros tubes qui occupent tout ton gosier, la salive, elle n'a pas d'autre choix que de se sauver par l'extérieur. Compliquée, la plomberie : pas d'écoulement, ça déborde et faut éponger. Heureusement, il y a le « vide-salive » qui, cumulé avec l'américain, évite l'inondation.

Il faut savoir qu'on produit entre un demi-litre et un litre et demi de salive par jour, de quoi remplir une masse d'américains.

Tu ouvres les yeux. Bonjour, chaton. Le regard n'est pas jouasse, les sourcils froncés. Je sais, la nuit a été horrible, je préfère ne pas imaginer avec quelle force tu t'es débattu. Je regarde tes poignets, ils sont marqués profondément par les sangles.

Je te montre mon magnifique achat. Tes yeux disent : « Ben quoi ? »

J'écris :

« Alors, elle est pas belle mon ardoise ? »

Je t'arrache un demi-sourire.

« Rentrée scolaire oblige »

Sourire.

Je pointe mon doigt en direction de la télé. Tes yeux agacés me répondent que la télé ne t'intéresse pas, tu n'entends pas, tu t'ennuies. Tu prends le stylo de la main droite. Je te l'enlève doucement et le place dans ta main gauche. Ton regard me lance un : « Tu me fais chier. » Tu repositionnes le stylo dans la main droite. Tes fonctions sont probablement dans le désordre. J'avais un enfant gaucher, il est désormais droitier. J'imagine ta nouvelle vie. Tu marcherais sur les mains, mangerais avec les pieds.

Tu écris de la main droite :

« iPhone »

Je réponds :

« Ton code ? »

Regard de serial killer. Tu m'arraches le téléphone des mains et, comme la fois précédente, tu tapes n'importe quoi. Je t'enlève l'appareil des mains, de force. Vexé, tu me tournes le dos brutalement, pivotant sur le côté, manquant d'arracher tous les tuyaux. Dans cette position, tu compresses fortement ton poumon gauche qui ne va pas fort. Les alarmes retentissent dans tous les sens. Tu les ignores. Robin et Aurélia se précipitent et te repositionnent de force sur le dos. Ils te passent un savon. La scène se déroule en mime et par bribes de phrases sur l'ardoise. Ils menacent de te ligoter au lit si tu t'obstines. Tu boudes.

La gravité de la situation t'échappe totalement.

À vos marques…

Et si je te massais les pieds, le seul endroit où il n'y a pas de fils ni tubes, histoire de te divertir et de m'occuper par la même occasion ? Ton rictus/sourire répond que ça te plaît. Ces massages vont très vite devenir une habitude, une exigence même, occupant largement nos journées et mes mains. J'installe tes jambes sur un coussin et malaxe avec énergie tes orteils, ta plante de pied, tes mollets fondus. Régulièrement, une tête de Schtroumpf s'arrête devant l'entrée de ta chambre et me demande si je prends d'autres clients, tout le service de réa est prêt à défiler. Lorsque mes propres doigts ont des crampes, je me lève, je fais un petit tour de chambre, exécute des chorégraphies imbéciles dans le seul but de te voir sourire une demi-seconde. Tu t'esclaffes à l'imitation de la descente d'escalator où je finis recroquevillée par terre, disparaissant de ta vue derrière le cadre de ton lit. Je répète inlassablement des apparitions grotesques par la porte ouverte de ton box en effectuant des passages allant de la poule au kangourou, en passant par le dindon et le chimpanzé. Ma dignité s'effrite d'heure en heure. Je m'en bats les ovaires, ça fait pétiller tes yeux.

L'interne du jour entre dans la chambre. Il demande aux infirmiers de t'installer en position assise dans le fauteuil. Tu grimaces, tes yeux m'appellent à l'aide, l'idée ne t'emballe pas. L'uniforme bleu pianote sur l'écran de contrôle.

– Nous allons faire un test pour voir si tu pourrais te passer du respirateur. Il est possible que nous tentions à nouveau une extubation si c'est concluant.

Je questionne à mon tour :
– Pendant combien de temps ?
– On fait le test sur une heure et on verra. Là, vous allez surveiller ces chiffres sur l'écran, l'oxygénation, ça ne doit surtout pas descendre en dessous d'un certain seuil critique.
Je remets par écrit sur l'ardoise ce qui vient d'être dit. Tes yeux clignotent. Pour sûr, ce test, tu vas le réussir et on va rentrer à la maison manger des frites.
On se tape dans les mains, c'est parti pour le challenge !
Nos yeux sont rivés à l'écran de contrôle et à l'horloge murale. Les secondes durent des minutes et les minutes des heures, ça n'avance pas.
Tu piaffes d'impatience.
Trente minutes se sont écoulées, tes constantes parviennent à se maintenir juste au-dessus du seuil, ouf !
La fatigue te gagne, tu luttes.
Quarante-cinq minutes, ça roule…
Cinquante minutes, tu me demandes l'ardoise et tu écris d'un côté : *JE SUIS* et de l'autre : *PRÊT !*
Ensuite, dès qu'un membre du personnel médical passe dans le couloir et jette un œil sur toi, tu brandis et agites vivement ton ardoise en la faisant pivoter pour montrer chaque face. C'est l'hilarité générale. Robin vient te rassurer, le test est bientôt fini.

C'est un succès, l'extubation est programmée.
Mon cœur s'emballe à nouveau, l'appréhension refait surface.
Toute l'équipe médicale se présente. Tu es joyeux, impatient, tu vannes sur ton ardoise. L'ambiance est légère, chacun plaisante.
C'est l'heure de l'extubation. Je regagne sagement mes quartiers dans ma salle d'attente. J'ai le bide en lambeaux. Mon cœur cogne trop fort. Pas l'esprit à la lecture. Je retiens ma respiration comme si ça pouvait te redonner ce souffle si attendu.
Les alarmes se sont déclenchées. Je me rassure en me disant que ça doit être normal vu qu'ils sont en train de te débrancher. Je repense au sublime voyage que nous avons fait en famille en Thaïlande. Des moines nous avaient enseigné l'art de méditer en marchant. Avec lenteur, concentration, mains jointes, le pied droit s'avançait lentement en même

temps que dans notre tête devait résonner comme une musique le mot *ri-i-i-i-ght*, puis pied gauche, *le-e-e-e-ft*. Arrivés au bout de la pièce, on joignait les deux pieds au son intérieur de *stan-an-an-ding*, on pivotait en trois temps avec précision, avant de reprendre la marche, pas à pas, tout en vidant notre esprit, concentrés sur ce déplacement précis et rythmé.

Alors, seule dans cette salle d'attente, j'arpente les longueurs et les largeurs, en *ri-i-i-i-ght, le-e-e-e-ft, ri-i-i-i-ght, le-e-e-e-ft, ri-i-i-i-ght, stan-an-an-ding, stan-an-an-ding, stan-an-an-ding, ri-i-i-i-ght, le-e-e-e-ft*...

Ça me calme.

Voilà ton père et Clément. Nous patientons une heure dans le vacarme anxiogène des alarmes audible aux ouvertures intermittentes des portes coulissantes. Ouverture. Le chef schtroumpf apparaît. Il enlève lentement sa petite toque bleue en papier.

À nouveau, ce geste simple et terrifiant qui à lui seul révèle : « J'ai une bien mauvaise nouvelle à vous annoncer.

Son expression confirme.

– Je n'ai pas de bonnes nouvelles...

Nos trois respirations s'arrêtent. Il poursuit :

– L'extubation s'est mal passée. Antoine s'est trouvé très vite en insuffisance respiratoire, nous avons dû le réintuber et le replonger dans le coma, peut-être pour quarante-huit heures, nous verrons... On ne comprend pas... Nous allons pousser les investigations, lui faire passer un scanner cérébral, effectuer d'autres prélèvements... Chercher... Je suis désolé... Il vaudrait mieux rentrer chez vous, il est à nouveau inconscient, ça ne sert à rien de rester. Vous devez vous reposer vous aussi.

Mon corps tient debout, j'ignore comment.

J'ai la sensation d'être ouverte en deux, ma bouche n'arrive pas à se refermer, aucun son n'en sort plus, mon cœur est de nouveau éparpillé, là, par terre. Non ! Non ! Non ! On y était presque... Je demande à te voir quelques instants, j'en ai besoin.

Et si jamais... Si jamais tu partais dans la nuit ?

Jamais.

Je dois te voir, te dire.

Tu es de nouveau cette chose inerte et blanche, éteinte, impeccablement disposée sur des draps propres fraîchement lissés. Seuls tes cheveux collés de sueur et le sang frais qui transperce les pansements neufs de tes perfusions trahissent le récent combat et son échec cuisant. Je prends ta main dans la mienne. Je me colle à ton oreille.

– Mon chéri, ça a un peu merdé tout à l'heure… Les frites, je voulais te dire, ça n'est pas pour tout de suite. Mais je sais que t'en as sous le pied, tu es un lion ! Tu vas passer une bonne nuit, te recharger et la prochaine sera la bonne. On est là, tous, on a confiance en toi, tu es indestructible. Tu n'as pas intérêt à lâcher l'affaire, tu m'as bien compris ? Fais pas chier, on compte tous sur toi ! Je t'aime tant. À demain, mon chéri… On est d'accord, hein ? À demain !

Clément et ton père me succèdent, te soufflant dans les tympans de la vie et de l'amour.

Je chasse de ma tête sonnée l'impensable.

Et si c'était la dernière fois que je te voyais en vie ?

Non, ça n'est pas possible !

Trois fantômes repartent de l'hôpital, complètement hagards.

Et Mathilde qui doit arriver dans quelques heures… Comment lui dire ?

Clément choisit de rentrer en voiture avec moi, ça m'empêche de m'écrouler.

Le soir, au téléphone, je raconte la déconfiture du jour. Je m'écoute réconforter, évoquer les pistes positives, concentrée à prendre une voix légère alors que j'ai un stock de parpaings au fond du ventre.

… Et c'est reparti

La maison est trop calme, je n'aime pas ça. Le dîner à préparer… Penser aux repas, quelle fatigue… les tâches du quotidien semblent si futiles quand la vie est suspendue à un fil.

J'envoie le compte-rendu pourri du jour à Salvatore. Il me répond immédiatement : *« Les intubations prolongées sont toujours délicates et provoquent ce genre de problème. Mais il va s'en sortir. Je l'ai vu. Je vais travailler ce soir sur ses poumons. Tout ira bien, je vous dis. »*

J'ai besoin de magie ce soir.

Dans l'entrée, du bruit, des voix, de la vie : mon frère Philippe vient d'arriver avec Mathilde. Elle se jette dans mes bras, chacune sent poindre la vague d'émotions ravalée depuis trop longtemps et qui peut déferler subitement sans crier gare.

Je l'observe, et je comprends qu'elle sait, qu'elle sait depuis le début.

Comment ne peut-elle pas m'en vouloir de l'avoir jugée trop jeune et fragile pour encaisser ?

On refoule comme on peut, on rit, on s'embrasse, on brasse de l'air. Chaleur d'un dîner en famille, rires, parenthèse douillette. Je pense à l'énergie et l'humour dont tu as fait preuve aujourd'hui. Ils sont communicatifs, on te doit d'en faire autant.

Lorsque Philippe nous quitte, je reste seule avec Mathilde. C'est le moment de lâcher du lest, ouvrir les vannes et laisser couler un flot libérateur. Nous restons longtemps à pleurer dans les bras l'une de l'autre.

– Ton frère va s'en sortir. Il faut juste lui laisser un peu de temps. C'était raté aujourd'hui, on doit faire preuve de patience. Je ne t'ai pas dit au téléphone, mais tu ne pourras pas le voir demain…

– Je sais, je m'en doutais.

– La vue de l'intubation, le coma artificiel… Les médecins déconseillent cette visite, trop choquant. Je pense qu'ils ont raison. Tu comprends ?

– Oui… c'est dur pour moi de ne pas le voir, mais je n'ai pas le choix, si ?

– Non…

Elle se réfugie dans les bras de Clément. Ce soir, ton frère est heureux de ne plus être enfant unique sous ce toit, il étreint doublement et tendrement sa petite sœur.

Je les enveloppe à mon tour, tous deux ligotés dans mes longs bras, et notre trio de pensées t'emporte dans ce cocon emmêlé de bras.

Mes enfants, mes petits…

Je rédige le message du jour que j'envoie par sms à tous ceux qui cherchent à me joindre ces dernières heures. La nouvelle s'est propagée, et, tour à tour, amis, proches, sont informés du drame. Chaque message prend du temps, j'essaie d'être proche de la réalité tout en évitant de provoquer une inquiétude à laquelle je ne peux ni ne veux répondre.

Ton odeur me colle à la peau. À chaque mouvement de tête, mes cheveux imprégnés m'envoient ta présence dans des effluves entêtants.

Ton père m'a rapporté une plaquette de somnifères prescrits par notre médecin. Je plonge très vite dans mon premier sommeil. Lorsque j'en émerge à 2 heures, je vois que j'ai un message. C'est Salvatore. La cire dans l'eau dessine à nouveau la forme de deux poumons avec le gauche continuant de faire la gueule. Il travaille dessus. Il est confiant. Ça tangue dans mes pensées. Est-il raisonnable d'imaginer qu'une personne que je ne connais pas puisse à distance exercer un pouvoir de guérison en lisant de la cire dégoulinant dans l'eau ? Oui, il a déjà donné des preuves ! Je n'oublierai jamais, j'ai bien failli crever de trouille quand tes yeux se sont ouverts brutalement à sa toute première connexion avec toi. Il possède un don qui lui permet de percevoir et communiquer avec l'invisible, ressentir les vibrations, connecté à une matière impalpable que la science n'a pas encore réussi à décrypter. Je remets le couvercle sur mes doutes. Salvatore incarne toutes les forces inconnues et puissantes, tout l'espoir dont j'ai besoin ce soir pour continuer à y croire. Je m'ancre dans l'esprit que je suis peut-être à même de t'insuffler, moi aussi, une forme d'énergie pour te maintenir en vie.

J'appelle la réanimation. Tu dors, tu n'as pas bougé. Ta fièvre, elle non plus, n'a pas bougé.

J'avale mon comprimé pour l'acte deux de ma nuit.

Plong.

Je plonge.

Ronron de réa

Jeudi 28 août. Huit jours, déjà, c'est court et c'est long...

Je quitte la maison tôt, tout le monde dort encore. Le soleil ne nous lâche pas d'une semelle, j'y vois un signe positif.

Trajet en larmichettes. Ça fait du bien.

Barrière.

Salut, mon pote.

Bonjour, Nathalie.

Ah, merde.

La salle d'attente n'est pas vide, Nathalie me fait signe que ça ne va pas être possible pour le café. Elle m'adresse un sourire désolé, plein d'excuses. Pas grave, direction le distributeur. Je reviens m'installer avec mon gobelet de liquide caca clair. Si je n'étais pas sûre d'avoir appuyé sur la bonne touche, je me poserais la question de ce que j'avale à cet instant.

Ce matin, nous sommes deux mamans d'Antoine assises côte à côte, se demandant chacune laquelle pourra entrer la première dans la chambre de son enfant. Elle entame la conversation :

– Vous êtes donc la maman du jeune Antoine ? Il est dans la chambre juste à côté du mien. On m'a dit pour lui... Il a dix-sept ans, c'est ça ?

– Oui, et le vôtre ?

– Il a quarante ans. Ça fait sept mois qu'il est ici...

– Ah bon ?

Je suis pétrifiée. Nous ne sommes là que depuis une semaine et je n'imagine pas une seconde que cela pourrait continuer sept mois...

– Son appartement a accidentellement pris feu. Heureusement, sa fille de sept ans n'a été que légèrement blessée. Mais pour lui, c'est très dur. Il souffre tellement.

Voilà pourquoi je préférais éviter de parler aux personnes qui attendent dans cet espace. Ici, tout n'est que souffrance, douleur, tristesse, détresse, désespoir, avec dame faucheuse qui se balade tranquille, faisant son marché chaque jour dans ces petits box. Son histoire me serre le ventre. Elle habite Reims, elle fait les trajets en voiture depuis sept mois. Tous les jours. Elle a fini par s'organiser. Certains jours, elle prend une chambre dans une résidence hôtelière pour ne pas avoir à conduire. Cette femme au visage marqué par la tristesse paraît avoir soixante-dix ans, elle est certainement plus jeune, la douleur qui s'installe sillonne profondément les visages. Elle est agacée de ces longs moments qui s'étirent interminablement, chaque matin, dans cette salle d'attente. Je lui réponds que c'est une chance d'être dans un service souple dans le règlement, qui accepte les visites à toute heure du jour et de la nuit. Ça vaut bien un peu de patience. Elle n'est pas de cet avis. Je la comprends, je n'ai pas son usure.

L'interphone parle :

« La famille d'Antoine Le… and peut entrer en chambre ! »

Nous nous regardons toutes les deux, amusées du comique de répétition.

– Lequel ?

– La méningite !

Yes, ce matin, j'ai encore gagné !

Chef schtroumpf m'interpelle. Tu es toujours sous sédation. En principe, tu ne devrais pas te réveiller mais, manifestement, tu t'agites. Tu vas rester plongé encore quarante-huit heures dans ce coma artificiel, le temps de faire des examens et de peut-être enfin comprendre.

Je nettoie ton ardoise. Je sors une petite pile d'américains, le brumisateur. Je pars chercher des chaises dans le couloir. J'installe mon poste de travail à tes côtés, outils à disposition. Je place ta main dans la mienne.

Désormais, je ne bondis plus quand tu ouvres grand les yeux et que tu les écarquilles comme un tarsier. Cela ne m'effraye plus, j'ai compris que tu ne faisais rien comme prévu. Tu gigotes, tires sur tes sangles (tu es à nouveau attaché). C'est reparti pour un tour.

De temps à autre, j'appelle à l'aide lorsque tu t'agites trop violemment. Ici, personne ne comprend pourquoi tu ne dors pas. D'heure en heure, ils ont augmenté ta dose de sédation. Malgré cela, tu continues d'ouvrir les yeux, de montrer que tu es conscient, présent, que rien ne t'assommera, et surtout pas les doses d'éléphant qu'ils t'injectent depuis ce matin. L'interne passe une :

– Ça arrive parfois, des cas comme lui... Des soldats, des jeunes qui résistent aux sédations. Là, on voit bien qu'il lutte de toutes ses forces pour résister, c'est fou ! Il a une sacrée volonté, votre fils !

Ça oui, je le vois bien.

Si tu es toujours de ce monde, c'est que tu as très envie d'y rester, c'est certain. La quantité de sédation qu'on t'a injectée suffirait à faire dormir un troupeau de buffles. Rien à faire, tu ouvres les yeux, luttant de toutes tes forces.

Tu demandes l'ardoise. Ta main tremblante (droite, toujours) a du mal à former des mots lisibles :

> *« iPhone... »*

Non mais ça tourne à l'obsession !

Je réponds par écrit :

> *« Tu es dans un coma artificiel, donc tu n'es pas supposé me demander ce genre de trucs ! »*

Tu ouvres alors très grand les yeux en t'agitant dans tous les sens, un demi-sourire sur les lèvres, qui veut dire : « Je ne suis pas fatigué du tout ! »

Robin entre dans la chambre. Tu écris frénétiquement sur l'ardoise.

> *« Échange la sieste contre le petit dej »*

Robin part en éclat de rire :

– Tu es dingue, toi ! Tu es censé dormir, je te rappelle !

Tu n'as pas entendu sa réponse mais, à voir ton regard frétillant, tu as deviné.

L'après-midi défile au rythme de tes microréveils agités, des massages de pieds, malaxage de mains, « épongeage » et aspiration de salive – des litres de salive. On te tourne régulièrement, comme un rôti, pour que ton poumon reprenne une forme normale. Je papillonne frénétiquement autour de ton lit, incapable de rester plus de deux minutes en place. Toutes les dix minutes, je pars rafraîchir sous l'eau glacée une serviette en papier, que je place sur ton front brûlant, ça semble t'apaiser. Je nettoie l'aspirateur à salive, je remplace l'américain qui se remplit d'eau, je recolle les électrodes qui valsent, je repositionne la pince à saturation sur ton index, que tu dégages, l'air de rien, quand j'ai le dos tourné, je retends les draps pour éviter les escarres, j'ajuste la serviette en éponge qui te sert de cache-sexe et qui glisse à chaque mouvement, je lisse ta blouse froissée, te recoiffe.

Tu es ma chose.

Je ne lis pourtant pas dans tes yeux la phrase que je serais en droit de recevoir :

– Mais fous-moi donc la paix !

Non, tu es reconnaissant, cette agitation t'occupe aussi.

Je tente des impositions de main sur ton thorax avec des incantations :

– Poumon tout plat, regonfle-toi !

On t'injecte une nouvelle dose de sédatif.

Tu plonges.

Enfin. Un peu. Mais ta température s'obstine.

Ton frère m'a rejointe. Nous avons le droit d'entrer dans ta chambre. Tu émerges alors à nouveau de ton sommeil, totalement perdu, tu ne sais pas où tu es, ni ce que tu fais là.

Clément écrit :

« J'ai eu mon permis moto ! »

Tu soulèves tes poignets en tirant sur les sangles de maintien, tu brandis deux pouces vers le haut en décochant un gros clin d'œil à ton frère. Clément est fébrile, une marée de larmes menace au bord de ses yeux, il verrouille tout.

Cette fin d'après-midi, on ne nous laisse pas nous attarder à ton chevet. Une nouvelle dose va t'être administrée pour t'endormir plus profondément. Tu n'as pas cessé de lutter toute la journée contre ce coma artificiel avec une énergie de forcené. Où puises-tu cette force ?

Quelque chose en toi résiste avec une rage inouïe.

Clément te prend la main :

– Tu vas te battre, hein ? On a besoin de toi ! T'es hypercourageux, je suis si fier de toi... Je t'aime.

Tu réponds par un regard épuisé et plein de morgue qu'on traduit par :

– Je ne comprends pas très bien ce qui se passe ici, mais je suis d'accord avec vous.

Retour à la maison, la gorge encore serrée de ces derniers échanges, Mathilde ne dit pas un mot. Une torture d'être exclue ainsi ; pourtant, pas un seul reproche, elle encaisse, encore. Nous colmatons la douleur dans un câlin collectif, le trouillomètre au niveau maximum.

Je m'étais évadée du lit conjugal depuis plusieurs jours, je m'étais glissée dans celui de Mathilde en son absence. Je préférais assumer seule mes nuits agitées, rallumant les lumières toutes les heures, téléphonant à l'hôpital et, je l'avoue aussi, afin de ne pas trucider ton père assommé par un sommeil lourd et sonore. Ce soir, je suis postée devant ta chambre, la seule libre. Impossible d'imaginer dormir dans ton lit, tes affaires éparpillées autour, telles que tu les as laissées dix jours auparavant. Je referme la porte... J'oblique à pas traînants vers le conjoint ronflant.

Double dose de somnifère.

Fayot

Berk, berk, berk.

C'est un génocide de mulots depuis que tu es parti. Notre chatte nettoie tout le quartier. Sa manière à elle de manifester son désaccord face à ton départ, en nous arrosant quotidiennement d'offrandes. Enfin ce qui reste après qu'elle s'est servie, tête et intestins.

Elle est en dépression. Elle miaule à la mort des nuits entières, une purge.

Vendredi 29 août. Ce matin, j'ai la tête de Michael Jackson au musée Grévin.

Barrière.

Salut, mon pote.

Coup d'œil au rétroviseur avant de descendre de voiture, sale tête, si je souris, ça passe.

La salle d'attente est une steppe désertique. La dernière famille envahissante a changé de secteur, son malade est sorti de son état critique, il est maintenant hospitalisé dans les étages. Quant à la jeune fille accidentée, ses jours ne sont plus en danger, elle a quitté le service. Restent les Antoine qui prolongent leur séjour.

Message de Salvatore. « *Je viens prendre des nouvelles du petit. Je n'ai pas pu travailler cette nuit, trop fatigué. J'espère qu'il va bien !* »

Je vais le savoir très vite, l'interphone m'invite à entrer.

Le docteur F me résume le déroulement de cette nuit. Tu t'es réveillé à plusieurs reprises malgré une sédation très forte. Tu ne savais pas où tu étais, tu as paniqué. Manifestement, tu as occupé copieusement l'équipe de nuit. Tu aurais réalisé que tu avais un devoir d'anglais de vacances que tu n'avais pas fait pour la rentrée scolaire, qui était dans quelques jours. Je rêve…

Tu oscilles entre la vie et la mort et tu te préoccupes d'un devoir d'anglais ?

J'envoie par texto cette information capitale à Arielle.

Réponse : *« Quel fayot ! Quand tu penses qu'il a fait ça pour pas aller en cours ! »*

Le docteur m'annonce que tu partiras sous peu pour effectuer de nouveaux examens. J'ignore quelle partie de toi leur est encore inconnue, avec tout ce qu'ils ont déjà visité.

Je te retrouve plus endormi qu'hier, l'œil morne. Tu n'as pas la force de prendre le feutre et d'écrire. Tant pis, on va faire par oui ou par non. Un clignement de paupières pour oui, deux pour non.

J'écris :

> *« Tu te sens bien ? »*

Deux clignements. Non…

> *« Ne t'inquiète pas pour ton devoir, la rentrée est dans quelques jours et il y a de fortes probabilités pour que tu n'y sois pas »*

Regard interrogateur. Tu ne vois pas de quoi je parle…

Je me mets au boulot : massages, triturage, papouillage, aspirage, épongeage, nettoyage, attifage…

Interruption par la légion schtroumpf. Scanner time. Les préparatifs pour t'y emmener sont à peu près ceux d'un lancement de fusée. Le principe, c'est que tu partes sur ton lit. Il faut donc tout débrancher et rebrancher en mode autonomie de la navette. L'oxygène notamment, qui est un poil indispensable à ta survie. Des bouteilles sont accrochées à ton lit. Toutes tes perfusions, tes électrodes sont déconnectées. Ça prend un temps infini. Tout semble en ordre, les roues sont débloquées et les

Schtroumpfs poussent doucement le lit vers la porte. Ah non… pas très loin, une potence valse derrière le lit…

Ton aspirateur à salive n'a pas été débranché.

Il ne fait partie d'aucun protocole…

Sacrebleu, je peux enfin me rendre utile. Quand j'extirpe de ta main ton précieux jouet pour te l'enlever, tu m'envoies un regard assassin qui dit : « Comment veux-tu que je survive sans ça ? » Petit geste d'au revoir de la main au lit qui t'emmène et je retourne sur mon siège dans ma salle d'attente pour me plonger dans mon livre.

Moitié du livre. Soit je décide d'être optimiste sur ton état et je lis sans me poser de question, soit je suis un peu plus réservée et j'économise la lecture pour me laisser une chance de tenir mon pari. J'opte pour la deuxième option. Je suis habituellement du genre à parcourir les longs paragraphes de description en diagonale quand je plonge dans un livre de plus de trois cents pages. Là, je flâne sur chaque mot, quitte à le relire deux fois. Mes yeux suivent précisément les courbes des lettres, les unes après les autres, et caressent lentement de haut en bas chaque virgule, pause appuyée à chaque point. Je ponctue mon temps.

J'ai l'intuition que l'une des clés pour tenir un siège comme celui que nous vivons est de ralentir le temps, se détacher de l'horloge : fini les délais. Je pense à ce terme de *deadline* que j'ai dû prononcer des centaines de fois dans mon travail. La limite de mort. Ça me parle.

Puis une idée laissée pour compte ces dernières heures refait surface. J'attrape au vol l'interne de service, la discrète Sonia. Je sens, dans son attitude, tout son sérieux et une forte détermination. Regard perçant, franc, une bosseuse habitée par la vocation.

– Avez-vous enfin eu les résultats pour son test HIV ?

Son regard s'échappe sur le côté, elle me répond, l'air embarrassé :

– Non… On ne comprend pas, le laboratoire n'a pas trace du prélèvement effectué la semaine dernière… On a dû refaire un prélèvement ce matin. Je suis désolée… C'est incompréhensible.

– Ah… Bon, d'accord.

Il va falloir encore vivre plusieurs jours avec cette incertitude, bien qu'au fond de moi cette option soit inenvisageable.

Ça n'est évidemment pas possible.

Retour du scanner. Docteur F au rapport.

– Je vous assure, madame, qu'il n'y a rien au niveau des sinus. La radio du poumon gauche montre qu'il est toujours à plat. Nous allons l'installer sur le côté droit pour favoriser sa récupération. Sa toux est violente, la kiné va intervenir pour une séance respiratoire et nous allons en même temps lui aspirer les bronches. La température reste préoccupante. Nous continuons de chercher...

Pffff...

Tu es rebranché dans ta chambre. À nouveau, attaché. Impossible de te maintenir sur le côté pour soulager ton poumon. Le tableau général n'est pas positif.

Clément est en pleins préparatifs pour son départ. Dimanche, il prendra la route à bord de notre ancien tas de boue familial, un Sharan de mille ans d'une couleur bleu mat dégénérescente tout à fait unique. Il partira pour Berlin, sur le campus de son école de commerce, pour l'année scolaire. Je m'affaire donc à chercher cafetière, couettes, draps, vaisselle et tout ce qui pourra lui être utile dans sa future tanière. On établit des listes et j'empaquette.

Je sens Clément déboussolé, écartelé entre l'excitation de l'aventure qui l'attend et la tristesse écrasante de quitter son frère plongé dans ce combat pour la vie.

– Mon chéri, tu dois faire ta route et avancer, rester auprès de ton frère ne changera rien à ce qu'il puisse ou non continuer la sienne. Il te le dirait s'il en avait la possibilité.

Quant à Mathilde, elle fait bonne figure, mais un frangin cloué dans un lit d'hôpital et l'autre à mille kilomètres, son quotidien de rentrée s'annonce rude.

2 heures du matin, j'appelle la réanimation. Là-bas, c'est l'horreur. Tu es déchaîné, tu tires sur tes sangles, tentant vainement d'arracher l'intubation. Les doses de sédation se succèdent pour te calmer, sans succès, et ta température est remontée.

Révélation

Le matin du samedi 30 août, les médecins décident une nouvelle fois l'arrêt de ta sédation : c'est reparti pour une énième tentative de décollage.

Je connais désormais parfaitement le déroulement de chacun de tes réveils, celui-ci ne déroge pas à la règle, je voudrais disparaître, ici et maintenant. Contorsions, rébellion, convulsions et enfin résignation. À la phase d'abdication, j'appelle l'infirmière, Emmanuelle, qui m'autorise à te détacher. Je lui garantis calme et tranquillité. Mes poings sur les hanches, doigt menaçant et mine renfrognée te font comprendre que tu n'as pas intérêt à arracher ton intubation, sinon je vais t'en coller une, rien à foutre que tu sois plus faible que moi. Et tu délivres ton premier mot du jour sur l'ardoise, tout tremblotant, toujours de la main droite :

« Chaton ? »

Heu… Pardon ?

Tu ignores forcément que ton père a baptisé ton infirmière de nuit, Charlène, « Petit Chat », je ne comprends pas ta question.

Tu insistes :

« Il n'est plus là ? »

Ton menton indique ta chambre et plus précisément le coin où est suspendue la télé. Je secoue la tête pour te dire non. C'est n'importe quoi cette discussion.

Maintenant tu mimes un chat endormi, allongé sur la télévision – télévision positionnée au plafond, dont la tranche fait à peu près cinq centimètres d'épaisseur. C'est bien connu qu'il y a des chats qui se baladent au plafond du service de réanimation…

Ton cerveau est-il frit des suites de la cuisson à la W135 ?

Du LSD dans les seringues derrière ton lit ?

Non, mon chéri, j'ignore où est passé le chaton. Le sourire imbécile qui accompagne ma réponse ne te plaît pas. Note que ta question ne me plaisait pas non plus.

Diversion. Massage. Temps suspendu.

Et puis, sans prévenir, un voile plombe ton regard, la béatitude d'abandon dans mes mains s'envole. Tu prends l'ardoise et, péniblement, tu écris. Tu effaces, excédé, dès qu'un mot illisible se forme. Calvaire que de te voir tracer chaque lettre avec tant de difficulté.

Je n'arrive pas à lire. Tu arraches violemment la pince de saturation fixée à ton index. Tu m'arrêtes d'un regard noir sans appel au moment où je me précipite pour la réajuster. Tu effaces, tu recommences. Tu trembles, des larmes se sont formées dans tes yeux. Je décrypte laborieusement, au fur et à mesure de l'accouchement douloureux de ce message vibrant. Des passages entiers sont incompréhensibles :

« *Je croyais que c'était une crise d'adolescence…* (illisible) *pas une crise* »

Je te regarde, je ne comprends pas.

Tu effaces et écris, plus fébrile encore :

« *Je suis gay…* (illisible). *Si je meurs, il faut que vous sachiez* »

Ta main s'est arrêtée d'écrire, je me suis arrêtée de respirer.

PUTAIN DE BORDEL DE MERDE.

Dans ma tête, les pensées se propulsent dans une sorte d'échangeur enchevêtré se croisant dans tous les sens et à toute vitesse. Je dois réagir très vite pour ne pas te laisser le temps de décoder la panique qui me submerge.

Je rassemble mon calme et j'écris :

> *« Et alors ? »*

J'ai la cervelle toastée, mais je tente le haussement d'épaules, genre « C'est quoi le problème ? ».

Un geyser de larmes te fait convulser. Le premier depuis le début de ton séjour ici. Même la douleur endurée depuis dix jours ne t'a pas fait verser une seule goutte.

C'est malin, moi aussi je fonds en larmes. Je te prends dans mes bras. Avec tous ces tuyaux, perfusions, électrodes, pinces, on s'emmêle.

Les machines bipent, j'ai dû débrancher un truc.

Je m'en fous.

On reste collés dans les bras l'un de l'autre, à renifler en cœur et s'inonder mutuellement de larmes. Emmanuelle, l'infirmière de garde, est entrée dans la chambre, alertée par le son des alarmes. Gênée d'interrompre notre effusion dégoulinante, elle reconnecte les appareils et s'efface avec discrétion. Je me décolle en prenant soin de ne rien arracher et j'éponge, on va finir par se noyer ici. Je te passe un gant d'eau froide sur le visage. Je fais de même pour moi. On est beaux et rouges. Avec tes conneries, t'as vu la tête qu'on a ?

J'écris :

> *« On t'aime. Nous, on s'en fout, que tu sois hétéro ou homo, tout nous va, une seule chose compte, que tu sois heureux. Ta sexualité, c'est ta liberté ! Tu le sais, non ? »*

Tu sembles tellement soulagé. Mon cœur est déchiqueté que cet aveu soit si douloureux.

Comment concevoir l'idée qu'il aura fallu attendre un moment pareil pour que tu te confies enfin.

Et pourtant, si tu savais…

Je l'ai toujours envisagé, cet instant. Tu as toujours été un peu différent des garçons de ton âge, par tes goûts, ton comportement, ta sensibilité presque féminine, tes affinités, privilégiant la compagnie des filles. Nous nous interrogions souvent, ton père et moi, sur ton devenir sentimental, en nous faisant la promesse d'accueillir une possible homosexualité dans un soutien absolu. Bien souvent, je me suis posé la question d'aborder le sujet avec toi. Mais comment demander à son fils adolescent : « Bon, mon chéri, est-ce que tu penses que tu es pédé ? » Non, vraiment, ça ne se demande pas. Alors j'ai attendu sagement, tendant des perches de la taille d'un séquoia à chaque opportunité, le sujet revenant sur la table à la moindre occasion. Lors des récents débats animés du mariage pour tous, nous avions affiché fervemment et sans ambiguïté notre position, quitte à en faire un peu trop.

Je suis bouleversée. Pas tant par la nouvelle elle-même, mais par la souffrance déchirante qui accompagne ta déclaration.

Nous entamons un dialogue d'ardoise :

> « – *Sûr de toi ? Tu as quelqu'un ?*
> – *Sûr. Pas d'histoire* »

Ton écriture est à peine déchiffrable.

> « – *Je sais depuis tout petit. Quinze ans, certain, pas possible d'en parler. Trop dur*
> – *Tu l'as dit à quelqu'un ?*
> – *Beegees* (tu mentionnes ta troupe du Cap Ferret, Alice, Mona et Ambre), *au lycée, quelques amis. Dur. Ces vacances, Clément*
> – *Clément savait ?* »

Tu opines de la tête. Je mime : « Et nous, et moi ? »
Tu écris :

> « – *J'avais décidé de vous le dire là*
> – *Pourquoi pas avant ?*
> – *Papa. Je pouvais pas* »

Je t'étreins de toutes mes forces. L'émotion déborde, on ne sait plus quelles sont les larmes de qui, tu hoquettes, ça va finir par boucher tes tuyaux. Je pleure et je rage intérieurement contre ton père.

Tu finis par te ratatiner dans mes bras, ton quota de forces du jour dilapidé, tu me fais signe que tu me congédies.

C'est ça, tu voudrais bien être peinard. Un coming out, ça fatigue.

Des années que tu planques ton lourd sac de caillasses, il aura fallu être tout au bord du vide pour que tu te décides enfin à te libérer de ce poids.

Te sens-tu plus léger maintenant ? Moi, j'ai besoin d'air.

À la fois soulagée que tu aies pu évacuer ton secret, je suis dévastée de ne pas avoir su voir ta détresse. Je me décide à appeler ton père. Difficile de retenir la fureur indicible qui bouillonne depuis tout à l'heure.

– Allô. Oui, c'est moi… Il vient de se passer quelque chose d'important. Antoine vient de faire son coming out sur ardoise.

– Quoi ?

– Il dit qu'il l'a toujours su et qu'il ne veut pas mourir sans que nous le sachions… Il dit également qu'il n'a pas pu le dire cet été à cause de toi. Moi je pense que c'est à cause de tes vannes lourdingues où "pédé" revient à tout bout de champ. Enfin, j'imagine…

– Ah… merde… Mais, non, je n'ai rien dit !

– Je suis tellement en colère !

– Je suis vraiment désolé… Je ne me souviens pas… Je n'ai jamais voulu lui faire de la peine, tu connais ma position sur le sujet, on en a déjà parlé, tu le sais !

– Je sais. Seulement, sous prétexte d'humour, tu as certainement été blessant, ça a des conséquences. Je te demande de venir pour lui présenter des excuses. Il a besoin de ton soutien.

– Oui, bien sûr…

Je raccroche.

Une vague d'angoisse.

On n'a toujours pas les résultats pour le sida.

Merde alors.

Et si ?

Résonne en moi la phrase de l'interne écervelé. Les cas rares de résistance à la sédation sont parfois liés à la toxicomanie. Drogué ET homosexuel ET atteint du sida ?

Strike.

Ça n'est pas possible.

J'appelle Clément.

– Désolé, mon chéri, j'ai quelque chose à te demander. Tu as fait ton enquête à propos de la drogue ?

– Oui, il ne prenait rien. Peut-être qu'il a fumé un peu d'herbe comme ça à l'occase, mais rien de plus. Par contre, le 13 août, lorsqu'il est allé à cette fameuse soirée dans Paris, il aurait essayé un truc qu'on lui a proposé. Un comprimé. Certainement de l'ecstasy. Ça ne lui a pas fait grand-chose d'après la copine qui l'accompagnait.

– Bon… Eh bien, je vais en parler aux toubibs… Tu imagines si cette drogue est responsable de tout ça ? Elle a peut-être permis d'ouvrir à un moment donné une brèche dans son cerveau laissant s'infiltrer cette cochonnerie de bactérie.

Je compose le numéro de ton amie Ambre.

– Ambre, je SAIS. Antoine vient de tout m'expliquer.

– Ça fait un an que je suis au courant, je suis soulagée qu'il ait pu enfin le dire…

Un an ? Une petite claque au passage, juste pour la route.

– Est-ce que tu penses qu'il a été très malheureux ?

– Y a eu des moments pas faciles, c'est sûr. Il s'est confié l'an dernier à Alice, Mona et moi, et il comptait en parler cet été. Tu sais, il voulait vraiment te le dire ! Mais il n'était pas malheureux, non, sincèrement, je ne pense pas !

– Ambre, s'il te plaît, c'est important que tu me dises la vérité. Est-ce qu'Antoine a eu une relation avec quelqu'un ? Sexuelle, j'entends ? Il y a une grosse interrogation par rapport au sida… Alors tu comprends…

– Non, jamais eu d'histoire. Il sait qu'il est homo, mais il n'a encore eu personne, c'est certain.

– Tu es sûre ? Il t'en aurait parlé ?

– Évidemment ! On se dit tout !

– J'ai une autre question pénible…

– Euh… oui ?

– Il touchait à la drogue à ta connaissance ?

– Non ! Pas du tout !

– Merci, Ambre.

Deux enclumes viennent de s'envoler et de délester mes épaules.

J'arpente le parking de l'hôpital en suivant comme sur un fil les démarcations blanches des emplacements de voitures, en veillant à ne pas tomber dans le vide gris foncé, sinon je meurs… Eh non, je ne tombe pas, pas aujourd'hui en tout cas.

En me dirigeant vers ta chambre, je suis comme un pneu sur le point d'exploser et qui enfin se dégonfle :

« Pffffffffffffffffffffffffffff ! »

Soulagement. Le sida, out. Reste la drogue. À part ce comprimé d'ecstasy du 13 août, on n'est pas trop mal.

Ton père m'attend. Je ne suis pas aimable. Mais lui l'est de moins en moins, depuis ces dernières années, aimable.

Nous partons à la recherche du docteur F. Point sur la situation.

– Docteur, je viens d'apprendre qu'Antoine aurait pris de la drogue le 13 août, peut-être de l'ecstasy. Est-ce que cela aurait pu faire que la bactérie se soit frayé un chemin vers le cerveau alors que normalement il est censé faire barrage ?

– Non, sincèrement, je ne pense pas. On recherche plutôt du côté immunitaire, s'il y a eu des défaillances.

– Avez-vous enfin eu les résultats du test du sida ?

– Non, toujours pas.

– On en est où ? Il tousse énormément, il est très agité…

– Nous avons effectué un nouveau prélèvement dans les bronches. On vient de trouver un nouveau germe. C'est un germe banal, mais il faut le traiter si c'est lui qui est à l'origine de cette fièvre persistante. Nous lui administrons un nouvel antibiotique. À la radio, on voit que le poumon est toujours rétracté. Nous continuons à placer Antoine sur le côté pour favoriser le regonflement. Dès que la fièvre sera descendue et que le poumon ira mieux, nous tenterons une nouvelle extubation. Mais je pense qu'à partir d'aujourd'hui le pronostic vital n'est plus engagé.

– Pardon ? Il va s'en sortir ?

Je m'en étrangle, cette phrase est impossible à prononcer.

Le docteur F continue :

– On doit être prudent, on ne peut être certain de rien à cent pour cent, mais, à mon avis, on a passé un cap.

Un cap ? C'est merveilleux, un cap ! Quel con franchirait un cap en arrière, on avance enfin, c'est forcément positif !

Je voudrais l'embrasser.

Docteur F, je vous aime.

Je vous aime vous et toute votre merveilleuse équipe de garagistes en bleu.

J'aime cet endroit.

J'aime ces murs blancs.

J'aime ce lino moche, cette odeur âcre de soins.

J'aime ce distributeur de solution hydroalcoolique.

J'aime cette chaise, ce chariot de soins, la porte automatique de réa qu'on ouvre d'un coup de coude ou avec le pied sur les gros boutons-poussoirs, ce néon qui clignote, les américains, mon casier à clé, l'interphone qui dit « Maman d'Antoine », ces bips continus…

J'aime tout !

Je laisse ton père à ton chevet. Il a des choses à t'écrire sur l'ardoise.

Je pars rejoindre Mathilde et Clément.

Nous sautons dans les bras les uns les autres, célébrant ta vie sauve dans une danse de joie hystérique. J'inonde mon entourage du sms du jour : *« Aujourd'hui, son pronostic vital n'est, a priori, plus engagé ! »*

Le « a priori » rappelle juste que les médecins n'en mettent pas leur main à couper. C'est juste un cap.

Je n'oublierai jamais cette journée.

Un message de ton père me dit : *« Je lui ai dit que tu m'avais expliqué et que je l'aimais pour toujours. »*

Je l'appelle :

– Tu t'es excusé ?

– Je vais le faire…

– C'est important, s'il te plaît.

– Tu l'as déjà dit, c'est bon, je vais le faire !

Retour à la maison et à la vie quotidienne. L'installation de Clément à Berlin est une étape importante de son existence, je n'ai pas le droit de négliger cet événement.

J'ai le cœur serré de voir ainsi mon grand prêt pour son envol. Tu lui rends finalement service en accaparant mon attention. J'ai juste l'impression qu'il part faire un concert un peu plus loin que d'habitude, pas qu'il part vivre sa vie, très loin, et qu'il n'habitera peut-être plus dans cette maison.

Mais, ça, c'est dans l'ordre des choses de la vie, alors que toi…

Je prends Mathilde dans mes bras et, égoïstement, je pense qu'il me reste encore un oisillon à me mettre sous l'aile dans mon nid.

Je reviens auprès de toi.

Ton père est comme depuis dix jours maintenant, assis droit sur sa chaise, dans son uniforme de croque-mort, rétracté. Le personnel l'évite. J'attaque :

– Tu sais, tu peux aussi lui parler, le toucher, lui faire des massages, le réconforter. Tu n'es pas obligé de rester comme ça, assis, les bras croisés. Tu peux lire, aller faire un tour. Il a besoin d'un environnement favorable ! Soit tu restes dans cette chambre et tu prends sur toi, soit tu vas prendre l'air !

– Je lui ai parlé ! Je ne vois pas à quoi tu fais allusion. Je fais ce que je peux, tu sais ! Ça n'est pas facile pour moi. Tu n'as pas le monopole de la souffrance.

Je m'en veux d'avoir déclenché les hostilités devant toi, dans ton état. Même si tu sembles dormir, l'air est toxique autour de toi.

– Je t'observe, recroquevillé sur ta chaise. Tu fais ce que tu peux, soit, mais essaie de faire un peu plus. Et si tu ne peux pas, ne reste pas ici. Arrêtons là, c'est nul de se disputer à son chevet.

Silence glacial, chacun dans sa tranchée. Je me sens coupable. Il souffre évidemment, sa détresse se manifeste autrement que la mienne, je ne devrais pas l'en blâmer.

De nouvelles phases de réveil s'enchaînent, pénibles, douloureuses. Les liens qui fixent l'intubation te font souffrir. Tu ne gémis pas vraiment, parce que aucun son ne sort de ta bouche, mais c'est tout comme. Elle se gondole en vilaines grimaces de souffrance. Je m'active à te réinstaller, fixer les électrodes qui tombent, rajuster la pince de saturation que tu éjectes discrètement, te passer un gant d'eau fraîche sur le front. Il fait très chaud, on étouffe dans ta chambre. Tu gesticules. Les alarmes couinent. Impossible de te maintenir immobile, on t'attache de nouveau. Alors je te masse encore et encore, ça te calme un peu, pas suffisamment. Malgré cette vaine agitation, ta température est légèrement descendue, il semblerait que le nouvel antibiotique fasse de l'effet. On avance à pas de fourmis.

Lorsque je t'indique que je vais te laisser pour la nuit, tes yeux me supplient de ne pas t'abandonner.

Je ne pleure pas. Je tiens, je tiens, je tiens.

> *« Sois raisonnable, mon amour. Tu dois te reposer ! Pas de bêtises cette nuit, à demain ! Je t'aime ! »*

Je pars comme une voleuse. Enfin presque. Je reviens trois minutes plus tard pour vérifier que j'ai bien remonté les bords de ton lit. Puis cinq minutes après car je ne sais plus si je t'ai bien installé la sonnette, et puis il faut vérifier l'aspirateur à salive, et puis pour… je ne sais plus… Pour rien. Quatre allers-retours plus tard, je suis enfin dans ma voiture.

Là, je peux tout lâcher.

Tout laisser couler.

Je reste là à flotter dans une déferlante salée qui jaillit de partout, de mes yeux, de mon nez, de mes oreilles.

C'est mon pilote automatique qui démarre la voiture parce que, moi, je ne décide plus de rien.

La barrière se lève.

L'hôpital est une sorte de prison dont on peut franchir les murs à volonté, mais le sentiment d'enfermement y est total. Je m'en échappe, mais je sais que demain l'emprisonnement reprendra.

Nuit de gruyère…

Un pas en avant, deux pas…

La maison est immobile quand je me mets en route ce dimanche matin.

Le soleil continue de m'accompagner aujourd'hui encore, je le remercie.

Barrière.

Salut, mon pote.

J'ai le temps de lire, lentement, très lentement, vingt pages en salle d'attente. Quand j'entre dans ta chambre, tu es en position assise. On m'explique que c'est nécessaire pour ton poumon.

Je jette un œil à ta température.

Magnifique ! 37,7 °C.

On n'est pas mal ce matin, dis-moi.

Tu me fais signe que j'ai une sale tête.

Ah bon ? Sérieux ?

Tu te fous carrément de ma gueule.

J'articule lentement :

– Petit trou du cul ! T'as vu ta tête, à toi ?

Tu as compris. Tu ris, tu es en meilleure forme ce matin.

Notre discussion est une séance gestuelle qui ressemble à la conversation de deux chimpanzés de cirque :

– As-tu bien dormi ?

– Non.

– Tu as mal quelque part ?

– Non. J'en ai marre. Je veux rentrer à la maison.

– On y va, alors. Je te débranche et on se casse ?

Tu ris. En silence, mais tu ris.

L'infirmier de garde, Francis, fait son entrée. Il a sa tête de bouledogue. Je lui dis :

– On ne va pas pouvoir rester. Si ça ne vous ennuie pas de débrancher vos petits tuyaux de mon fils, on aimerait être à la maison pour le déjeuner.

Francis me regarde de travers et répond sèchement :

– C'est comme vous voulez, mais vous risqueriez de le regretter.

Francis, le Schtroumpf sinistre.

Il tourne les talons et, lorsqu'il disparaît dans l'encadrement de la porte, j'articule lentement en fronçant le nez :

– Je ne l'aime pas, lui !

Tes lèvres et une grimace répondent clairement :

– Moi non plus !

Je me lève et j'imite l'armoire à glace qui vient de quitter la pièce, façon Robert DeNiro.

– You talkin' to me ?

Tu te gondoles. Douceur dans mon cœur.

Je me place à quelques centimètres de ton visage :

– Quand je parle fort COMME ÇA... EST-CE QUE TU M'ENTENDS ?

À part un jet de postillons dans ton visage, ma voix est sans effet.

Tu fais un geste de la main qui dit « bof ». Je n'insiste pas.

Vis, d'abord.

Le docteur F vient d'entrer dans ta chambre, souriante, elle semble confiante. Ça me plaît.

– Sa température est bien descendue, il tousse moins, et son poumon s'est un peu regonflé. On va lui faire une séance de kiné respiratoire, puis une nouvelle radio des poumons pour vérifier. Nous allons ensuite procéder à un nouveau test respiratoire. Vous connaissez maintenant le principe. S'il est concluant, nous tentons une extubation.

– Il me fait signe qu'il a la tête qui tourne, c'est normal ?

– Oui, on l'a mis en position assise depuis une bonne demi-heure maintenant. Il n'a pas beaucoup dormi cette nuit, il est fatigué, c'est épuisant pour lui, dans son état.

Je me sens à nouveau pousser des ailes. Je demande :
– Cette fois-ci, c'est la bonne alors, hein ?
– On espère, oui.
Mais non, c'est certain.

Je fais sur l'ardoise un récapitulatif du topo du docteur. Le sourire géant qui barre ton visage, malgré le tube, m'indique que tu as compris, ou du moins tu fais semblant. Je te laisse aux mains expertes de la kiné.

Vingt pages de lecture. J'arrive aux quatre cinquièmes du livre.

Ralentir encore, si jamais…

Non, ça n'est pas possible. Ma bonne étoile est là, forcément. Et Salvatore coule de la cire.

La kiné a fait du bon boulot, ton poumon a repris un peu de volume. Le test respiratoire a commencé. Tu as le regard scotché sur l'horloge.

On a beau fixer les aiguilles du cadran, elles n'avancent pas plus vite. Alors je te masse les pieds, les mains, les épaules dans le peu d'espace qui reste accessible au milieu des branchements. Je ne sens plus mes mains à force de te pétrir, mais si tu tiens, moi aussi.

Bingo, une heure trente.

Bravo ! Fière de toi. Je danse autour de ton lit.

Quand le docteur F me demande de sortir pour procéder à l'extubation, je sors de la chambre comme une biche bondissante. Allez, dernière ligne droite, on va y arriver, c'est certain.

Ma bonne étoile.

J'ai une de ces frites, moi !

Impossible de rester assise dans la salle d'attente, encore moins de lire.

Je suis seule, j'en profite, je fais des petits pas de danse, je fais la patineuse, je nage, je brasse l'air, mais vigilante, un œil derrière la tête au cas où quelqu'un me surprendrait.

Je feins d'ignorer les alarmes qui sonnent de l'autre côté. La porte coulissante vient de s'ouvrir. Le docteur F est maintenant devant moi. Elle a perdu le beau sourire de tout à l'heure. J'ai envie de prendre les jambes à mon cou, tout de suite. Je serais une amibe, je n'aurais plus de cerveau, ni d'émotions, je n'aurais pas d'enfant.

Le docteur F me parle et je ne suis pas une amibe puisque j'entends :

– Les choses ne se présentent pas bien… Il semble qu'il y ait un œdème important au niveau des cordes vocales qui empêche une respiration normale. On l'a placé sous un masque à oxygène, mais il est en grande difficulté respiratoire. Il est possible qu'on soit à nouveau obligés de l'intuber s'il décline trop vite, ce qui pourrait avoir pour conséquence d'aggraver l'œdème… On va donc patienter et voir comment il supporte le masque.

J'ai cent dix ans. Tu es en position semi-allongée. Je retrouve ET et son masque à oxygène géant. J'aperçois à travers la buée de la vitre des yeux ratatinés, à bout. Ta bouche libérée du tube essaie de dire des trucs. Le docteur F va droit au but :

– Il ne doit pas parler. Il doit se concentrer sur sa respiration. Il est très angoissé, il faudrait que vous le rassuriez le plus possible, qu'il reste très calme. Sinon, il va être à la limite au niveau oxygénation et nous devrons l'intuber de nouveau.

J'ai compris.

Pas question d'intuber à nouveau.

J'écris sur l'ardoise, mais c'est comme si je te demandais de voir derrière un pare-brise couvert de flotte et de buée. Tu ne lis rien du tout.

Mes lèvres forment lentement les mots. Je mime. Je te supplie de te concentrer sur ta respiration. Tu sais, comme au yoga. Alors je me mets à respirer à ton rythme. Le masque est bruyant, je me cale sur toi tout en reprenant mes massages. Petit à petit, tu t'endors. C'est bien, tu vas reprendre des forces.

Ton père vient d'entrer dans la chambre. Il vient prendre le relais, le temps que je rentre embrasser Clément, prêt à prendre la route. Mon cœur de maman est cisaillé en deux. Je me mets en route et me catapulte à la maison dans une fébrilité incontrôlable.

À Mathilde et Clément, je raconte uniquement la partie rose du tableau du jour.

Tu es extubé, placé sous un masque à oxygène, tu tiens le coup pour le moment, tu es en vie.

So far, so good. Deux paires d'yeux me scrutent le fond de l'âme, personne n'est dupe.

Clément est paré, prêt à prendre le volant, le monospace déborde, un chargement composé à quatre-vingt-dix pour cent de matériel de musique, ce qui est primordial dans des études de commerce à Berlin, c'est bien connu. Je l'étreins longuement, des larmes coulent équitablement des deux côtés. «Je t'aime, Clément, pense à toi!» On devrait pleurer de ces kilomètres qui vont nous séparer pendant ces longs mois, mais ce qui suinte sans pouvoir être évoqué, c'est cette impossible question.

Le reverras-tu vivant?

Je conduis vers l'hôpital à une vitesse peu réglementaire. Je cours dans le hall gigantesque et désert de l'immense bâtiment. Je sens la pression sanguine faire le tambour dans mes tempes.

J'ai tellement chaud.

Je suis terrifiée.

Je te retrouve campé en position assise, faible mais tenace, les mains agrippées aux accoudoirs. Tu indiques de la tête que c'est un cauchemar mais que tu veux y arriver. Une fois de plus, tu lèves les pouces en signe de victoire en montrant l'horloge témoin des deux heures que tu viens de passer ainsi. Je lève les pouces, témoignant ma fierté.

Le temps s'écoule et tu t'enfonces inexorablement dans une profonde détresse. Le masque est rempli de gouttelettes de buée. Ta tête roule sur le côté, tes yeux s'entrebâillent avec de plus en plus de difficulté, implorant de l'aide. Tu te noies, tu t'étouffes tout doucement sous le regard de toute une équipe médicale et de tes parents. Je voudrais ne plus voir. Ta perdition est insupportable, et on me demande d'être complice en continuant à te rassurer. Je pleure à suivre ta bouche qui appelle sans retour à l'aide. Tu ne vois plus rien à travers la vitre et certainement pas mes larmes. Peut-être aperçois-tu mon visage, alors je souris malgré tout.

Toutes les constantes sont dans le rouge.

La soirée se passe suspendue à ton maigre souffle.

Nous nous faisons congédier lorsque les médecins décident de t'administrer des calmants pour apaiser tes souffrances. J'aimerais bien avoir la même chose.

Je reste succincte ce soir, dans mes comptes-rendus aux proches. Je ne sais plus quoi dire.

Alors je décris la partie positive de cette journée, avant que cela ne tourne à l'horreur.

Pour le reste, on verra demain.

Lorsque Mathilde se réfugie dans mes bras, ce soir-là, je décide que rien, absolument rien ne doit entamer ma conviction de ton retour à la vie.

Ça n'est pas possible.

J'ai décidé de m'installer à partir de ce soir dans la chambre de Clément.

Mes nuits sont décousues, en totale opposition avec le sommeil lourd de ton père. Il réussit à s'échapper par le sommeil si facilement que j'ai l'impression de devoir veiller pour deux. C'est idiot, ça ne sert à rien. Dans la chambre de ton frère, seule, dans ce silence paisible, mes pensées peuvent s'organiser sans la pollution des pétarades d'un ronfleur. Enfin presque.

J'envisage de zigouiller notre chatte qui miaule à la mort.

Le tour de ton père viendra plus tard.

Je les enterrerai côte à côte dans le jardin à côté du poisson Robert.

Deux heures.

Je suffoque.

J'appelle la réa.

Charlène-Petit-Chat décroche.

– Il est très agité, les calmants ont du mal à apaiser son angoisse. Il a du mal à respirer. Il a demandé de l'eau, je lui ai répondu qu'il n'a pas le droit de boire. Il a ensuite écrit sur l'ardoise : *« Occupation ? »* Je lui ai répondu : *« Lire ? »* Il a haussé les épaules et m'a tourné le dos, très contrarié, ça arrache les tubes. Il ne trouve pas de position confortable, il se tortille et ne dort pas malgré la sédation.

– Peut-être que je devrais revenir, vous ne pensez pas ?

– Non, on va lui redonner quelque chose, et vous, vous devez vous reposer ! Ne vous inquiétez pas, on s'occupe de lui et je vous appelle s'il se passe quoi que ce soit.

– Merci, Charlène…

Onze jours de combat… As-tu encore assez de forces pour tenir ?

Je reste les yeux grands ouverts les quatre heures suivantes, comme si le fait de m'endormir allait interrompre mon injonction de rester en vie.

Je te visualise, je respire avec toi, je t'insuffle énergie et détermination. Tu vas y arriver.

Quatre heures.

Mon téléphone sonne, le numéro de la réa s'affiche.

Mon cœur s'arrête puis cogne avec violence.

Est-ce que cet appel va changer ma vie pour toujours ?

Non, ça n'est pas possible.

Ma bonne étoile ne peut pas me lâcher.

– Madame Legrand ? Je suis l'interne de garde.

– Oui… Il s'est passé quelque chose ?

– Oui… Antoine a eu une nuit très compliquée. Il était en grande difficulté respiratoire avec le masque et trop agité, mais il tenait bon. Mais il y a un petit moment, il s'est mis à vomir dans le masque et il a commencé à s'étouffer… Il déclinait vite, nous avons été obligés de le réintuber en urgence, de l'aspirer et de le replonger dans un coma artificiel.

– Il est vivant, donc ?

– Oui ! Il tient le coup ! Il est courageux, votre fils !

– J'espère qu'il a encore du jus pour tenir…

– Il doit maintenant récupérer de cette nouvelle épreuve, on va le laisser sous sédation au moins vingt-quatre heures certainement.

– Et après ?

– Il faudra que vous voyiez le médecin chef demain matin, c'est lui qui décidera.

– D'accord… Merci.

Je réveille ton père pour lui annoncer la nouvelle. Il est pétrifié :

– S'ils n'arrivent pas à l'extuber, c'est foutu !

– Mais non ! Bien sûr que non ! C'est une nouvelle tentative qui se solde encore par un échec. C'est donc qu'il y a quelque chose qu'on n'a pas encore détecté dans tout ça. Ils vont chercher, et ils vont finir par trouver !

– Mais t'es d'accord que c'est pas terrible tout ça, non ? À chaque fois ça merde !

Je prends un ton plus tranchant, je refuse qu'on se laisse aller alors que toi tu luttes de toutes tes forces :

– Tu as vu avec quelle force il a réussi à tenir toutes ces longues heures dans une souffrance inimaginable, il a de la réserve. Il faut juste trouver le bug…

– Et si on ne trouve pas ?

– Bon, écoute, moi j'ai cru que l'hôpital m'appelait pour m'annoncer qu'il était mort, alors, cet appel, c'est finalement une putain de bonne nouvelle. Chaque chose en son temps. Il est toujours vivant, il se cramponne, voilà ce qui est génial cette nuit. On verra bien ensuite.

– Mmmm…

Chacun réintègre son lit de son côté. Mon cœur peine à se stabiliser dans un battement normal. Mon cerveau reprend son travail harassant et invasif d'élaboration de probabilités les plus insensées.

Trois heures plus tard, la maison dort encore quand je franchis la barrière de l'hôpital.

La salle d'attente est vide. La voix de l'interphone m'autorise l'accès immédiatement.

Cela saute aux yeux en entrant dans ta chambre qu'il s'est passé quelque chose. Tu es exactement comme deux jours auparavant, couché, inconscient, intubé, câblé de partout.

Le docteur F est déjà présente pour m'accueillir. Elle doit redouter l'épuisement moral des parents. Je la rassure, je ne fais pas de crise de larmes, je ne l'engueule pas puisqu'elle n'y est pour rien, j'attends juste qu'elle m'explique si elle a une putain de bonne idée pour nous sortir de ce gros merdier.

– On vous a expliqué ce qu'il s'est passé cette nuit ?

– Oui…

– Il est possible que ce soit le masque à oxygène qui, à force de pousser de l'air fortement, a rempli aussi l'estomac, provoquant ces vomissements. Nous allons faire de nouvelles explorations du côté des bronches, poumons. On craint une nouvelle infection due au fait qu'une partie de ce qu'il a vomi est reparti dans les bronches. Il est donc à nouveau sous antibiotique depuis cette nuit. L'ORL va venir l'examiner dès que possible, car cette nouvelle intubation va empêcher l'œdème des cordes vocales de se résorber. Après, je ne vous cache pas que nous allons envisager deux choses, compte tenu de la situation critique. Il est possible que nous soyons obligés de pratiquer une trachéotomie pour lui libérer le larynx de l'intubation et favoriser ainsi la guérison de l'œdème. Mais cette solution pose le problème des infections qui sont favorisées par cet accès vers l'extérieur. Et puis il est aussi question de lui poser un système pour l'alimenter directement vers l'estomac, une gastrostomie. Là encore, c'est une intervention qui pourrait favoriser des passages pour les infections. Nous allons donc nous montrer prudents, car il est très affaibli.

– On le laisse donc sous sédation pour le moment ?

– Oui, il a besoin de récupérer après l'épreuve terrible de ces dernières heures. Nous verrons demain.

– Merci, docteur.

LA question me brûle les lèvres, et je sais bien qu'elle n'a aucune idée de la réponse.

Vas-tu survivre à tout ça ?

Le docteur F revient sur ses pas, m'a-t-elle entendue ?

– J'ai oublié de vous dire qu'on a enfin eu les résultats pour le VIH, c'est négatif.

Tiens, c'est vrai, on l'avait oublié, lui. Il y a parfois de bonnes nouvelles dans les mauvaises…

L'échange qui suit avec ton père continue de creuser un peu plus le fossé entre nous. Ma nature optimiste se heurte à sa carapace de pessimisme, une carapace dans laquelle il s'est rétracté depuis tout petit. Au fil des jours qui passent, ma patience s'effrite, je me désolidarise de son chagrin, qui a pris une forme toxique pour moi. Depuis onze jours, il tourne en boucle sur la poisse qui t'a entraîné dans cet enfer. Il ne décolère pas. « Pourquoi c'est tombé sur mon fils ? » Nous ne remonterons pas le fil du temps pour détourner la W135 de sa course dévastatrice, l'enjeu, c'est ici et maintenant.

À nous seuls de décider de garder espoir, et j'ai bien l'intention de le maintenir coûte que coûte et de veiller à ce que toi aussi tu le conserves.

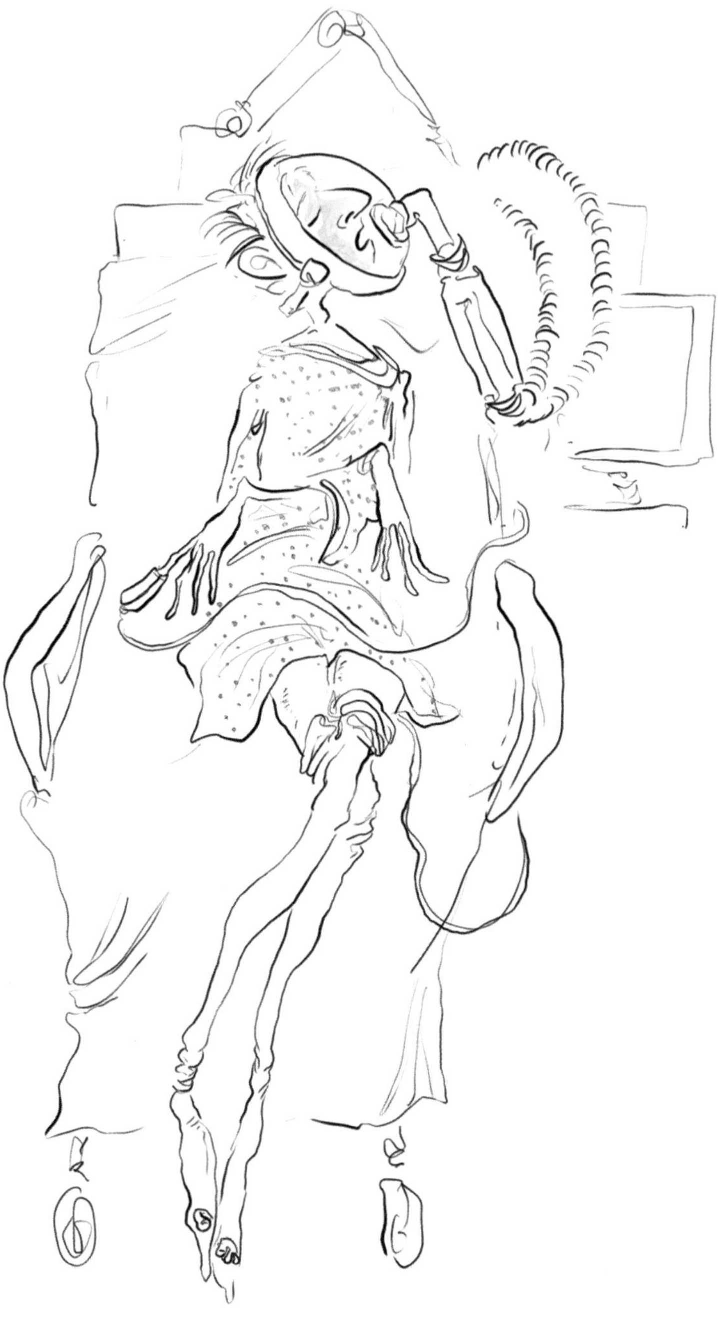

Meine Kinder

Journée de limace. Lente, très lente. J'ai décidé de lire une seule et unique page de mon livre – ne pas entamer le capital mots. Ton état flottant pourrait bien s'installer pour une durée indéterminée, et moi avec dans cette sale attente.

Savoir attendre sans trop attendre, rester focalisée sur les trucs bons, oublier les trucs pas bons, ne pas oublier de rire.

Là, assise seule dans cette pièce du rien où je suis comme tous ces objets autour de moi, juste pas grand-chose, suspendue comme un mobile qui ne maîtrise ni la direction ni la force des vents qui m'agitent, je repense à l'année qui vient de s'écouler et en quoi elle a su planter la graine de cette patience que je tente d'étirer à l'extrême aujourd'hui.

J'ai toujours été dingue de chevaux. Mon désir le plus cher était de posséder un jour le mien. Il n'est pas donné à chacun de pouvoir réaliser ses rêves. Le mien prit forme lorsque, il y a quatre ans, on me proposa de récupérer un cheval de l'équipe de France de voltige dans le club d'équitation que je fréquentais. Quelques problèmes de dos avaient compromis sa carrière de haut niveau, ne l'empêchant pas d'être monté, toutefois ce cheval, âgé de onze ans, allait être renvoyé aux Haras nationaux auxquels il appartenait encore, jugé impropre au travail intensif. Comme un jouet cassé qu'on colle au rebut, il serait euthanasié. Si on fait ça un jour dans les entreprises… Schrouic…

Ce cheval, Kinder Quartz, je le connaissais bien, je le montais régulièrement, les chevaux de voltige étant travaillés par les membres du club. Je m'y étais attachée, un grand escogriffe tout noir, à ma mesure, ma taille au garrot, un mètre quatre-vingt-six. Un moi en cheval, encombrant, pas très souple, maladroit parfois, anxieux souvent, gentil la majeure partie du temps. Condamné à finir en lasagnes ou pâtée pour chien – je décidai de lui éviter ça, et en même temps de réaliser mon rêve d'enfant. Je l'achetai pour le prix de la boucherie, sept cent cinquante-deux euros exactement, ce qui doit faire à peu près un euro le kilo. Mon gros steak.

Je l'installai dans une écurie assez sommaire, genre ranch versaillais, à Saint-Nom-la-Bretêche, ce qui me donnait l'impression de pouvoir toucher du doigt mon autre rêve, celui d'une chevauchée dans le Wyoming ou le Montana. Je reconnais que la plaine de Versailles manque légèrement de relief, mais l'aspect déglingué façon ranch du 78 m'a comblée au premier coup d'œil. Je commençai alors un long travail pour reconsolider son dos, le montant régulièrement, avec l'aide précieuse d'un ostéopathe équin, Dominique, qui manipule des gabarits d'éléphant avec la même aisance qu'il plierait en deux une souris. Résultat spectaculaire : exit les douleurs de dos.

Tout aurait été merveilleux si le Kinder bien nommé ne m'avait pas réservé une super-surprise lors de l'une de nos premières sorties en forêt. Je ne parle pas de sa propension ingérable à avoir peur de tout, y compris de son ombre, des feuilles mortes au sol, des poubelles et panneaux sur le bord de la route, du ruisseau à franchir de cinq centimètres, des enfants déambulant sur les chemins et autres choses invisibles mais imaginées. Le Kinder, c'est chocolat au lait à l'extérieur, lait et beurre à l'intérieur. Les railleurs de l'écurie se plaisaient à dire que mon cheval était en effet noir dehors et blond dedans… Le géant avait tout de même un léger problème en dehors d'un cerveau blond. Il trébuchait et, au lieu de se rétablir naturellement – un cheval possède quatre pieds, ce qui en principe sert à ça –, il s'effondrait de toute sa masse, comme un gros sac. Moi avec.

D'abord, de petites chutes sans trop de gravité s'étaient succédé. Et puis il y eut cette balade avec ma copine Chantal, un beau mois d'août dans une forêt déserte et si belle, un dernier petit galop dans une allée sans obstacles, un si joli galop parfaitement cadencé, et le Kinder surprise s'était emmêlé les pinceaux, butant violemment sur une minuscule racine de chêne. Catapulté dans les airs, il avait décrit un magnifique soleil, me propulsant à une dizaine de mètres devant lui.

Le sol était arrivé brutalement et douloureusement. Mon épaule le toucha en premier et se décomposa pendant que Kinder, tombé derrière moi dans un fracas assourdissant, se rétablit soudain sur ses pieds et, avec la maladresse qui le caractérise, sauta au-dessus de moi. Il ne réussit pas à m'éviter, ses sabots vinrent tour à tour me percuter la tête et le milieu du dos. Sans la bombe, ma vie se serait achevée au milieu des glands d'un grand chêne. Je me retrouvai cul à terre, hagarde, l'épaule disloquée, du jus de cerveau coulant de mes narines, mais vivante.

Ma bonne étoile.

Une année de rééducation fut nécessaire pour me rétablir de cette cascade.

Je repris mon travail intensif de dressage, mes balades, j'administrai à Kinder quantité de produits, compléments alimentaires et poudres miraculeuses, pas loin du budget national de la Défense. En quelques mois, il était redevenu un cheval qui pouvait se la péter.

Mais... de temps à autre, il trébuchait de nouveau et... nous chutions, encore et encore.

Puis il y eut cette petite boiterie, légère mais handicapante, insidieuse. On le mit au repos. Quand il fut l'heure de lui faire reprendre de l'exercice, je le lâchai en liberté dans le manège pour qu'il bouge sous mes yeux, avant de le laisser rejoindre ses copines dans son paddock pour la journée.

On était début octobre. Ce matin-là, ce grand couillon était plus frétillant que les autres jours. Après avoir trotté tranquillement, il s'était mis au galop, ruant par moments, manifestant joyeusement son besoin de s'ébrouer. Kinder est le cheval le plus maladroit de la terre. Il y eut alors cette scène quasi comique, du moins au début, où il s'emmêla les pieds, se prenant les sabots comme dans un tapis. Le géant noir décolla dans une sorte de ralenti, mollement, décrivit un long vol plané avant de retomber lourdement, avec une violence inouïe, tête la première, la masse énorme de tout son corps suivant et s'écrasant massivement sur l'encolure. Il était maintenant là, gisant, la tête immobilisée sous tout le poids du corps, les quatre sabots s'agitant dans tous les sens, tentant vainement de désemmêler l'impossible écheveau. Aucun moyen de l'approcher sans risquer de se faire dévisser la tête par un violent coup de pied. J'assistais donc, dans une totale impuissance, à ce désastre, hurlant à l'aide. Au bout de longues minutes de lutte, il finit par extraire sa tête et se dresser sur quatre pieds largement écartés, sonné, dans une posture complètement instable. Bambi au milieu du lac gelé. Je sus à cet instant que quelque chose de grave s'était produit.

Le ramener dans son box releva de l'exploit. Les vétérinaires se succédèrent. Le constat était identique pour chacun d'entre eux : avec une lésion cervicale grave et des nerfs endommagés, sa capacité à coordonner ses mouvements était anéantie. Il arrivait néanmoins à stationner debout, et il fallait à tout prix qu'il y parvienne pour rester en vie. En position couchée, des coliques auraient eu raison de lui très rapidement. Il se passa quelques jours avant que les vétérinaires divergent sur la conduite à tenir. Le premier et le deuxième furent catégoriques : euthanasier Kinder afin de l'empêcher de souffrir, car rien ne laissait entrevoir une possible amélioration de son état. Je regardais Bambi appuyé de toute sa masse contre le mur du box. Non, ça n'était pas possible que notre histoire prenne fin.

Puis il y eut le troisième, qui, après examen, déclara :

– Il faudra du temps, mais, moi, je pense que ça n'est pas impossible.

Je décidai, à l'énoncé de cette phrase que je voulais entendre, que Kinder s'en sortirait, voilà, c'était simple.

Je remuerais ciel et terre, mais on y arriverait.

Se succédèrent ostéopathes et vétérinaires acupuncteurs. L'état de Kinder s'améliora rapidement de manière visible. Il était capable de faire un ou deux pas. Je me rendais aux écuries tous les jours. Je m'organisais en compensant tant bien que mal mes journées amputées de leur matinée par un travail tardif chaque soir. Le matin, je m'enfermais dans le box, je passais un licol à Kinder et lui faisais faire un tout petit pas, puis deux, puis trois. Il reprenait ensuite appui contre la paroi, vidé, mais l'œil reconnaissant.

Puis un test judicieusement recommandé par le propriétaire de l'écurie permit enfin de comprendre que Kinder était atteint de la maladie de Lyme, saleté transmise par une tique. Cela apportait ainsi un début d'explication à ce fichu bug, comment un cheval en pleine forme peut trébucher et s'écrouler subitement ainsi. Un traitement de crise lui fut administré. Une semaine plus tard, transpiration et enflures avaient disparu, et la locomotion s'améliorait. Je tentai d'effectuer des petits cercles dans le box, la trouille au ventre que l'énorme masse ne s'effondre sur moi. Un mois s'écoula ainsi. Puis j'entrepris, chaque matin, de vider une partie du paillage de son box afin de recouvrir la partie du couloir devant sa porte jusqu'à la porte du box d'en face pour lui faire exécuter des lignes droites, plus faciles que les cercles. Dès que son sabot rencontrait un centimètre carré de sol plus dur, terrifié, Kinder rebroussait violemment chemin, menaçant de pulvériser en une fraction de seconde tous les progrès accomplis.

Il s'était écoulé trois longs mois quand il mit enfin un sabot sur le béton sans aucun amortisseur. Le vétérinaire décida qu'il était temps de le remettre avec les copines au paddock. Les ostéopathes, Dominique et sa femme Andréa, entreprirent de longues séances à quatre mains, alternant ostéopathie et shiatsu. Le résultat sur Kinder fut immédiat, sa marche gagna en assurance.

Les premiers jours au paddock furent tendus. Mon pauvre cheval glissait, s'écroulait dans la boue, ses sabots pédalaient dans la semoule pour se rétablir. Le spectacle était sidérant. Sa jument préférée, Nara, jolie noiraude possessive, avait décidé qu'il serait désormais sous sa protection. Elle interdisait à quiconque de s'approcher de lui, éloignant à coups de dents ou de sabots les importuns. Quand Kinder tombait, elle se précipitait, lui mordillant les jarrets, comme une injonction à se relever. S'il ne réagissait pas, elle attrapait entre ses dents la couverture qui le protégeait et tirait jusqu'à ce qu'il se lève.

Deux mois plus tard, je fus mise en contact avec une vétérinaire ostéopathe, Eva, pratiquant la médecine chinoise et l'acupuncture. Le géant Kinder ne daigna même pas lever un cil quand elle le transforma en oursin avec ses aiguilles taille cheval. Bien qu'il mît beaucoup de mauvaise volonté à absorber les poudres chinoises qu'elle lui prescrivit, les résultats furent spectaculaires et rapides. Une semaine plus tard, il était littéralement transformé, il avait repris un poil brillant, se déplaçait de manière coordonnée, quasi fluide. À la fin d'une séance, Eva me regarda avec un immense sourire avant de me déclarer :

– Bon, eh bien, d'ici quelques semaines, vous allez pouvoir le remonter, votre cheval.

Tous les matins des semaines qui suivirent, je faisais marcher le géant noir en main pendant une demi-heure sans me résoudre à monter dessus, traumatisée par la chute qui l'avait mis dans cet état. Dominique et Andréa, à qui je confiai ma terreur, décidèrent au mois d'avril de venir faire une séance. J'emmenai Kinder dans la carrière, je le longeai à toutes les allures. Puis, un brin directif pour que je ne mollisse pas, Dominique m'envoya le seller et mettre ma bombe. L'estomac totalement décomposé, je posai mes fesses sur le dos du géant. Nous fîmes ainsi un tour de carrière au pas. Ce jour-là, j'ai pleuré.

J'y avais cru, ma bonne étoile ne m'avait pas quittée.

Je passai plusieurs semaines à le monter, en douceur, au pas, puis petit à petit au trot. Seulement, il avait beau faire de son mieux, il butait parfois. Trop souvent. Je sentais alors toute sa masse qui vacillait, hésitant à s'étaler dans le sable. Poursuivre dans cette voie tournait à l'obstination égoïste et puérile, mettant en péril sa vie et la mienne.

Je décidai alors de lui offrir une retraite méritée. La vie m'avait fait le cadeau de le garder en vie et qu'il puisse à nouveau marcher, c'était énorme. Il aurait désormais une vraie vie de cheval, peinard avec ses copines au paddock. Mâle entretenu au milieu d'un harem, j'en connais plus d'un qui en rêverait.

En huit mois, Kinder était revenu à la vie. On lui avait prédit une fin en steak, mais une bonne petite mixture à base de patience et d'optimisme, d'antibiotiques et de plantes chinoises, d'amour et de shiatsu, de persévérance et d'ostéopathie, avait changé sa destinée.

T'es pas un cheval, Antoine, mais il en sera de même pour toi.

Cette épreuve était-elle un entraînement destiné à m'échauffer pour la partie qui se joue ici et maintenant ? Certainement, et je suis prête.

Kinder, ça veut dire « enfants », en allemand.

Bleus contre verts, balle au centre

Cette journée du lundi 1er septembre s'étire en langueur, posant une sorte de parenthèse suspendue. Rien de nouveau, pas mieux, pas pire. Tu émerges par moments de ton sommeil artificiel, plongeant dans cet état électrique que je connais maintenant par cœur, en lutte forcenée contre les sédatifs. Les doses répétées n'y font rien, tu résistes de tout ton être. Pendant l'un de tes brefs moments de lucidité, tu me demandes l'ardoise et le stylo :

> *« Dépression »*

Je te réponds :

> *« Pas en dépression, non. Tu souffres, tu luttes, tu trouves ça dur, et tu as bien raison ! Tu te fais méga chier, je suis d'accord, moi aussi, mais tu dois te battre »*

Tu fronces les sourcils, peu conciliant. Je t'observe et je me demande comment tu supportes l'énorme tuyau qui émerge de ta bouche, les câbles, la sonde, les perfusions, autant d'entraves à tes mouvements. Pas de réclamations, non plus, sur le fait que tu ne peux ni parler, ni entendre, ni manger, ni boire, ni marcher. Pas une seule fois, tu ne t'es plaint de cet emprisonnement. Non, ton problème, c'est l'ennui, à croire que tes récepteurs de douleur ont péri dans l'incendie de ton crâne. Une partie

de mon rôle est donc de créer de la distraction, bien que je n'aie pas une licence de clown : c'est bien la clé pour maintenir ton moral.
J'écris sur l'ardoise :

« Demain, rentrée des classes. Je pense que tu ne vas pas pouvoir la faire... »

Tu souris, tu réponds :

« Non, mais bientôt »

Je poursuis :

« J'ai demandé à ta copine Emie de m'appeler pour me dire dans quelle terminale tu seras »

Tu traces péniblement :

« Terminale S 9 »

Je mime que tu ne peux pas savoir, dans la mesure où je suis la seule en dehors de ton père à te relayer des informations et que tu n'as toujours pas accès à ton téléphone. Tes yeux excédés disent que tu es certain de cela, que tu SAIS. Terminale S 9, point. Je ne vais pas me battre avec un pantin à l'agonie et aux neurones dans la mélasse.
Très bien, mon chéri, terminale S 9.
Ce soir-là, je suis sur le point de partir quand tu moulines avec l'ardoise.

« Un petit dernier s'il te plaît »

Tu agites tes pieds. Je comprends qu'un ultime massage est requis.
OK, chef. Bonne nuit, chaton.

Ce soir-là, je ne sais pas laquelle des deux console l'autre lorsque Mathilde se réfugie dans mes bras. Elle ne réalise pas à quel point les fines lianes de bras qu'elle enroule et noue autour de mon cou sont chargées de réconfort, et comme elles reboostent mes batteries affaiblies.

Et puis Clément est arrivé sans encombre à Berlin à bord de l'épave roulante familiale. Ça, c'est une bonne nouvelle, parce que c'est un miracle en soi.

Lorsque le lendemain matin j'entre dans ta chambre, je te découvre tremblant, dans un état de stress supérieur aux jours précédents. L'ardoise abrite désormais tous nos échanges : nous usons environ deux feutres par jour.

Je commence :

> « *Tu trembles...* »

Tu écris vraiment comme une merde de la main droite :

> « *Le docteur m'a expliqué. Bloc opératoire, enlever l'intubation, j'ai peur* »

J'efface, je marque :

> « *Soyons positifs. La quatrième, c'est la bonne. Excuse en béton pour ne pas faire ta rentrée scolaire* »

Toujours moins lisible, tu réponds :

> « *Chiant de la rater, je rattraperai. Faudrait pas que ça dure plus d'une semaine quand même* »

Comme une petite envie de chialer ou de rire, ou les deux, là maintenant... Une semaine... Dans ta tête, tu imagines sortir d'ici une semaine ? Zéro conscience de la gravité de ton état. Ton cerveau se protège ainsi. Je fais diversion en extrayant d'une grande pochette rouge des impressions de photos et de messages collectifs de soutien envoyés par tes amis, j'y ai ajouté des clichés où tu poses avec ton frère et ta sœur. Tes yeux rient. J'interpelle dans le couloir l'interne de garde :

– Est-il possible d'accrocher des choses sur le mur de sa chambre ?

– Heu… On n'a pas vraiment l'habitude, mais, si vous n'endommagez pas les murs, je ne vois pas pourquoi vous n'auriez pas le droit.

– Moi non plus, je ne vois pas pourquoi on ne pourrait pas.

Mathieu a entendu ma requête, il ajoute :

– Au contraire, c'est bien pour les patients si on leur donne du réconfort de cette manière, allez-y !

Je reviens triomphante dans ta chambre et je m'applique à constituer un espace d'affichage assez proche de ta vue. J'y placarde une dizaine de dessins, photos, messages, affichés par un minimum de Patafix pour ne pas laisser de traces, parce que c'est certain, nous n'allons pas nous éterniser ici et je ne vais pas me coltiner de repeindre ta chambre pour l'état des lieux de sortie.

– Un petit massage ?

Tu t'abandonnes dans mes mains, le ronronnement n'est pas loin. Tu te détends.

Ton père est avec moi quand, en ce début d'après-midi, mardi 2 septembre, jour de rentrée des classes, tu es embarqué direction le bloc opératoire.

Équipe verte. Bleu pour la réa, vert pour le bloc. Les premiers jours, j'ai cru que les uniformes verts étaient ceux du personnel de cantine, les cuisines jouxtant la réanimation…

Tu pars donc avec deux cuistots coiffés de toques vertes, ils ont déconnecté la forêt de câbles qui t'attachent à ta chambre et font maintenant rouler ton lit dans le couloir, oxygène à bord. Là-bas, au bout du couloir, derrière une collection de portes battantes, ils vont faire leur cuisine, une partie va se jouer, entre équipe verte, équipe bleue et toi, pauvre balle au centre. Nous te regardons t'éloigner, tu lèves les deux pouces en signe de victoire.

Moi aussi, je veux y croire, je saute en l'air et je lève mes pouces en retour.

Torture de salle d'attente.

J'ai dix parpaings qui lestent mon ventre et j'aimerais demander à la main invisible qui broie ma gorge de relâcher son étreinte. Ton père gère laborieusement son impatience :

– Ça fait plus d'une heure, si ça dure c'est que ça ne se passe pas bien, non ?

– Je n'en sais rien.

– Ils pourraient quand même venir nous dire ce qu'il se passe, non ?

– Je n'en sais rien.

– Tu crois qu'il y a un problème ?

– Je n'en sais rien.

– Il aurait dû sortir là, non ?

– Je n'en sais rien. S'ils ne viennent pas, c'est que, très certainement, ça n'est pas fini.

S'il me pose encore une question, je lui fais engloutir la pile de *Voici* en semi-décomposition de la table basse, et j'y ajoute les douze numéros de *Trésors d'architecture* de 2005 si ça ne suffit pas.

À chaque ouverture des portes battantes du couloir, nos cœurs flanchent, nous sursautons de concert. Là, c'est un employé des cuisines qui franchit le sas, poussant une gigantesque caisse métallique sur roue, vraisemblablement remplie de plateaux-repas. Je réagis :

– Tu crois que c'est bon signe s'ils nous le ramènent en boîte ?

On rit, l'atmosphère s'allège un instant.

Deux heures passent. Je lis deux pages de mon livre, une par heure, ça me semble une bonne moyenne. Il reste cent pages, cent heures de lecture, j'ai de la marge.

Les portes battantes s'ouvrent, un seul membre de l'équipe bleue, aucun vert, balle absente. Pas bon signe.

Le chef schtroumpf, qui n'est pas bleu aujourd'hui, s'avance vers nous, au ralenti, dégageant de la main son calot de papier vert.

Ça pue.

Il va droit au but, triturant nerveusement son bonnet froissé :

– L'extubation est un échec… À nouveau, il est en grande détresse respiratoire. Nous avons fait une fibroscopie pour explorer son larynx. L'œdème des cordes vocales est très important, il y a des lésions tout au long de la trachée. À ce stade… Quatre tentatives d'extubation, quatre échecs… nous n'avons pas d'autre option que pratiquer une trachéotomie, c'est-à-dire créer une ouverture à la base du cou pour l'alimenter directement en oxygène. C'est la seule façon de le libérer de l'intubation et de permettre à l'œdème de se résorber. Je voulais vous tenir au courant, je suis désolé…

Donc, on joue les prolongations…

– Ça va être douloureux ?

C'est la seule question exprimable à haute voix qui me vienne à l'esprit. Je suis certaine que le docteur est reconnaissant qu'à cette seconde j'opte pour le périphérique afin d'éviter le terrain glissant des pronostics boueux.

– Dans les prochaines heures, il risque de ne pas être très bien, mais, d'ici un ou deux jours, ça lui apportera un soulagement certain. Je retourne au bloc, il sortira d'ici une bonne heure.

Il hoche une nouvelle fois la tête, nous indiquant qu'il est sincèrement désolé.

Nous nous aplatissons lourdement sur les sièges en plastique pour absorber cette nouvelle claque.

Pas la peine d'épiloguer.

Match nul.

Ton père est anéanti par la nouvelle. Moi, je ne capitulerai pas, la partie n'est pas perdue pour autant :

– Il est toujours en vie, on a une chance incroyable, non ? Évidemment, ça aurait été génial que ça marche aujourd'hui, mais il faut se dire que cette trachéotomie va peut-être enfin lui permettre d'avancer. Il pourra enfin respirer sans difficulté.

– Tu vois bien qu'ils ne savent pas, ils ne savent RIEN, c'est la merde !

– C'est clair que personne ne sait, mais une chose est sûre, ils font le maximum. Antoine est dans de bonnes mains, j'ai confiance en ces médecins.

– Et puis ils ne savent toujours pas pour les séquelles !

– Ils te l'ont dit et répété, c'est trop tôt pour savoir. Chaque chose en son temps. On peut essayer de se contenter de ces petites avancées et rester positifs par rapport à ça ? Moi, ce que je vois depuis ces dernières heures, c'est qu'Antoine a toute sa tête, et puis il bouge sans problème ses bras, ses mains, c'est déjà formidable, non ?

Au lieu d'avoir envie de me réfugier dans ses bras, je souhaite à cet instant qu'il soit loin d'ici.

Pendant une heure et demie, je surveille chaque battement de porte, espérant te voir apparaître derrière, pouces levés. Un troupeau vert avec un peu de bleu dedans franchit enfin le sas, poussant délicatement ton lit. Le chef schtroumpf s'arrête à notre niveau :

– Il se réveille tout doucement, nous lui avons donné des calmants pour la douleur. Je ferai un point avec vous demain sur la situation. Il faut qu'il se repose ce soir, le bloc a été très éprouvant pour lui.

On t'a à nouveau « rangé » dans ta chambre.

Tu as les yeux ouverts. À l'expression qu'ils dégagent, je vois que ton moral a plongé.

Résignation.

Nos amis Aline et Gilles sont dans le grand hall. Je les rejoins. Je constate que j'ai pris une forme d'habitude, une sorte de froideur à patauger dans la merde, leurs yeux remplis de larmes me surprennent de prime abord. Je les enveloppe de mes bras et je finis par m'abandonner sur leurs épaules à laisser ma propre peine couler un instant. Gilles n'est pas certain d'avoir le courage d'être confronté à ton état, il tremble, sort prendre une grande respiration d'air et de soleil sur la terrasse. Je le rassure, oui c'est impressionnant, mais j'ai la certitude qu'il sera heureux de t'avoir vu et réciproquement. Nous entrons dans la chambre, Gilles hésite une seconde, il tortille ses mains depuis son arrivée. Aline est concentrée sur l'idée de ne pas t'exposer son chagrin, tu es comme un fils pour elle (je suis partageuse question maternité). Le moment est bref, proportionnel au peu de forces qu'il te reste dans cette journée de défaite. Les regards chargés d'espoir, de soutien, d'amour suffisent. Gilles est blanc, il est temps de te laisser. On s'enlace tous une dernière fois, pas trop de mots, inutiles là où on en est, on se promet juste que ça va aller.

Évidemment que ça va aller.

Je demande à ton père qui n'a pas quitté sa chaise :

– Peux-tu rentrer maintenant pour être avec Mathilde ? Je vais rester un peu auprès de lui et je vous retrouve un peu plus tard.

– C'est mieux si je reste un peu, non ?

– Je pense que c'est mieux si tu rentres.

C'est dit. Comme un ordre. Je ne veux pas qu'il reste, pas dans l'état mental dans lequel tu as plongé. À contrecœur, il obtempère, t'embrasse sur le front et quitte la chambre, vingt tonnes sur ses épaules qui se voûtent un peu plus chaque jour. J'installe ma chaise à hauteur de ton visage, j'attrape le restant de ta main libre. Je contemple sans ciller un tuyau qui est directement planté dans ta gorge comme une paille dans un Coca, sauf que c'est à peu près de la taille d'un pot d'échappement. Je n'ose pas m'approcher trop près, de peur de voir à l'intérieur de ton corps par cet orifice béant. Je vomis intérieurement.

– On t'a fait un joli trou, dis-moi ! Ça va être marrant, ce truc, quand tu vas enfin pouvoir boire. Faudra penser à le boucher.

Le trou en question est relié au respirateur par tout un circuit alambiqué de tuyauterie. Je me demande comment tu vas rester suffisamment immobile pour ne pas dézinguer tout ce bazar. On t'a mis un tuyau dans le nez, il va servir à t'alimenter. Quel bordel… Manger par le nez et respirer par un trou dans le cou.

J'écris :

« T'avais un trou dans le cul et maintenant t'as un trou dans le cou »

Ah, un sourire !!!

Il est beau, ton sourire.

La bouche se contorsionne. Tu aimerais parler, mais ça ne sort pas. Au lieu de ça, ce sont des larmes qui déferlent. Je lis sur tes lèvres :

– J'ai mal ! J'en ai marre… J'ai tellement mal…

Je me lève, te fais signe de patienter et tourne rapidement les talons, pour cacher mes larmes. Je reviens avec l'infirmier de garde, Jérémie. Il t'injecte une nouvelle dose d'antidouleur et de calmants.

Tes lèvres continuent de remuer en silence :

– J'en ai marre, j'en peux plus, c'était horrible aujourd'hui…

Je prends l'ardoise et j'écris :

« Là t'as un coup de mou, c'est normal, tu es sous le choc de cette journée. On te donne de quoi te soulager, tu vas te reposer. Demain, tu verras que la trachéotomie va t'apporter du confort pour respirer. On avance, mon chéri ! On avance ! Tu es super courageux, je suis très fière de toi ! T'es un warrior ! »

Je force mon sourire. Tout au fond de moi, un énorme torrent de larmes menace de jaillir.

Tu es pris de violentes quintes de toux. La douleur est quantifiable à ton visage déformé. Le sang s'est mis à couler de la perforation de ton cou.

Je cours chercher de l'aide.

Mais je ne suis pas seule à courir dans les couloirs.

Les équipes de réa sont sur le feu, accaparées par un « polytraumatisé ».

Ton saignement ne les inquiète pas.

Moi, je préférerais que le polytraumatisé décède instantanément et qu'on se concentre sur toi.

J'irai peut-être l'achever dans les prochaines heures pour qu'on reste un peu entre nous, rien que les équipes, toi et moi. Je sais, c'est égoïste.

Ton père vient de m'envoyer un message, il souhaite revenir. Je lui réponds : *« Reste avec Mathilde, s'il te plaît ! »*

« Non, je te rejoins. »

« Il est déprimé, ce n'est pas une bonne idée que tu viennes. »

« Pourquoi ? »

« Il est au bord des larmes, il faut "alléger" ! »

« OK. »

Petit à petit, je protège ton espace, ton moral est si fragile.

De l'autre côté de la cloison, un homme hurle de douleur, mais tu ne l'entends pas.

« Massage ? »

Tu dors profondément lorsque, très tard, ce jour de rentrée des classes, je quitte ta chambre.

À mon retour, j'étreins de toutes mes forces le frêle corps de Mathilde. La rentrée des classes lui a glissé dessus, elle n'a rien senti passer. Je plonge le nez dans la douceur de son cou. Mes bébés.

J'invoque de toutes mes forces ma bonne étoile lorsque je me couche.

Elle est forcément là. Elle est en train de me regarder m'enfoncer dans la mouise, mais comme toujours elle me sortira du caca avant que le pire n'arrive. Elle me met à l'épreuve, tout simplement.

Je n'ai pas osé appeler Salvatore. J'ignore le protocole des thérapies par magie. Il n'a pas été question d'argent, et c'est délicat de l'appeler à chaque fois que tu nous fais le coup de mourir. Note qu'on en est à trois descentes mortelles, si on compte bien. Demain, je l'appelle.

C'est fou ce que le corps peut encaisser comme manque de sommeil : à J + 13, je tiens toujours sur mes guiboles. C'est fort regrettable de perdre toutes ces heures au lieu de les stocker dans une banque afin de les récupérer un jour. Je serais si riche…

Les escargots sont cuits

Mercredi 3 septembre. J + 14. Message au magicien.

Je l'imagine avec un grand chapeau, la barbe jusqu'au nombril, le Dumbledore dans *Harry Potter*. La réponse de Salvatore fuse : *« Antoine est un battant, un gladiateur dans l'arène et il se battra jusqu'au bout, je le sais. Ce soir, je vais soulager sa douleur, je ne le lâcherai pas tant qu'il ne sortira pas. Vous l'embrasserez pour moi, ça va aller. »*

C'est le bon terme, gladiateur.

J'ai fait la promesse à Mathilde qu'elle pourra te voir aujourd'hui.

Avant cela, je pars en reconnaissance, seule, si jamais une tuile supplémentaire s'annonçait pour cette journée.

Barrière.

On a changé mon pote.

Un inconnu m'ouvre la barrière.

Pas un bonjour. Il ne me regarde même pas. Je n'aime pas qu'on change mes habitudes.

Le parking est plein. C'est la rentrée des élèves infirmiers. Le calme du mois d'août est remplacé par une effervescence qui ne me plaît pas. Je dois me garer dans le parking souterrain. Je n'aime pas qu'on change mes habitudes.

Je m'autorise une page de lecture de mon livre, pas plus, pas moins.

Tu m'accueilles avec une grimace. La plomberie dans ton cou est source de douleurs intenses. Je plonge un œil à l'intérieur du tuyau, c'est comme dans le siphon d'un lavabo, en plus rouge.

Rien, on ne voit rien. C'est quand même assez dégoûtant. Personnellement, je préférais l'intubation.

Et cette maudite toux. Tu te tords de douleur à chaque soubresaut. J'ai mal pour toi. Depuis quatorze jours, les paroles de la chanson de Camille tournent dans ma tête, « Prendre ta douleur ». Je voudrais ta place. La tienne est dehors, au lycée ou calé dans ton lit sur ton tas de coussins, avec tes amis, à dire des conneries, à refaire le monde, à ricaner, pouffer, glousser, se tordre de rire, gueuler, t'engueuler, t'éclater les oreilles de musique, bouffer, picoler, oui, même des bières, je suis d'accord aujourd'hui. Tout sauf ça. Je suis vieille de quarante-six ans, avec un bon tour de piste au compteur, j'ai bien profité de la vie, c'est injuste, je devrais être dans ce lit et prendre ta douleur.

Tu étouffes. Visage écarlate, les yeux remplis de larmes, les sécrétions t'empêchent de respirer. Je m'affole et cherche désespérément la sonnette d'alarme sous tes fesses. Tu me fais signe que tu gères. Tu débranches le tuyau qui t'alimente en air, relié à la canule plantée dans ton cou. Tu attrapes alors ton précieux « vide-salive » et l'insères à l'intérieur de la canule. Ça fait un « schlurps » immonde, confirmant qu'une quantité non négligeable de sécrétions a été capturée par l'engin. C'est trop pour mon estomac ce matin. La vue de ce fin tube rigide en plastique que tu fais entrer dans la cavité de ton cou est une vision ignoble. En une matinée, tu as acquis une dextérité fabuleuse pour t'enfiler des trucs dans le trou du cou.

Acceptation, adaptation, appropriation.

Tout comme le parking, le service de réa est agité ce matin. Le polytraumatisé hurle dans la chambre juste à côté. Il a pris le relais du papy qui se faisait la malle sans arrêt, le cul à l'air, et qui se vaporisait en douce des brumisateurs entiers d'eau dans la bouche, se battant les cacahuètes de l'interdiction formelle de boire. Je l'aimais bien. J'ai bien cru qu'il finirait ses jours ici. Mais non, il est reparti, fringant, tout requinqué, sur ses deux cannes, paré jusqu'à cent ans.

Le nouvel occupant braille. Certains patients ont un rapport difficile avec la douleur. On ne devrait plus les appeler des patients. Moi, j'aime bien les gens qui souffrent avec élégance, pas forcément en silence, mais avec un peu de classe. L'impatient d'à côté semble en manquer.

Nous voyons débouler, furieuse, Caroline, ton infirmière aujourd'hui. Je l'ai croisée quelquefois, elle s'est occupée de toi certaines nuits. Caroline a une trentaine d'années, un regard franc et déterminé, elle respire la générosité. Pour autant, Caroline, faut pas la faire trop chier. Elle est folle de rage. Je la questionne :

– Ça va, Caroline ?

– Moi, je refuse de m'occuper de ce connard !

Elle indique du menton la chambre d'à côté.

– Il est un peu bruyant, non ?

– Il m'a traitée de pute, vous vous rendez compte ?

– Cassez-lui une jambe !

Elle éclate de rire et se détend.

– Il est déjà cassé de partout !

– Justement, ça ne se verra pas et ça vous fera du bien.

– J'ai prévenu mes collègues que je n'y retournais pas. Moi, je m'occupe d'Antoine ce matin, l'autre, il va se faire voir !

– Je suis d'accord, qu'il aille se faire cuire son cul cassé, vous allez vous occuper uniquement de nous, c'est parfait !

C'est ça, la « réa-animation ».

Ton père nous a rejoints, ses bras ne se décroisent plus jamais, ils sont soudés, en fait.

Chef schtroumpf vient d'entrer. À son air, on sent qu'on ne va pas s'ennuyer, aujourd'hui.

– Bonjour ! Alors, ce matin, nous avons mis Antoine sous cortisone pour ses cordes vocales, ça devrait aider à résorber l'œdème. Maintenant qu'il est un peu stabilisé sur le plan respiratoire avec la trachéotomie, on va s'occuper des séquelles. Nous allons procéder à un test d'audition. Obligatoirement dans sa chambre, compte tenu de son état. Le résultat ne sera pas parfait, mais il est important de faire rapidement l'évaluation. Le médecin ORL ne va pas tarder…

J'en profite pour rebondir :

– D'ailleurs, j'ai des questions à ce sujet. Ne croyez-vous pas qu'il est urgent de vérifier qu'une calcification de la cochlée n'est pas en train de se produire, parce que toute possibilité d'implant serait alors impossible ? Non ?

Je vois dans les yeux en face de moi un défilé de pensées qui se résument à :

– Qu'ils me fatiguent, ces gens qui passent leur temps sur internet…

C'est vrai, je reconnais qu'à chaque nouvelle étape, j'y plonge à corps perdu. Donc, si je peux aider…

Cette nuit, entre 2 et 3 heures du matin, mon compagnon d'insomnie, Google, m'a appris comment la méningite bactérienne détruit une partie de l'oreille interne qu'on appelle la cochlée, sorte d'escargot dans lequel s'agitent plein de petits cils grâce auxquels l'audition est une opération très sophistiquée. La méningite fait une sorte de moisson de cils, elle ratiboise sur son passage, comme Attila. Mais pas de repousse possible après. La courbe de son n'est plus qu'une pauvre ligne aplatie au niveau zéro. Les escargots sont cuits.

J'ai retenu qu'il existe une solution pour retrouver un peu d'audition, par les implants cochléaires. Lors d'une opération chirurgicale, un groupe de petites électrodes est placé au niveau de la cochlée pour transmettre aux nerfs, puis au cerveau, les signaux sonores sous forme d'impulsions électriques. Cette partie interne, qui comprend aussi un récepteur, est reliée à une partie externe visible sur le côté du crâne, un microphone destiné à capter les sons, et un processeur chargé de les trier.

J'ai ingurgité une bonne dizaine d'articles sur le sujet, je peux passer mon diplôme d'implants cochléaires.

Mais j'ai été interpellée par un élément essentiel : le timing.

Lorsque Attila a tout détruit sur son passage, les escargots cuits de la cochlée peuvent se transformer en statues dures comme du béton, il y a calcification, et il est alors impossible d'enfourner toute la quincaillerie des implants. Cette chienne de calcification peut être fulgurante. Il est donc urgent de vérifier qu'elle n'a pas commencé pour ne pas rater le coche de l'implantation. Tic-tac, tic-tac. Bonjour, Jack Bauer, vous revoilà.

Chef schtroumpf a compris que j'ai potassé le sujet, il me répond :

– Selon le résultat des tests, à savoir si le niveau d'audition est très bas, nous ferons une IRM pour vérifier si l'ossification a commencé.

– Vous ne pouvez pas poser les implants ici, n'est-ce pas ?

– Non, en effet, nous devrons le faire transférer ailleurs. Maintenant qu'il a une trachéotomie, nous pouvons envisager son déplacement au besoin.

Une équipe de blouses blanches a débarqué en poussant des machines sur roulettes. Le test d'audition va pouvoir commencer. Ta tête dodeline sur ton cou trop maigre, à tel point qu'on dirait par moments qu'elle va dégringoler au sol. Tes paupières ne battent pas toujours en même temps, ce qui n'est pas un signe de fraîcheur. Ton cerveau atomisé peut-il répondre avec fiabilité à cet examen ?

Ton père et moi sommes relégués dans notre chère salle d'attente. Salle de toutes les attentes. Hier, on attendait de savoir si tu allais vivre ; aujourd'hui, nous saurons si tu pourras à nouveau entendre quand on t'engueulera. Une angoisse relaie l'autre, comme si elle la gommait. Seulement voilà, personne ne nous a dit que tu étais hors de danger.

Il ne faut pas gommer, juste additionner.

J'essaie de rassurer ton père, qui, lui, risque une ossification des bras :

– D'abord, moi je te dis qu'il entend. Très souvent lorsque je parle très fort, il comprend. Quand il est très fatigué, il n'entend pas, mais c'est normal, il est trop faible. Il n'est pas totalement sourd, j'en suis sûre. Et puis, au cas où, il y a ces implants cochléaires. C'est formidable, la technologie ! Reste que le plus important, c'est qu'il est vivant aujourd'hui. Et puis c'est une chance dingue, il pourrait être totalement décérébré.

Mais lui, ce qu'il veut, là, maintenant, c'est que tout aille parfaitement bien sans conditions.

Méningite terminée, bouclée, over.

Moi, je rêve d'un toubib qui viendrait me dire que oui, c'est bon, madame, votre fils, il va vivre.

Interphone.

Retour à toi.

La blouse blanche plantée devant ton lit se présente. Une interne en ORL. Elle a les mains enfoncées dans ses grandes poches, des lunettes qui tombent légèrement sur son nez, pile ce qui manque à tous ces bébés médecins.

– Nous avons donc pratiqué le test en chambre, ce qui n'est pas optimal, compte tenu de l'environnement très sonore des machines, du respirateur... Donc, voilà, votre fils est atteint d'une surdité totale et bilatérale.

Une machette vient de me couper les deux jambes d'un coup.

Je demande :

– Pardon ? Mais, non ! Quand je lui parle, il semble parfois entendre... Il entend bien un peu, non ?

– Non, c'est une surdité totale et des deux côtés, bilatérale, je suis désolée.

Une vague de chaleur de mille degrés vient de m'emporter des pieds à la tête. Je me précipite à l'extérieur de la chambre, hors de ta vue. Tu ne dois pas assister à cela.

Mes jambes ne veulent plus me porter, je m'affale comme un cachalot sur le premier siège à ma portée. Mon crâne est une friteuse, le sang grésille derrière mes oreilles, ça crépite bruyamment, comme des lardons dans une poêle. Je connais la suite. Ma vue se brouille totalement, ma tête s'écrase sur le dossier du fauteuil. Je ne perds pas complètement conscience, mais je ne vois plus rien. Là, c'est trop.

Ventile, ventile.

Je devine dans le flou les visages inquiets des infirmières devant moi :

– Ça va, madame ? Vous ne vous sentez pas bien ?

– Ça va aller... Je peux rester là quelques minutes ?

– Mais oui ! Un verre d'eau ?

Je m'adresse à l'interne ORL qui vient de se planter devant moi :

– C'est un peu violent comme nouvelle, ça...

– Heu oui... Je suis désolée, madame.

– Donc, maintenant on fait quoi ? Il faut vite vérifier pour l'ossification, non ?

– Heu, ce n'est pas moi qui décide. Le médecin chef ORL va venir vous voir un peu plus tard, je lui remonte les résultats du test.

Je la regarde s'éloigner, la démarche de Barbie-qui-peut-pas-plier-les-jambes, les mains agrippées nerveusement au tissu du fond de ses poches faisant remonter le bas de sa blouse, dessinant deux grosses bosses grotesques. Une haine sourde m'engloutit. On nous a dépêché une interne débutante au tact de Caterpillar pour nous asséner une nouvelle cataclysmique.

Ratatinée sur ma chaise, je m'abandonne quelques instants à une dépression qui fait surgir un petit jet de larmes.

Puis j'encaisse. Longues inspirations. Je me relève avec une détermination toute neuve et retourne auprès de toi, composant ce que j'ai de plus grand et éclatant comme sourire de combat.

Parce que toi, on ne t'a encore rien dit... enfin, rien écrit... Et ton regard noyé de points d'interrogation m'attend. D'un signe de la main, tu indiques que j'ai plus mauvaise mine que toi. Couleur hôpital, raccord avec les murs.

Je prends mon temps pour écrire, parce que les mots justes sont impossibles pour l'heure :

> *« Le test s'est fait dans de mauvaises conditions, il y a beaucoup de bruits autour de toi dans la chambre. Le résultat n'est pas très bon. Le grand chef ORL nous expliquera tout à l'heure la suite »*

Pinocchio...

La nouvelle ne te fait pas réagir. C'est mieux ainsi.

Je t'envoie une explication technique sur l'implant cochléaire, te noyant dans un charabia médical. Je vois bien que tu n'en as rien à foutre. Je remballe mes implants et te laisse roupiller.

Cette matinée t'a essoré. Moi, je suis une serpillière. Je suis tellement certaine que tu entends ne serait-ce qu'un tout petit peu...

Parce que ça n'est pas possible.

Grand chef ORL débarque quelques heures plus tard dans ta chambre. Tu es réveillé, mais, comme c'est maintenant l'usage, les conversations se passent dans ta chambre, devant toi, sans que tu n'en captes une seule miette. C'est à la fois pratique et odieux. Tu es le centre et l'exclu.

Elle commence :

– Vous avez donc eu les résultats du test d'audition de ce matin ?

– Oui, d'ailleurs je voulais vous dire que la manière dont on nous l'a annoncé était tout simplement atroce. Vous n'enseignez pas à vos internes comment communiquer avec les patients dans les situations difficiles ? J'ai tout encaissé depuis ces derniers jours, mais, là…

– Oh, je suis vraiment désolée ! Je ne pouvais pas être là ce matin et le test était urgent… Bien sûr, je lui en parlerai. Vraiment, je vous présente toutes mes excuses.

– On fait quoi maintenant ?

– Scanner et IRM pour vérifier si la cochlée n'a pas commencé une ossification. On s'est mis en relation avec des services spécialisés en implants cochléaires pour préparer son éventuel transfert.

Le chef schtroumpf nous a rejoints. Il confirme :

– Il serait question de le transférer à l'hôpital Robert-Debré. Ils sont spécialistes des implants sur les enfants. Le problème qui demeure est cette température qui ne redescend toujours pas complètement… En cas d'infection, il ne pourra pas être opéré… Dès que les scanners et IRM auront été faits, nous ferons un prélèvement sous anesthésie pour vérifier si l'infection est toujours présente. Nous aviserons ensuite si Antoine est transférable immédiatement ou non.

Je vois du coin de l'œil que ton père est sur le point d'intervenir. Je lui fais signe de renoncer. Il est agité par ce besoin impérieux de poser inlassablement les mêmes questions dans l'espoir que la réponse prendrait enfin la forme désirée.

J'ai choisi ce matin une tenue fleurie et j'ai agrafé sur mon visage un grand sourire. Il me fait face, sombre des pieds à la tête, lèvres serrées. Nos stratégies de soutien divergent.

Je ne laisserai pas le noir gagner cet endroit.

Tu n'entends peut-être rien, mais tu vois et sens tout.

Tu portes sur ton père un regard d'exaspération et de tristesse. Parfois, il t'agrippe maladroitement la main. J'ai bien vu que tu la retires très vite, fuyant un contact qui ne te réconforte pas. Empêtré dans sa propre détresse, il est si malhabile.

Les jours passent dans ta navette spatiale, et je construis peu à peu un rempart de protection contre tout ce qui pourrait nuire à ta remontée à la vie.

Une équipe de Schtroumpfs est entrée gaiement dans ta chambre.

Le sourire a ceci de merveilleux qu'il est communicatif.

– Allez, Antoine !!! On y va ? Un petit scanner et une IRM ?

La voix tonitruante de Robin annonce le programme. Il te le transmet sur l'ardoise. Tu lèves les deux pouces, tu ris. Robin débranche plomberie et électricité. Faux départ, une potence valse derrière le lit. Oups, l'alimentation. Ça tire violemment sur le tuyau souple qui transite par ta narine. Tu grimaces, mais la situation t'amuse.

Je dessine sur l'ardoise deux bonshommes dans un cercle, le plus petit tient le volant, et je l'accroche à l'arrière du lit tout en expliquant à Robin que tu avais commencé cette année la conduite accompagnée. Les Schtroumpfs t'embarquent, hilares, faisant rouler à toute vitesse le lit en zigzag. En position semi-assise, les bras tendus, tu fais semblant de conduire. Ton départ se fait dans des éclats de rire, le tien ne s'entend pas, il se voit.

Aujourd'hui n'est pas un bon jour pour la première visite de Mathilde, trop d'explorations de ton corps. Elle accepte de reporter au lendemain. Est-ce que je lui laisse le choix ?

Ton amie Émie, elle, ne me l'a pas laissé, déterminée à te voir à n'importe quel prix. Elle a argumenté tant et si bien que j'ai cédé. Son père est infirmier, elle estime que, baignée depuis l'enfance dans les récits d'hôpitaux, elle est désensibilisée au spectacle de la souffrance des malades et qu'elle peut encaisser.

J'ignore si tu comprends enfin que tu n'es définitivement pas en classe de terminale S 9 mais en S 8 lorsqu'elle te décrit sa rentrée sur l'ardoise, confirmant par là même ta conscience très relative de la réalité. Elle a bien fait d'insister, son entrée dans la chambre t'a redonné instantanément des points de vie et un visage rayonnant, enfin, presque…

Pioupiou gris-vert perdu au milieu d'une forêt de tuyaux. C'est ton amie Ambre qui a eu cette phrase, dans l'un de ses messages : *« C'est tout de même le comble pour un surfeur, tous ces tubes… »*

Retour à la maison. Les sms pleuvent. La solidarité prend forme au fil des jours, sous des angles inattendus et bien délicats. Hier des livraisons de paniers du marché devant la porte, aujourd'hui une aide pour le ménage dépêchée par nos amis pour me laisser tout « loisir » de me consacrer entièrement à toi sans ce souci domestique.

Surdité totale et bilatérale. Je n'encaisse pas. Tu m'entends, je le sais.

Notre ami Renaud m'offre ses sésames. Implants cochléaires ? Pas de problème, il a le 06 des pointures. J'obtiens miraculeusement un rendez-vous téléphonique, prévu deux jours plus tard, avec l'un des grands spécialistes des implants cochléaires, le professeur X. L'autre spécialiste ORL, le professeur G que je contacte à Necker, m'explique qu'Antoine n'étant plus très loin de sa majorité, il faut opter pour un hôpital pour adultes, la Pitié-Salpêtrière, là où officie justement le professeur X.

Je contacte ensuite une association d'implantés cochléaires, basée à Toulouse. Je veux tout savoir. Et je déchante... Je retiens que l'audition que tu obtiendras après intervention sera l'équivalent de ce que nous entendons grossièrement à travers un téléphone, un son grossier. L'audition est un processus si sophistiqué qu'elle est encore impossible à reproduire artificiellement dans l'infini de ses subtilités. Ce que je comprends, c'est surtout l'urgence d'agir, là, maintenant, car la cochlée endommagée va s'ossifier.

L'objectif est l'hôpital de la Pitié-Salpêtrière.

Ce sera mon combat des prochains jours.

Je suis prête à tout.

Un os dans le gosier

Jeudi 4 septembre.

Ce matin, je suis une vieille chose fripée dans cette salle d'attente, j'ai tourné et retourné les possibilités pendant toute la nuit. Opérer pour une pose d'implants apparaît comme une nécessité à réaliser de toute urgence, et pourtant je suis convaincue que tu n'as pas perdu la totalité de ton audition.

Pour l'heure, cette journée est celle où ta sœur va avoir le droit de te retrouver.

Le soleil ne nous quitte plus, il veille sur nous avec une infinie bienveillance, jour après jour.

Je fais des dessins sur l'ardoise. Voilà, c'est ça les implants cochléaires. Visiblement, tu t'en cognes, des escargots. Je remballe.

J'ai tant appréhendé cet instant. Mathilde vient de franchir le pas de la porte. Son regard balaie la scène, les machines, les écrans, les câbles, les perfusions et surtout ce tuyau grotesque qui sort de ton cou. Elle s'est longtemps préparée à ce moment, alors elle gomme crânement de son visage la répulsion qu'inspire ce lit de douleurs et saute dans tes bras, dans la minuscule place libre entre les machins plantés et les autres connectés. Enfin. Avec précaution, douceur. Le taux d'humidité est remonté dans la chambre, les larmes sont au bord de tous les yeux présents. Pas trop de paroles, les regards portent à la fois l'espoir, la douleur, l'angoisse, l'amour et la dose d'humour qui fait supporter l'ensemble, ça suffit largement. Ta sœur t'offre l'infinie tendresse qu'elle retient depuis tant de jours. Elle s'assied à tes côtés, prend l'ardoise, et vous entamez avec émotion votre premier échange depuis des semaines.

Lorsque les effusions cessent, arrive ce moment qui s'impose désormais lourdement à chaque visite, celui où on se regarde et on se dit : « Bon, il se passe quoi maintenant ? »

Rien, on attend.

La patience humaine n'est pas en synchronisation avec la vitesse de réparation des cellules, il faut le savoir.

Ce temps suspendu est interrompu par l'arrivée du matériel de fibroscopie et de l'équipe qui va avec, nous pouvons migrer de nouveau en salle d'attente. C'est bien, ces examens répétés, ça rythme nos journées.

Je n'imagine pas alors que ce qui va suivre va catapulter l'annonce de ta surdité au deuxième rang des mauvaises nouvelles. On ne savoure jamais l'instant d'avant, c'est bien dommage, car j'aurais certainement apprécié ces minutes de rien qui ont précédé cette nouvelle descente en enfer.

Le docteur F est devant nous. Tout ce que je veux savoir, c'est si l'œdème des cordes vocales constaté lors des derniers examens se résorbe. Il semblerait que oui mais, à voir l'expression du médecin, il y a un os. Un os dans le gosier. Alors voilà, ton larynx est paralysé, ne bouge pas, rien, que dalle. Tes jolies cordes vocales, elles ont rendu leur tablier. Et un larynx paralysé, cela signifie pas d'alimentation, pas de parole, pas de respiration.

Pas manger.

Pas parler.

Pas respirer.

Finalement ne pas entendre, c'était une paille à côté de ce merdier.

Salvatore l'avait vu, ce truc pas net dans la trachée, ce quelque chose à voir avec l'intubation.

La cire avait parlé avant la science. J'ai froid dans le dos.

D'après dame médecine, impossible de savoir si la cause de cette paralysie serait l'intubation en urgence ou la méningite elle-même endommageant les nerfs du larynx. Dans le premier cas, on pourrait espérer une évolution ; dans le deuxième, l'espoir est maigre voire inexistant, mais ça, personne ne veut le dire maintenant.

Ce que je comprends, c'est qu'en termes de solutions on est à poil.

Un gouffre vient de s'ouvrir sous mes pieds. La nuit précédente passée à imaginer ta vie future sans son, je n'avais pas envisagé qu'elle pourrait également l'être sans celui émanant de ton larynx. Peut-être que, demain, on va nous annoncer que tu ne peux plus te servir de tes jambes, et que ton cerveau est du gruyère. Alors, il faut certainement savourer ce moment où tout n'est pas encore perdu.

Tu es en vie, tu as encore tes jambes et, j'aime à le croire, toute ta raison et ta connerie de dix-sept ans.

D'abord, se concentrer sur l'audition. Les escargots dans tes oreilles risquent de freezer, y a urgence à te faire muter fissa à la Pitié-Salpêtrière. Pour le reste du bazar, tout peut être livré par des tuyaux dans ton corps, un pipeline alimentation, un autre pour l'air. Et puis tu as ta jolie ardoise pour communiquer et je sais désormais t'entendre sans qu'aucun décibel n'émane de ta bouche. Si, si, je t'assure, je les entends, les mots que tes lèvres forment et que chaque jour passant je reconnais de mieux en mieux. D'abord les escargots, pour l'os du gosier on verra ensuite.

Seulement, peux-tu me dire pourquoi ? Oui, pourquoi ? Ce schéma noir, je n'en parlerai à personne pour le moment, on me prendrait pour une folle, mais il hante mon esprit sans relâche depuis le jour où tu m'as fait cette révélation. Comment ne pas y penser ?

Au moment même où tu décidais de libérer ta parole en dévoilant à tes parents l'immense secret de ta vie, ce futur d'un homme qui aime les hommes, dans ce poids sourd alourdissant chaque jour davantage ta poitrine d'enfant puis d'adolescent « différent », oui, à ce moment-là même, ce cri de délivrance était étouffé par une maladie sortie de nulle part, coincé dans un larynx statufié. Tu as finalement bravé ce corps qui t'empêchait de hurler en lui faisant écrire d'une main droite en principe inapte à l'écriture ce que ton gosier refusait de cracher.

Mais là, tu devrais être délivré, soulagé, libre.

Ton larynx n'a plus de droit de t'empêcher de t'exprimer et surtout pas de vivre.

Kourrage Entouane !

Vendredi 4 septembre.

J'ai le 06 du grand calife de l'implant cochléaire et je ne vais pas me priver de m'en servir. Le réseau a fonctionné, Renaud, tu es béni, le professeur X répond à mon appel. En partance pour un colloque à l'étranger, prêt à embarquer, il prend le temps de me répondre. J'ai mon pass VIP sanitaire.

Rendez-vous pris dans trois jours, à son retour. Mais il soulève un problème majeur. Tu ne seras pas admissible en hospitalisation ORL dans ton état. Un service de réanimation est indispensable pour t'accueillir. Il y a bien un service de réanimation neurologique situé dans le même bâtiment que l'ORL, mais il est blindé, archicomplet, impossible d'envisager une place. Je m'imagine sournoisement aller y faire une visite pour débrancher quelques tuyaux, par-ci par-là, libérant ainsi miraculeusement un lit.

Ce matin, tu n'as pas de coquille sur la tête, mais je jurerais voir Calimero dans ton lit. Des yeux tombants, la paupière d'un chiot abandonné au bord d'une voie rapide, tu écris que tu t'ennuies infiniment. Tu hésites un instant, puis tu m'expliques que tu as décidé de parler à tes pieds pour t'occuper. Comme aucun son ne peut sortir de ta bouche, tu ne peux t'adresser à eux que mentalement.

Donc, ce matin, la scène était la suivante. Tu avais dégagé tes pieds des draps encombrants et tu leur racontais des histoires.

Ton cerveau est-il parti en purée dans un jus de méningite ?

Tu poursuis. Le plus drôle, c'est que tes pieds te répondaient chacun leur tour. Seulement, très vite, vous avez été à cours de sujets de conversation, et tu as recommencé à t'ennuyer. C'est à ce moment précis que Calimero a pris la place dans ton lit.

Tu m'expliques que tu crèves d'ennui, que les matinées sont interminables avant mon arrivée, sachant que j'arrive à 9 h 30… Tu aimes bien la distraction du ménage où tu suis avec intérêt la serpillière passée dans chaque recoin de la pièce. Tu es agacé des soins ou de la toilette du matin lorsqu'ils sont dispensés par une infirmière qui a pris pour habitude de couper ton programme télévisé animalier ou géographique au profit de chaînes de clips. Ladite infirmière aime les clips RnB. Elle effectue les soins en montant le son. Comme tu es sourd, à qui ça pose problème ? Toi, tu exècres ces contorsions de danseuses aux postérieurs en short engloutis dans des raies des fesses gonflées à l'hélium, le tout monté sur talons multicompensés, et tu ne dis rien, parce que en plus tu es muet. C'est vraiment pas de bol. Tu vas devoir te coltiner un bon moment cette lie visuelle qui te rendra en plus certainement aveugle.

Ce matin, la pétillante Caroline franchit le seuil de ton domaine avec son plus beau sourire.

– Et si on tentait de lui donner une douche, à votre fils ?

– Ah bon, on peut, dans son état ?

– On va le mettre dans un fauteuil roulant, tout débrancher, le connecter à des bouteilles d'oxygène qu'on embarque et hop ! Il en a bien besoin, et ça devrait lui faire le plus grand bien. Vous êtes prête à m'aider ?

– À fond !

Je t'explique sur ardoise l'expédition envisagée, tes yeux roulottent comme des billes. Une lueur de joie en même temps qu'une peur immense s'y lisent. Une demi-heure plus tard, tu es chargé péniblement sur le fauteuil, ta trachéotomie branchée sur une très grosse bouteille d'oxygène, ton alimentation, tes perfusions, ton capteur pour la tension, tout est débranché.

Moi, j'ai l'impression abominable que tu vas mourir dans la minute qui suit, mais je me tais.

Je fais confiance à Caroline, c'est un avion de chasse infirmière.

Tu ressembles à un oiseau totalement déplumé, ton corps totalement amaigri par ces dix-sept jours de réanimation tient difficilement droit dans le fauteuil.

Nous franchissons quelques portes battantes et nous nous retrouvons dans les douches. Caroline me demande de l'aider. L'idée, c'est d'abord de te déshabiller, de t'installer sur un siège dans la douche tout en portant les bouteilles d'oxygène. Un triathlon sanitaire.

Depuis que tu as environ une dizaine d'années, je ne t'ai pas vu nu : comme tout ado au poil naissant au kiki, tu as commencé à t'enfermer à quatre tours dans la salle de bain. Je suis totalement embarrassée. Je suis ta maman, mon regard reste ainsi celui d'une mère sur son enfant, son bébé, celui qu'elle a mis au monde, mais je crains le rejet de cette mise à nu, que ta pudeur mêlée à l'humiliation d'avoir perdu toute autonomie m'envoie balader loin. Je te questionne des yeux, veux-tu que je te laisse seul avec Caroline. Or je sais bien que, sans mon aide, la partie va être ardue voire impossible. Tes yeux me répondent que tu es d'accord, que la question n'existe même pas. Je suis soulagée, car j'entrevois la probable répétition de ce type de situation dans les temps à venir. Alors, je t'enlève tout à tour tes jolis bas blancs de contention et cette blouse bleu et blanc qui est l'unique vêtement que tu portes depuis ton arrivée.

J'ai envie de pleurer quand je découvre ton corps ainsi décharné. La blouse faisait bien la blague, là, je suis confrontée à la réalité de ton état.

Ton dos est celui d'un petit dinosaure dont chaque vertèbre saillante fait une pointe dans une chair vidée, tes omoplates jaillissent telles deux lames de lances affûtées, plantées de chaque côté de la colonne. J'ignore comment ces vertèbres peuvent encore redresser ton corps et porter ta tête dans cette désintégration totale de muscles.

Caroline peine avec la bouteille à oxygène.

– Bon, ce qu'on va faire, c'est qu'on va le débrancher de l'oxygène quelques minutes, le temps de la douche, c'est trop compliqué sinon.

Elle hausse le ton, articule lentement en même temps qu'elle mime ses mots :

– Antoine ! On va débrancher l'oxygène. Je mets un cache sur la canule. On va mettre un plastique pour protéger ta trachéo de l'eau. Ça va probablement être un peu stressant mais tu ne risques rien. Tu me fais signe si tu ne te sens pas bien ou que tu n'arrives pas à respirer, OK ?

Tu es peut-être cent pour cent sourd, mais tu comprends. Tu fais signe à Caroline que tu es prêt. Elle débranche l'air et place un plastique sur la canule de ton cou. Nous te portons sur le siège de la douche, tu ne pèses plus rien.

L'eau de la douche commence doucement à ruisseler sur ton corps, tu nous regardes alors avec des yeux dans lesquels il y a toute la gratitude du monde pour la douceur que ta carcasse reçoit après tant de souffrances endurées. Tu as saisi le pommeau de douche que tu serres de toutes tes pauvres forces sur une poitrine tout en creux, tu refuses de nous le rendre. Nous sommes sur le fil, le plastique s'est fait la malle, l'eau rentre dans la canule, une toux violente te déchire le gosier, tu rentres en difficulté respiratoire. Si tu finis noyé dans la douche, ça va faire désordre. On t'arrache de force le jet d'eau, il faut remballer rapidement.

Qu'importe, aujourd'hui est une journée qui a merveilleusement démarré avec l'ange Caroline. Tu es blanc comme tes bas, mais tu la gratifies d'un sourire qui explose sur ton visage.

Elle conduit ton fauteuil comme un caddy de supermarché, nous n'avons cessé de rire depuis ton départ de la chambre.

– Demain, nous aurons davantage de temps, c'est le week-end, ce sera plus facile !

– Merci, Caroline, vous êtes formidable ! Vous avez vu le sourire d'Antoine ?

– C'est mon travail.

– Non, c'est au-delà. Votre travail, ce matin, c'était qu'il soit propre, il aurait suffi de la toilette habituelle au lit. Au lieu de cela, vous prenez du temps digne d'un voyage spatial avec les bouteilles d'oxygène. C'est un cadeau magnifique !

– Mon cadeau à moi, c'est le sourire d'Antoine, c'est pour ça que je fais ce métier.

Désormais, chacune de ces infimes parenthèses ensoleillées se transforme en minuscule victoire gagnée contre la mort.

Et je n'ai pas rêvé, dans la douche, tu nous as entendus, là ?

Une équipe vient d'arriver dans ta chambre. Blouses blanches.

Tu es à nouveau débranché de ta machine à vivre, connecté à la grosse bouteille d'oxygène et placé dans ton fauteuil roulant. Embarquement direction un autre bâtiment pour un test auditif en cabine. Les médecins ont besoin de vérifier si le test de la veille est fiable.

Je suis heureuse, ils vont se rendre compte que tu entends, forcément.

Je te regarde partir avec tous mes espoirs cramponnés à ton fauteuil.

Je m'éclipse pour une pause-café à la cafétéria de l'hôpital.

La douche m'a rincée, moi aussi. J'ai besoin d'air.

La cafétéria regroupe chaque matin à la fois les visiteurs occasionnels, les accompagnants longue durée, le personnel et les patients aptes à la balade. Quand je dis aptes, cela signifie juste qu'ils peuvent arriver jusque-là, parfois sur leurs pieds, surtout en roulant. De jeunes militaires à la carlingue totalement endommagée, privés de jambes mais capables de faire glisser leur fauteuil jusqu'ici. Sur la terrasse qui surplombe tout Paris, certains sirotent leur chocolat chaud, rappelant par là même qu'ils ne sont encore que de très jeunes hommes à peine sortis de l'enfance. Dans leur choix d'engagement, ils avaient forcément pesé le pour et le contre, savaient qu'ils pourraient être amenés à risquer leur vie pour défendre une cause, mais peut-être pas à perdre juste une partie de leur corps et à être cloués sur une chaise roulante, plongés dans un nouveau combat, celui contre la douleur et le chagrin.

Mon cœur est bombardé de tristesse par tant d'espoirs pulvérisés lors d'explosions ou combats quelque part au bout du monde. Chez certains, je décèle une forme de résignation, mais ce qui m'émeut le plus, ce matin, c'est de voir que dans la majorité des regards que je croise demeure la vitalité du bouillonnement de la vie. Ils sont beaux et majestueux, dans leur fauteuil. J'échange des sourires avec ces visages maintenant familiers.

Ils n'imaginent pas à quel point ils me font du bien.

Je reçois un message d'Arielle. Des photos. Sur la première posent les poilants comparses Éric et Quentin du « Petit Journal » de Canal+. Éric brandit un grand papier sur lequel il a écrit « Tien bon, Entouane ! », Quentin, à ses côtés, brandit une seconde feuille sur laquelle on peut lire « Kourrage ! ».

Suit un Antoine de Caunes rieur, le visage collé à un panneau sur lequel il a dessiné une bulle et écrit à l'intérieur « Courage, Antoine ! ». L'immense sourire de Doria Tillier remplit la photo suivante. Elle a écrit sur un papier : « Je suis avec toi, Antoine ! », un cœur signe le message. Sur la dernière, Fred Testot, l'œil déconneur, tend une feuille sur laquelle on peut lire : « Bon courage, Antoine ! »

Je ris. Merci, mon amie.

En même temps, je viens de recevoir un mail de son mari Laurent. Il t'est destiné :

« Cher Antoine,

J'espère ne pas me montrer indiscret en t'écrivant. Après tout, même si tu as pu sentir que j'avais de la sympathie pour toi, nous ne sommes pas intimes.

Pour autant, laisse-moi te dire que tu occupes copieusement mes pensées ces jours-ci.

Je n'ai aucun moyen d'imaginer ce que tu as déjà enduré comme souffrances, angoisses et frustration. Tout ce que je peux te dire, c'est que je sais – je sais ! – que je ne serais et ne serai jamais capable de faire preuve du même courage et de la même élégance que toi.

Tu nous as fait très peur, mais tu as fait et continues à faire notre admiration. Et la mienne, à divers titres, et dans tous les domaines.

L'injustice dont tu es victime est incompréhensible et inexplicable. Inutile donc à ce stade de lui chercher des causes ou un sens.

Je sais que, hélas, tu n'es pas complètement au bout de tes peines. Et qu'il risque de te falloir encore beaucoup de courage et de force dans les jours et semaines qui viennent. Je ne sais pas où tu iras les chercher, mais je sais que tu le sauras.

Pour la belle jambe que ça te fait, sache que tu es le jeune homme le plus coriace et déterminé que j'ai eu l'occasion de croiser.

À bientôt.

L »

La ligne de combat se dessine, l'humour et la solidarité seront nos alliés.

Je retourne t'attendre dans ta chambre. Tu es l'ombre de toi-même lorsque tu réapparais, la sortie en fauteuil roulant avec ta bouteille d'oxygène t'a mis à plat.

Le compte-rendu est tout aussi décourageant : test peu concluant. Le son parasite de ta trachéotomie et de l'oxygène insufflé, additionné à ton immense fatigue, ont saboté l'examen. Mais on me confirme les résultats de la veille, tu as perdu l'audition des deux côtés.

Surdité totale et bilatérale…

Je perds à nouveau mes deux jambes. Je tombe sur ma chaise, j'essaie de digérer. Mais ma voix intérieure continue de clamer : « Ça n'est pas possible. » Quinze jours qu'elle me lessive le cerveau avec ce mantra. Je ne suis pas folle, je jurerais que tu m'entends quand je te parle, la faculté de médecine se plante, un point c'est tout.

Tes yeux questionnent. Alors ?

Je noie dans la vase ma réponse sur l'ardoise. Test non concluant, on verra plus tard quand tu seras moins fatigué. Je sors mon téléphone et te montre la photo envoyée par Arielle, ainsi que le massage de Laurent. Ton visage s'éclaire d'un coup, tu ris. Il est là-dedans, ton kérosène, je le sais, je vais t'en faire livrer des barils, fais-moi confiance.

On n'enverrait pas une réponse à Éric et Quentin ? Tu prends ton ardoise et tu griffonnes avec ton feutre (main droite…). Tes yeux rient. Tu plaques l'ardoise devant toi et prends la pause, expression du mec pas content, photo.

Sur l'ardoise on peut lire : « *Laissez-moi tranquille !* » Tu as signé « *Entouane* ».

J'envoie à Arielle.

À bout de force, tu t'endors instantanément, sans être gêné le moins du monde par l'horripilant vacarme des machines. Ce son remplit mes oreilles. Et les tiennes ?

En fait, tu entends ce que tu as envie d'entendre, mon p'tit con, n'est-ce pas ?

Voyage spatial

Le chef schtroumpf vient m'expliquer ce que je sais déjà. En gros, c'est la merde.

Il faudrait te transférer rapidement pour cette opération d'implants cochléaires, or ton état général rend toute intervention inenvisageable. J'émets l'idée de te faire admettre à la Pitié-Salpêtrière plutôt qu'à Robert-Debré, il acquiesce. Sauf que là, il n'est pas question de t'emmener où que ce soit, intransportable et inopérable tu es.

Je me refuse à l'idée que rien ne peut être tenté.

À ton réveil, Caroline et Mathieu te cueillent avec un immense sourire.

Caroline t'explique et mime en même temps qu'elle écrit sur l'ardoise :

> *« Antoine, tu sais ce qu'on va faire, là ? Eh bien, tu vas marcher ! Oui, gros fainéant, tu crois que tu vas rester couché comme ça, indéfiniment ? Alors, on va te mettre pendant un petit moment dans le fauteuil et, si tout va bien, on va te faire faire quelques pas dans le couloir »*

Tu lèves les pouces en signe d'acquiescement. Je tremble intérieurement. Cela signifie que personne n'a de doutes sur le fait que tu puisses marcher ? J'interroge Caroline :

– Vous pensez que ses jambes fonctionnent correctement ? Le docteur D m'a dit qu'il était trop tôt pour savoir si ses fonctions motrices étaient intactes. Dans la mesure où l'on sait que la méningite peut atteindre tous les nerfs, il n'est pas sûr que l'on ne découvre pas d'autres dégâts.

– On va le vérifier très vite, mais ce qu'on constate depuis qu'il est sur le fauteuil, c'est qu'il contrôle ses jambes, ses pieds, ses bras et qu'il a visiblement toute sa tête. Bon, il ne peut pas parler et il n'entend pas, mais pour le reste ça semble fonctionner.

J'en pleurerais si tu ne me regardais pas avec cet air qui questionne avec tant d'insistance.

Tu passes bravement une quinzaine de minutes droit comme un i sur le fauteuil. Caroline est maintenant là, devant toi, avec un déambulateur à roulettes sur lequel elle a accroché la bouteille d'oxygène. Elle te présente la « Caroline Mobile ».

Mathieu débranche un à un tous tes fils, installe une perfusion à roulettes à tes côtés, te connecte à l'oxygène. Il passe son bras sous ton épaule, Caroline te soulève de l'autre côté. Ils te hissent tout doucement sur tes cannes de héron dont la circonférence est aujourd'hui inférieure à mon poignet. Ton poids étant quant à lui inférieur à celui du déambulateur, ils n'ont aucun mal à te soulever.

Tu es debout. Caroline rit :

– Putain, mais t'es grand, toi ! Je ne m'en étais pas rendu compte !

En effet, Mathieu et Caroline ont l'air d'enfants de deux ans à tes côtés.

Tes jambes tremblent mais tiennent bon. Caroline ne laisse aucune place au doute :

– Allez, Antoine, on y va !

Ta tête dit non, je n'irai nulle part. Ça s'emmêle dans ton esprit méningité, tu es pétrifié. Démission d'un corps trop faible que tu ne commandes plus. Mais Caroline ne te laisse pas le choix, c'est sa force. Alors, tu te déplies à la manière d'un flamant rose, péniblement, avec une infinie précaution. Un pas, un autre. Je retiens mon souffle à chaque oscillation de ton maigre et frêle châssis.

Caroline t'indique que tu vas devoir prendre appui sur le déambulateur, qu'ils vont te lâcher, qu'il va falloir tenir par ta seule force. Tu obtempères docilement, tu as confiance. Caroline a ce pouvoir.

– Tu l'as, ta Rolls, Antoine ! Ta maman va pouvoir coller l'autocollant de conduite accompagnée derrière.

Tes mains décharnées, encore constellées de perfusions diverses, s'accrochent si fortement au cadre de métal qu'elles blanchissent aux jointures. J'ai la vision soudaine et absurde de ta chute emportant avec elle tout ce binz branché à ton corps. On serait bien, tiens…

Tu avances un pied, ou plutôt tu le glisses sur le sol. Il n'y a rien d'humain dans ce robot en collants blancs, tunique flottante sur un corps qui a disparu, criblé de câbles et tuyaux, qui patine, accroché à un cadre en métal à roulettes sur lequel pendouille l'énorme bouteille d'oxygène, deux infirmiers à ses trousses poussant les perfusions roulantes. Tu es une fusée sur la rampe de décollage, prête pour un grand voyage spatial.

Je ris et je retiens mes larmes.

Je retiens mes larmes parce que, de toute évidence, tu marches.

Splendeur d'un grand oiseau gracile redéployant ses ailes dans ce couloir de la réanimation.

Oui, tu marches.

La journée a beau être chargée de nouvelles peu encourageantes, ce que je vois est une victoire.

Tu es beau, mon fils, parce que tu es un immense guerrier éblouissant en robe et bas blancs.

La méningite, elle n'aura pas eu tes jambes.

Les cinq pas glissés au volant de la Caroline Mobile t'ont entièrement vidé. À nouveau ratatiné dans ton lit mais heureux, tu viens de prendre l'ardoise, et, toujours de la main droite, tu écris :

« Je rêve d'un Candy'Up à la fraise »

Pardon ?

Tu m'expliques donc que, aujourd'hui, ton rêve ultime serait d'avoir un garage rempli de briques de Candy'Up à la fraise, c'est obsessionnel. Tu en sens l'odeur rien que d'y songer.

L'alimentation est un sujet que j'évite d'aborder, je ne sais pas comment il est supportable de ne rien avoir ingéré par la bouche depuis seize jours. L'autre soir, tu m'avais fait promettre de t'envoyer les photos de chaque plat dégusté lors d'un dîner chez nos amis, tu connais si bien le talent de Laurent en cuisine et son soin à composer des mets plus appétissants et colorés les uns que les autres. J'avais d'abord refusé, ne voyant qu'une malsaine torture mentale dans cette démarche. Tu m'avais réprimandée d'un regard sans appel, qui signifiait clairement que tu avais besoin de ces photos. Non, tu n'avais pas faim puisque la sonde te nourrissait, certes par les trous de nez, mais comblait tes creux d'estomac. Tu avais juste un immense besoin de contempler de la nourriture, la savourer des yeux. Ton regard implorant m'avait fait comprendre la nécessité de t'alimenter de la sorte.

Je voudrais tant te faire la promesse que tu pourras un jour te siffler un Candy'Up à la fraise...

L'épuisement t'emporte. Tu t'assoupis, achevé par l'aventure pédestre dans le couloir de la réanimation.

Au réveil, tu m'écris :

« Je n'ai pas le moral »

L'infirmière de nuit, Petit Chat, me fait signe d'écourter, tu es au bord des larmes, elle prend le relais.

– Ta maman a besoin de repos. Ne t'inquiète pas, Antoine, je suis là pour toi !

Je disparais comme une voleuse, mon sac à dos de culpabilité en bandoulière. Il fait nuit, la température est encore douce, l'été n'en finit pas de s'étirer pour nous étreindre de sa chaleur. Je reste un moment dehors avant de monter dans ma voiture, savourer un instant de répit.

Que dire à tous, tous ceux dont les messages s'accumulent sans discontinuer dans mon téléphone ? Je ne sais plus.

Qu'en vérité on ne sait rien ?

Ou alors je continue de distiller de micro-bonnes nouvelles, espérant qu'elles couvriront les toutes pourries ?

Aujourd'hui est la journée où tu as marché. Point.

Mon téléphone vibre. Salvatore. Je dresse l'état des lieux. Il n'a aucun doute sur l'issue positive, il a même la certitude que ton audition n'est pas perdue. Jusqu'ici, il a vu juste. J'engrange, j'ai tant besoin qu'on m'aide à y croire.

À mon retour à la maison, ton père n'est pas rentré. Le visage de Mathilde implore une vérité sans confiture. Alors je parle des escargots exterminés, des cordes vocales en rade, du poumon raplapla. Mais je parle aussi de ce que les médecins ne savent pas, de ton énergie phénoménale, de ta capacité de récupération, de ma bonne étoile, de l'importance d'y croire, toujours.

C'est ça, la vérité.

Nous pleurons dans les bras l'une de l'autre.

– On a le droit de pleurer, de rire, d'être en colère. Et puis tu sais quoi ? On a le droit de danser !

J'allume la chaîne hi-fi, je mets l'un des CD que tu m'as offerts pour la fête des Mères, je pousse le volume à fond. Chaque année, un disque home-made où tu assembles des musiques que tu souhaites me faire découvrir, parce que tu sais qu'elles me plairont. CD poétiquement intitulés « Écoutes plaisantes ». Voilà, nous dansons sur les chansons que tu aimes. Et je ne peux plus m'arrêter de pleurer. Mes yeux dans les yeux de Mathilde. Nous savons que notre pensée ne fait qu'une.

Tu n'entendras peut-être plus jamais ces morceaux. Nous contorsionnons toutes deux notre douleur dans une danse déchaînée qu'on voudrait sans fin.

Ça n'est pas possible.

Sommeil agité.

Il est 5 heures du matin quand je reçois un texto qui me fait bondir.

C'est toi. *« Je vais mourir. »*

Non, c'est moi qui vais décéder, à recevoir un tel message.

La seule bonne nouvelle, c'est que tu as manifestement enfin réussi à te procurer ton iPhone, à savoir : soudoyer quelqu'un du service pour le faire sortir de l'armoire fermée à clé à deux mètres de ton lit, l'allumer et en composer le code.

Je tape fébrilement le numéro de la réanimation. Charlène me répond instantanément.

– Oui, je sais, j'ai vu le message qu'il vous a envoyé. Je viens de lui passer un savon. Il n'est pas bien, c'est certain, mais rassurez-vous, ses constantes sont stables, la température n'est pas descendue, mais n'est pas remontée non plus. Je vais lui administrer un anxiolytique. On l'a déjà fait lorsqu'il était en panique la nuit. Il passe des nuits très agitées. Il ne dort pas beaucoup, il s'ennuie. Nous sommes obligés de le sédater pour qu'il n'arrache pas tout. Il sait que nous devons l'attacher s'il ne se calme pas. On arrive alors à le raisonner.

– Je vais venir.

– Non, vraiment, je m'en occupe. Je vous promets que je vous appelle si cela ne s'améliore pas. Dormez, vous ne tiendrez pas, sinon.

J'obéis à Petit Chat, mais le sommeil n'aura pas raison de moi, pour sûr.

Bonne étoile, je sais que tu jongles avec mes nerfs parce que tu me sais capable d'encaisser, mais je fatigue un peu, là…

Suivre les fils

Ce samedi 6 septembre, je tente un maquillage camouflage sans trop charger, au cas où je doive encore larmoyer dans les heures qui viennent.

Barrière, salut, poteau !

J'aime les week-ends ici, le calme règne, tout est feutré.

Caroline m'attend pour la douche, toi tu piaffes d'impatience, tu y as pris goût.

Je m'habitue progressivement à la nudité de ce corps décharné sur lequel il n'y a plus rien à bouffer. Quarante kilos pour un mètre quatre-vingt-six.

Tu tousses violemment, l'eau s'infiltre dans ta trachéotomie. Caroline ne s'en inquiète pas, alors moi non plus. Tu laisses ruisseler avec une profonde délectation l'eau sur ton corps, comme si elle gommait ces longues heures de souffrance.

Caroline est notre soleil et notre herbe genre ganja : nous ne cessons de rire.

Ton père vient prendre le relais. Tu m'écris que sa venue n'est pas nécessaire. Je te réponds que ton père a besoin de venir. Tu m'expliques en mimant qu'il reste vissé sans voix sur sa chaise pendant ses visites. Je hausse les épaules. Oui, je sais, mais j'ai dans l'idée que ton père est à son maximum de capacité d'accompagnement dans une situation qui le dépasse, que sa manière à lui de supporter l'inimaginable n'est pas celle dont nous rêvions, mais il fait ce qu'il peut dans sa souffrance, on ne peut pas lui en demander davantage. Cependant, ma propre patience s'amenuise. J'aimerais un gros roc à mes côtés, sur lequel, à mon tour, je pourrais m'appuyer. Je tais mon dépit.

Ton amie Ambre a manqué une crise cardiaque en pleine rue en recevant un sms de ta part : *« Salut chaton. »* Tu as repris en douce le contrôle de ton objet le plus cher, ton téléphone, et, après moi, Ambre a fait les frais de ta sagacité. Démonstration du pouvoir que tu as pris dans ce service de réanimation. Tu as parfaitement noté l'appellation « service », donc du matin au soir tu commandes tout ce que tu veux et te fais servir. Tu t'es fait installer un énorme ventilateur car, en plus de la fièvre, tu souffres de la chaleur excessive de cet été caniculaire, tu as fait « libérer » ton téléphone avec lequel tu traumatises désormais tes proches, tu trampouilles toute la journée de gros cotons-tiges chargés d'eau dans un gobelet pour rafraîchir ta bouche desséchée, eau que tu absorbes ensuite avec ton « vide-salive », et tu prends des douches clandestines. Ici, on a bien compris que tu ne t'asseoies pas accidentellement, mais intentionnellement, sur le bouton d'appel juste pour avoir de la compagnie, mais tout le monde joue le jeu. Ton immense sourire te fait obtenir tout de chacun, surtout de moi.

Nous sommes samedi 6 septembre, c'est la rentrée équestre de ta sœur dans le club où tu as toi-même été longtemps inscrit, tout comme je l'ai été avant toi. Je tiens à ce qu'elle reprenne le cours normal des choses de sa vie.

Ce club, j'y suis comme chez moi. La nouvelle de ton hospitalisation s'est répandue. Je suis accueillie par Sylvie et Gaëlle, amies cavalières, copines de cheval, quoi. Je suis embarrassée de parler médical avec Gaëlle. Son mari a été emporté par un cancer il y a quelques mois, dans un temps si bref que nous en sommes tous restés hébétés. Mais elle tient à m'aider, alors je raconte. Je fais part de ma difficulté à diffuser les informations aux uns et aux autres. De mon incapacité à rappeler chacun, à répondre à chaque message. Notre quotidien tangue chaque jour avec des nouvelles différentes de la veille, comment faire le tri de ce qu'il convient de dire ou non ? Sylvie, qui est la personne la plus organisée et efficace de la plaine versaillaise, me souffle :

– Pourquoi tu ne créerais pas un groupe fermé Facebook ? Tu y inviterais ceux auxquels tu souhaites donner des nouvelles. Tu écrirais seulement les infos que tu veux bien donner, au moment où tu le veux, et les gens pourraient commenter, te faire part de leur soutien par écrit. Exit le téléphone !

Sylvie, tu n'as pas la queue du bout du morceau de l'idée de ce que tu viens de planter dans ma tête et à quel point c'est le début d'une belle histoire.

J'expose alors mon urgence à trouver une place en service de réanimation à la Pitié-Salpêtrière. Les yeux de Gaëlle sont toujours lumineux, mais à cette seconde ils s'éclairent d'une étincelle particulière.

– Tu te souviens que mon mari a passé ses derniers jours en service de neuro-réanimation à la Pitié-Salpêtrière ?

– Oui, il me semble que c'est le service situé dans le même bâtiment que l'hospitalisation ORL que dirige le professeur X.

– Je suis restée proche du chef du service de réanimation, le professeur B. J'ai d'abord eu un contact avec lui assez désagréable. Je n'avais pas supporté la manière dont il m'avait parlé lors de la décision de débrancher mon mari. Et puis, petit à petit, j'ai appris à le connaître, il est parfois un peu maladroit dans ses propos, mais il est très compétent. Il m'a beaucoup aidée. Nous nous parlons régulièrement, on est devenus amis. Je dois le voir demain justement, je lui ai proposé de m'accompagner faire une balade à cheval. Il n'est pas cavalier, mais je l'ai convaincu de tenter l'expérience. Je vais lui en parler et voir ce qu'il peut faire.

– Génial, merci ! Trouve-lui un âne pour la balade, ou un poney… Enfin, arrange-toi pour qu'il ne soit pas endommagé. Demain, il ne doit pas tomber !

Soleil éclatant.

Des chevaux dans mon viseur, parfum au crottin dans mes narines.

Des gens insouciants tout autour de moi.

Je savoure la pause.

Je reprends mon souffle.

Et puis ma bonne étoile veille. J'entrevois cette page Facebook comme la solution adéquate pour la transmission des informations et, surtout, je mets tous mes espoirs dans le sésame qui nous ouvrirait la porte du service de réanimation. Je n'ose croire que les planètes se soient alignées si impeccablement offrant cette fenêtre de chance.

On dit veine de cocu, non ? En me regardant dans une glace, y verrais-je la tête d'un caribou ? À y réfléchir, probablement, mais aujourd'hui je m'en fous.

Bonne étoile, fais en sorte que la balade à cheval demain soit idyllique et… dégote-nous ce putain de lit à la Pitié-Salpêtrière !

J'y pense très fort. Un lit doit se libérer.

Ma gorge se serre à l'idée que ce lit pourrait être celui occupé précédemment par le mari de Gaëlle…

Et si c'était cela, tous ces fils qui sont tendus entre nous tous ? Suivre les fils. Des fils pour mon fils…

Je capte tous les signes qui me sont envoyés. Mes sens sont plus aiguisés que jamais et, dans cette immense dérive, je navigue à vue, rien qu'au feeling, parce que finalement je ne sais pas quoi faire d'autre.

Retour à ton chevet, à toi, à ton ennui. Tu te plonges dans la contemplation des photos de ta sœur montant à cheval dans mon téléphone. Comme si une odeur de crottin se diffusait dans la chambre, tu souris, il y a presque une idée de retour à la normale.

Caroline fait irruption dans la chambre, tonitruante, brandissant à bout de bras une bouteille à oxygène :

– Alors, Antoine, on va se faire une petite balade dehors ?

Je n'ai toujours pas refermé ma bouche de surprise qu'elle enchaîne :

– Allez, hop ! j'ai trouvé une bouteille d'oxygène qui a l'air pleine, je te débranche et je t'embarque sur le fauteuil. On va sortir sur la terrasse ! Vous m'aidez, Fabienne ?

Ce qu'il y a de bien, avec Caroline, c'est que ses questions n'appellent aucune réponse.

En quelques minutes, te voilà chargé sur le fauteuil, perfusion accrochée sur le côté, bouteille d'oxygène suspendue à l'arrière. Je te chausse d'horribles baskets neuves achetées dans la perspective, à laquelle je m'accroche comme une sangsue, que tu remarcheras. Même tes pieds ont maigri, ils n'occupent que les deux tiers des chaussures en largeur. Je ne commente pas ton accoutrement, toi qui es habituellement si soucieux de ton look. On t'offrira des mois de psychanalyse si le ridicule ne t'a pas tué d'ici là. Blouse blanche à motifs bleus, bas blancs, baskets… Un tuyau qui rentre dans le pif, un qui sort de ton trou du c… cou pluggé à l'énorme bouteille, la perfusion qui ballotte sur le côté : classe internationale. Tout ça sur un fauteuil roulant…

Je ricane avec Mathilde, on s'en fout, tu n'entends pas.

Tu découvres enfin à quoi ressemble cet hôpital, toi qui n'as voyagé que couché et souvent inconscient ces derniers temps. Demandez à un pensionnaire d'hôpital, il saura vous décrire les plafonds des couloirs, des salles de soins, des chambres et des blocs opératoires, le reste, nada. Nous arrivons sur la terrasse, là où se trouve la partie extérieure de la cafétéria.

– Bravo, Antoine !!!

Tu es accueilli par l'ovation tonitruante d'un groupe d'infirmiers « verts », du bloc opératoire, mélangés à quelques « bleus », ceux de réa. Tous hurlent.

Tu brandis ton ardoise :

« Merci ! »

Caroline lève son poing très haut. Oui, c'est une victoire !

Tu viens de découvrir la vue unique que cette terrasse offre sur tout Paris et l'Ouest parisien.

Oui, c'est à couper le souffle, ou la voix. Silence assourdissant.

Le soleil est majestueux, à croire qu'il s'est posé là, royal, vraiment rien que pour toi. Tu nous fais signe d'approcher ton fauteuil de la rambarde pour savourer cet instant unique. Sur ton visage vient d'apparaître un éclatant sourire, le plus beau de tous les sourires. Il me fend en deux.

Tu fermes les yeux, tu humes l'air intensément. Une renaissance.

C'est la première fois que je sens aussi violemment l'enveloppement de tout ce qui nous entoure et nous porte à la vie. L'univers nous serre dans ses bras.

Retenir, ne jamais oublier cet instant.

Dans les prochaines heures, les prochains jours, la vie décidera de nous ballotter encore et encore, et il faudra qu'on se souvienne de ça.

Tu n'es pas seul en fauteuil roulant sur cette terrasse. Ils sont nombreux en stationnement, jeunes estropiés ou brûlés, à humer de concert l'air de cette douce après-midi de septembre. Malgré la souffrance des corps mutilés il y a des rires, des accolades, une belle humanité qui profite de la chaleur ambiante. Chacun fait le plein.

Tu fais signe que tu souhaites rouler jusqu'à la vitrine de la cafétéria. Je mime mon refus catégorique, l'exposition de tant de nourriture me paraît la chose la plus glauque à reluquer dans ton état. Un froncement de tes sourcils plus tard, j'abdique et te plante devant un généreux étalage de desserts industriels. Tu détailles chaque pâtisserie, comme si mentalement tu les goûtais l'une après l'autre. Ton regard comblé se lève enfin sur moi, comme pour dire : « On y va, j'ai plus faim. »

Caroline vient de partir en courant. C'est bien malencontreux, mais il s'avère que ta bouteille d'oxygène arrive à épuisement, urgence il y a. Elle réapparaît quelques minutes plus tard avec une deuxième bouteille, qu'elle a « empruntée » quelque part. Elle l'a chourée, c'est clair… et te crédite de précieuses minutes supplémentaires.

Merci, Caroline.

Cadeau sans prix que ton visage radieux.

Dimanche 7 septembre, je prie pour que le professeur B ne valdingue pas de son canasson et nous offre un petit miracle.

Ce matin voit la naissance du groupe Facebook, que nous nommons « Kourrage Antoine ! », avec Éric et Quentin brandissant leurs panneaux en photo de couverture. Je rédige un petit topo de la situation semi-pourrie dans un enrobage édulcoré. Je fais l'impasse sur la surdité totale et le larynx en rade, je reste po-si-ti-ve, en tenant compte également du fait que le jour où tu parviendras à obtenir ta connexion internet, tu liras ces lignes. Maman a tout prévu.

Cette création digitale permet au moins à ton père de sortir de sa léthargie, enfin un truc qu'il maîtrise et dans lequel il se sent utile. Il poste sur la page les photos d'Antoine de Caunes, Doria Tillier et Fred Testot. Tiens, justement : Omar Sy vient d'arriver sur mon téléphone. Pas lui, sa photo. Il brandit un papier : *« Courage, mon pote Antoine, je pense bien à toi. »* Je suis contente, Fred sans Omar, c'était un peu Grosso sans Modo.

Je clique sur les noms de nos proches, de nos amis. Voilà, je lance donc des « invitations », comme pour une festivité. J'imagine la stupeur de ceux qui seront informés de cette manière, le ton du texte informatif et les photos associées devraient indiquer que l'espoir demeure entier. Le mouvement « Kourrage Antoine ! » est en route.

J'ignore encore à cette minute l'ampleur qu'il va prendre et à quelle vitesse il va se propager, mais je devine déjà qu'il va m'être d'une aide précieuse.

Et effectivement les sms de soutien pleuvent. Désormais, ils n'appellent plus nécessairement de réponses, chacun sait que les nouvelles seront données à notre rythme, communes au groupe. Chacun peut librement laisser un commentaire, un message, une photo. Lorsque nous revenons à l'hôpital et t'annonçons cette naissance, la perspective de ce soutien 2.0 pas que virtuel fait briller ton regard.

J'ai imprimé les photos. Éric, Quentin, Antoine, Doria, Omar et Fred prennent place à côté de tes amis, de ton frère, de ta sœur sur ce mur immaculé. Les couleurs viennent chahuter le blanc uniforme ; du rire et de la vie s'installent autour de toi.

Caroline vient d'entrer dans ta chambre, poussant la « Caroline Mobile », deux bouteilles d'oxygène harnachées derrière. La sortie promet d'être longue.

Depuis hier soir, exit la perfusion, ça nous fait un truc en moins à balader, on voyagera léger. Ton père tient absolument à pousser ton fauteuil, je lis dans tes yeux de l'agacement. La communication entre vous n'était pas des plus fluides du temps où tu avais la parole, alors maintenant n'en parlons pas... justement.

Lorsque nous repartons, j'ai le cœur rempli d'un gigantesque espoir.

Aujourd'hui, je suis arrivée à la dernière page de mon livre.

J'ai hésité.

Je ne l'ai pas lue.

La soirée s'étire, je consulte mes mails chaque minute.

23 h 30, mail du professeur B, prénom Lucas. Ouf, il a survécu à sa chevauchée du jour.

« Bonsoir,

Gaëlle m'a parlé d'Antoine.

Passez me voir demain après votre rendez-vous avec le professeur X si vous voulez.

Bon courage,

L. »

Je lui renvoie immédiatement les informations sur ton état, ton dossier médical.

23 h 47, il me répond :

« Nous pouvons le prendre en réanimation directement.

Je peux contacter mes collègues de Percy.

On en discute demain.

L. »

Je reprends mon souffle et je bondis hors de ma chaise :

– Yiiiiiiiiiiiiiiiiihhaaaaaaaaaaaaaaaaaa !!!

Je saute, je danse.

Merci, ma divine étoile !

Demain, il faudra convaincre le professeur X de te prendre en charge malgré ton état, ce sera le challenge du jour. Ta fièvre n'est toujours pas complètement descendue, et tes constantes ne sont pas franchement au beau fixe. Tu fais quand même un peu chier à ne pas y mettre du tien…

Peut-être sens-tu à distance les relents de mon fromage de tête, puisque je reçois un texto de ta part : *« Je suis en stress. »*

Oui, mon chéri, je comprends, il y a de quoi, demain sera une journée décisive, et je te confirme que moi aussi je suis en stress.

Pitié

Lundi 8 septembre. Je suis juchée derrière ton père sur son scooter et nous sillonnons les nombreuses allées du colossal labyrinthe de l'hôpital de la Pitié-Salpêtrière, pour finir par dégoter le bâtiment du professeur X. Tu m'abreuves de sms depuis ce matin. Savoir que je ne viendrai pas de la matinée t'a plongé dans un total désarroi, l'idée d'un transfert possible t'a submergé d'anxiété. Tu fais une fixette sur la possibilité que tes affaires soient perdues.

Nous patientons dans un couloir. Les portes des bureaux avoisinants sont toutes ouvertes. Tout ici est vieillot, le mobilier hors d'âge, je vérifie qu'il n'y a pas un Minitel dans un coin.

Comment coller l'image d'une médecine de pointe à un environnement si vétuste ?

Le professeur X a peu de temps à nous consacrer, il s'agit d'être brefs et de convaincre, pas question d'un refus. Je suis consciente d'avoir le privilège d'être ici grâce au « réseau », l'idée d'une médecine à plusieurs vitesses me file des boutons, mais rien ne m'arrêtera sur la route de ton salut.

Ton père est parfait dans ces situations, à l'aise, le trait d'humour qui décontracte. Le professeur X aussi est détendu, il glisse quelques mots sur son colloque à l'étranger. Oui, bien sûr, c'est si fatigant le jet-lag après ces réunions au sommet, comme on comprend, je suis moi-même tellement décalée depuis des semaines.

Il parcourt ton dossier médical rapidement. Je lui explique que j'ai pu avoir le professeur B, que celui-ci propose de t'accueillir en neuro-réanimation. Il lève enfin un œil vers nous :

– Bon, sachez que l'état actuel d'Antoine ne permet pas la pose d'implants. S'il est transféré en réa ici, on pourra effectuer des examens plus poussés et déterminer s'il y a réellement perte totale de l'audition.

– Si vous trouvez qu'il lui reste un peu d'audition, vous n'opérerez pas ?

– Non, on l'appareillera de prothèses auditives, elles sont préférables aux implants. Il y a également cette paralysie du larynx et cet œdème aux cordes vocales qu'il faut traiter. L'accueil en réa ici est une première étape, si bien sûr vous obtenez un lit… Il sera ainsi sur place pour la suite.

– Donc, vous êtes d'accord pour le suivre s'il est admis en réanimation ici ?

– Oui, dès que possible mon équipe interviendra, et, à sa sortie de réanimation, nous le ferons transférer en hospitalisation ORL au troisième étage, au-dessus de la réa.

En sortant, je suis dans une sorte d'hystérie euphorique.

Ça va aller, forcément, ça va aller.

Ton père part te rejoindre et perdre certainement tes affaires. De mon côté, je cours vers le bâtiment de la réanimation, à la recherche du professeur B. Son portable sonne dans le vide. Mon cœur bat comme si désormais chaque minute perdue était décomptée de tes jours à vivre. J'ai beau me raisonner, l'impatience me vrille, j'étouffe. Je suis devant cet interphone de réanimation qui reste muet.

Tout diffère de Percy. Ne pénètre pas qui veut dans ce service. Les horaires sont affichés en caractère gras pour presbytes, les conditions sont strictes. Les horaires de visite limités à deux heures par jour, trois visiteurs autorisés par patient, les enfants de moins de quinze ans, eux, n'entrent pas. Je relis deux fois. Ah non, ça ne va pas être possible.

Je m'obstine sur l'interphone. Rien.

On peut crever à la porte de la réanimation, ce n'est pas grave ?

Je cherche la machine à café. Je débouche dans un grand hall où s'agite une immense foule. Une communauté de gitans, une vingtaine de personnes regroupées autour d'une femme plus âgée qui sanglote dans un gros niveau de décibels.

Les visages sont rougis par les larmes, des hommes hurlent dans leur téléphone, s'interpellent entre eux bruyamment, il y a une effervescence exaltée. Il y a de la colère, de la guerre dans l'air. Le spectacle me distrait un moment de ma propre trajectoire. Ils ne sont pas là pour l'opération des végétations du petit dernier, c'est à peu près certain. Léger contraste avec les sages militaires disciplinés de Percy. J'aime bien aussi, c'est vivant.

Je saute sur la première infirmière que je vois franchir la porte de réanimation. Elle m'explique avec une certaine lassitude que les horaires sont indiqués sur la porte et que… Mais non, je ne suis pas en visite moi, j'ai une urgence. Elle consent à me faire patienter dans la salle d'attente de réanimation. La pièce fait trois mètres carrés, sans fenêtres et sans réseau, ni placard où ranger ses affaires avant de recharger son portable sur le sommet.

C'est fou comme changer ses habitudes est un problème pour toutes choses, même les pires.

L'endroit est sinistre, les visiteurs doivent partir directement dans un lit de réanimation après une heure d'attente.

On me fait enfin signe que le professeur B est arrivé. J'entre dans un bureau minuscule. Lucas porte un uniforme bleu, sa tunique s'ouvre en un large V sur la poitrine. Il a les cheveux coupés en brosse, certainement par choix : pas de militaires, ici. Visiblement vieux comme moi : j'aime bien, ras le bol de tous ces gamins partout.

Son débit de paroles est celui d'une mitraillette, il faudra que je sois attentive à la somme d'informations qui sortent de sa bouche à chaque ouverture et que je prépare à l'avance mes questions, car le temps qu'elles tournent dans mon cerveau, Lucas aura tourné les talons.

– Alors, il dit quoi, X ?

– Heu, que son équipe s'occupera d'Antoine si vous admettez mon fils dans votre service.

– Bon, j'appelle D à Percy, c'était mon interne ici.

Il ne s'encombre pas de docteur, professeur, ni de prénom, à sa façon il m'introduit dans un cercle proche et familier. Gaëlle est mon sésame, et la balade à cheval a dû bien se dérouler si j'en juge par sa capacité à tenir assis sur son séant sans inconfort visible.

Lucas prend son téléphone et compose le numéro du docteur D, le grand chef schtroumpf.

– Allô, D ? C'est B. J'ai la maman d'Antoine devant moi. X est OK pour le suivre ici, moi je vais l'accueillir dans mon service en attendant qu'il puisse monter en ORL, donc tu vas pouvoir me l'envoyer cet après-midi, le môme.

J'entends qu'à l'autre bout du fil D argumente vivement pour te garder encore quelques jours. Lucas le coupe.

– T'inquiète, on lui posera la sonde gastrique ici, on est quand même mieux équipés pour la prise en charge côté larynx et audition ici, non ?

Son homologue de Percy tente une dernière fois de négocier, émet ses réserves, les risques encourus, mais Lucas ne lui laisse pas le choix et tranche.

– Bon, c'est mieux qu'il soit admis ici, alors tu me prévois un transport dans les deux heures qui viennent, OK ?

– …

Je n'en reviens pas, la conversation a duré moins de trois minutes et, à niveau équivalent de hiérarchie, l'ancien chef a pris l'ascendant sur son ex-interne sans que celui-ci ne puisse imposer son point de vue, pourtant légitime. Supériorité de l'âge et de l'expérience.

J'espère que c'est la bonne décision… Je ne me pardonnerais jamais d'avoir fait tout ce foin pour te transférer si cela provoquait l'inverse de l'effet souhaité.

Tu seras admis dans deux heures et on convient de faire un point dans la soirée. Lucas m'accorde un droit exceptionnel de visite « étendu » dans la mesure où tu es mineur, et il accepte que Mathilde te rende visite. « Elle n'a pas quinze ans mais, vu le format familial, à quatorze ans elle en paraît vingt-deux, non ? » C'est à peu près ça…

Lucas est pressé, je le remercie chaleureusement et je sors, vidée mais tellement soulagée. L'air peut à nouveau circuler à ma hauteur. La famille de gitans a doublé en nombre sur le parvis et dans le hall, c'est une vision impressionnante, la sensation d'avoir atterri dans un film de Kusturica. Une gesticulation fébrile dans un déferlement de pleurs et de lamentations.

Je cherche un coin où capter une minuscule barre de réseau. Les messages se sont agglomérés dans mon portable.

C'est toi. Tu es dans un état de panique que la présence de ton père n'apaise en rien. Je t'explique ce qui t'attend, ton transfert dans deux heures, la réanimation, Lucas, et voilà, génial, non ?

Il est 16 h 30 quand ton ambulance est enfin annoncée à la porte des urgences. Je n'ai pas l'autorisation de te voir, j'en crève dans ma salle d'attente minuscule.

Alors je fouille dans mon sac, j'ouvre le livre à sa dernière page et, avec une lenteur infinie et religieuse, je lis un à un les derniers mots du roman. Les phrases ont perdu leur sens, je ne sais même plus de quoi ça parle, mais aujourd'hui ces derniers mots signifient bien autre chose. Je referme le livre avec douceur en le remerciant intérieurement de m'avoir ainsi tenu la main jusqu'ici.

Je l'ai fini.

Une infirmière se présente enfin et m'invite à la suivre.

Je découvre un nouveau lieu, bien différent de Percy. Ici, la réanimation est un gigantesque espace unique, avec de simples cloisons sur roulettes en guise de séparations. Fini la tranquillité et l'intimité des chambres individuelles de l'hôpital militaire. Les fenêtres donnent sur un entresol sombre à la vue enterrée, terminé le grand ciel bleu et bienvenue dans les bas-fonds de Paris.

On t'a installé dans le dernier lit, tout au fond.

Pas besoin de l'ardoise pour comprendre que tu es oppressé par ce déménagement et par le changement radical de cadre. Tu n'as plus Caroline, Mathieu, Charlène, Jérémie, Aurélia, Robin, Emmanuelle pour s'occuper de toi, tu vas devoir recréer de nouveaux liens. Ton énergie s'est fait la malle pendant le transfert, je frémis devant le nouveau chantier.

Une infirmière vient te donner un gobelet qu'elle a rempli de petits tubes de plastique. Le gobelet a été refermé par du scotch. Tu la regardes, perplexe.

– Ici, la sonnette de lit appelle au comptoir, tu vois tout là-bas ? Mais y a souvent personne. En fait, y a jamais personne, parce qu'on doit aller dans les box, donc ça sert à rien... Alors, si tu as besoin de nous, tu agites très fort ton gobelet comme des maracas, tu vois ?

Elle mime l'action, ardoise inutile, tu as saisi.

Le professeur B vient nous rejoindre, il s'adresse à toi. J'ai bien noté qu'il parle très vite et pas fort.

– Salut, Antoine, alors moi c'est Lucas. S'il y a quoi que ce soit, tu demandes aux infirmières ici ce dont tu as besoin et...

– Excusez-moi, Lucas, mais Antoine n'entend pas. On se sert de l'ardoise pour communiquer.

– Ah oui, pardon.

Lucas prend l'ardoise et note son nom. Tu souris.

Il reprend :

– Demain on te fera des examens pour explorer ton larynx et des prélèvements pour comprendre d'où vient ton infection.

– Hum... Lucas... il n'entend toujours pas. Si vous le permettez, je vais lui écrire moi-même sur l'ardoise ce que vous me dites.

– Pardon, oui, bien sûr.

Toi, tu rigoles.

– Merci, Lucas, pour ce que vous faites pour nous ! Et au fait, la balade à cheval ?

– Sympa, sympa, mais ça fait mal au cul, ces foutues selles...

20 heures, on me congédie du service. Je n'avais pas savouré à Percy le confort de la liberté des horaires. Je suis frustrée et j'ignore comment je vais pouvoir gérer cette nouvelle donne dans les jours à venir.

Lorsque j'arrive à la maison, tu m'envoies une série de sms : *« Je suis seul... Je me sens pas bien ici »*

Puis je reçois : *« Cette histoire de coma m'a beaucoup perturbé et je me rends compte à quel point tu es une battante... tu ne te laisses pas abattre et tu continues de me faire passer ton énergie, et je t'en remercie parce que, sans toi, je n'aurais pas survécu à ces jours de coma ni à ce qui a suivi, je t'aime fort, fort, fort.* »

P'tit con, je pleure.

Tu continues : « *Les mamans sont faites pour ça mais toutes n'ont pas ta capacité ! C'est la deuxième fois que quelque chose de grave m'arrive comme ça et tu es à chaque fois forte, et je t'admire pour ça !*

Je vais me battre jusqu'au bout pour avoir mes Candy'Up à la fraise (ce truc m'obsède, c'est dingue) et je sens que je suis proche de la fin comme je ne l'ai jamais été !!!

Bonne nuit Maman d'amour :) »

Si, mon chéri, proche de la fin, tu l'as été toutes ces dernières semaines…

Je te réponds sur un portable glissant de larmes : « *Bonne nuit, mon chéri d'amour ! Quand tu rentreras à la maison, j'aurai rempli le garage de Candy'Up. Je t'aime.* »

Je ne te l'ai pas assez dit aujourd'hui : je t'aime.

Diversions

Mardi 9 septembre se donne des airs de rentrée des classes. Nouveau trajet pour venir te voir. Exit la voiture et son espace clos pour libérer les larmes, aujourd'hui train, ensuite métro, je vais devoir contenir mon débit lacrymal. Désormais, la musique m'accompagne dans ce sas temporel qui me sépare de toi. Je n'ai qu'une seule pensée, j'y condense toutes mes forces : savoir que ces sons s'infiltreront un jour à nouveau dans tes oreilles. J'ai besoin de ce carburant de notes pour t'en transmettre l'énergie.

TA musique.

Celle sur laquelle Mathilde et moi dansons chaque soir, celle qui tourne en boucle dans nos têtes, dans nos escargots vivants, celle qui fait suer le chagrin et épuise nos corps pour leur offrir des nuits moins bâclées. Elle vaut tous les antidépresseurs.

Un jour, tu l'entendras à nouveau.

Aujourd'hui sera une journée pendant laquelle tu seras observé dans tous les recoins, ils vont bien finir par trouver comment remettre au carré tous les trucs dérangés. Salvatore est confiant, et moi je lui fais confiance.

Hier soir, j'ai posté les nouvelles sur la page Facebook, ton transfert, ton état. Les messages de soutien qui ont suivi m'ont fait du bien, et j'imagine qu'il en sera de même pour toi quand je te les lirai.

Et puis un élan, au début discret, a surgi sans crier gare, je ne l'attendais pas, il m'a cueillie avec sa grâce, dans sa spontanéité et son humour : des photos des uns et des autres sont apparues dans ma messagerie !

Nos amis se photographient avec un panneau « Kourrage Antoine ! ». Des dizaines de clichés des amis proches, des amis éloignés, des parents d'amis, des chiens d'amis, tes enseignants d'équitation, des cavaliers que tu as côtoyés, tous brandissent leur papier à la main. Et au milieu des visages familiers, d'autres visages, ceux connus d'acteurs, de chanteurs, d'animateurs télé, d'humoristes, amis de nos amis. Une sorte de challenge voit le jour, celui d'alimenter la page d'espoir de la manière la plus surprenante qui soit. Même tes infirmiers et infirmières de l'hôpital Percy se sont lancés dans le jeu. J'ai imprimé chaque photo en format A4 sur un papier glacé. Je ne suis pas seule à venir te visiter ce matin, il y a du monde avec moi dans la grande pochette rouge.

À mon arrivée, j'interroge l'infirmier de service. Ah non, ici on n'accroche pas des trucs au mur. Sa réponse, je la mets à la poubelle. Ne t'inquiète pas, mon chéri, ta mère est ceinture noire des têtes de mule, et trouvera un moyen de les afficher à un moment ou un autre.

Lucas vient d'apparaître dans mon champ de vision pour m'expliquer le déroulement de cette journée de pénibilité maximale. Examens et prélèvements vont se succéder. La nuit s'est mal passée, ponctuée de difficultés respiratoires, ta trachéotomie est branchée sur un respirateur dont visiblement tu ne peux pas te passer malgré les essais de la veille.

Je l'observe. Lorsqu'il parle, il place sa main au niveau de la large échancrure du col de sa tunique bleue et enroule méticuleusement les poils de son torse entre ses doigts. Plus le sujet est délicat, plus il est mal à l'aise, plus il tire fort sur les poils. Je note, ça peut toujours servir plus tard : épilation égale situation de merde.

Avant qu'il ne parte, je tente ma chance :

– Serait-il possible d'afficher quelques photos sur le mur ? À Percy, nous avions l'autorisation et, croyez-moi, j'ai vu l'impact sur Antoine. Ça l'aide énormément !

Lucas craint certainement l'espèce collante et fatigante à laquelle j'appartiens et répond sans traîner :

– Heu, OK. Pas de trous dans le mur, OK ?

– Pas du trou !

– …

Il me regarde sans comprendre.

– Oh, bien sûr, pas de trous. Merci, Lucas.

Il s'éloigne, je sautille et effectue une danse devant ton lit, bras levés haut en signe de victoire.

– TROU va bien !

L'inconvénient de ce lieu divisé par de simples paravents, c'est que tout est visible aux yeux de tous, aucune intimité possible. J'offre ainsi mes chorégraphies à tes potes défraîchis d'à côté. Mais, vu leur état, je n'attends pas de plaintes dans l'immédiat. Triomphante, je brandis ma pochette rouge. À grosses doses de Patafix, je recompose gaiement ton nouveau mur d'images, pile dans ta ligne de mire. J'y appose tous ces visages qui veilleront collectivement sur toi après mon départ.

Tu tentes un sourire, mais il s'écroule aussitôt.

Tu m'écris sur l'ardoise :

« Ils sont très gentils ici, mais je ne me sens pas bien, pas bien du tout… »

Tu effaces du revers de la main l'encre rouge du feutre, tu en as partout. Tu reprends de ton écriture tordue de droitier :

« Je suis mal… Je veux sortir de là… J'en peux plus »

Des larmes pointent leurs petites billes rondes au coin de tes yeux. Il est temps pour moi de faire pirouette cacahuète. Reine de la diversion.

Je prends l'ardoise et j'écris lentement, à mots comptés, parce que dans ma tête je ne sais même pas ce que je vais pouvoir te dire. Toi, tu n'es pas dupe de mon stratagème, ton regard me jette des cailloux pointus. Alors j'ai une idée. Jusqu'à présent, ton esprit n'a jamais été aussi lucide. Aujourd'hui, à part le bug de l'écriture de la main droite, ta cervelle semble intacte. Je retrace le fil de l'histoire depuis le commencement.

À voir tes yeux ébahis, il est clair qu'un pan entier de l'histoire t'avait échappé. De la sidération à l'interrogation, ton esprit tente de recoller les morceaux dans les souvenirs épars.

Alors vient ton tour, car tu as ta propre version. Tu écris que tu as des questions à me poser. Trop de moments d'incertitude persistent où tu hésites entre réalité ou pur fruit de ton imagination. Nous reparcourons ensemble ton voyage délirant à la lisière de la mort.

Toutes ces fois où tu as frôlé le seuil. J'ai les poils hérissés à te lire. Qui ne s'est pas interrogé sur l'activité cérébrale et la capacité des patients dans le coma à ressentir leur environnement, les phrases prononcées, les gestes prodigués ? Aujourd'hui, tu me fais le cadeau prodigieux d'une certitude, celle qu'on n'est certain de rien.

Je n'ai pas souvenir d'avoir eu dans ma vie un échange aussi insensé. Au fur et à mesure de ton récit et du mien, je lis dans tes yeux l'effarement d'un animal saisi dans l'éclairage des pleins phares de la réalité.

Voici comment les choses se sont passées dans ton cerveau aux méninges rongées par le napalm W135.

Coma Land

Un hôtel.

Un hôtel aux multiples enseignes lumineuses.

Un hôtel semblable à ceux, clinquants et démesurés, qui constellent Las Vegas.

Des lumières, beaucoup de lumières, décors fastes, grandioses, larges couloirs, chambres imposantes. Las Vegas, quoi.

J'occupais une chambre, ta sœur une autre, toi une troisième.

Ton père et Clément sont absents de ce rêve.

Tu te souviens, accompagné de ta sœur, m'avoir désespérément cherché dans les couloirs. Votre recherche était oppressante, infructueuse, des parties de cet hôtel inaccessibles, interdites d'accès. À l'issue de cette course, tu découvris que Mathilde était hospitalisée dans cet hôtel, qui n'était plus uniquement un hôtel mais un hôpital. Tu décris cet hôtel/hôpital baignant dans une ambiance à la Kubrick.

Je lis tes mots et je fais le lien entre cette scène de rêve et la sortie de ton premier coma, lorsque tu écrivis sur l'ardoise « FABBIENNE », puis « MATHILDE », suivis de points d'interrogations. Je me souviens de l'immense inquiétude qui agitait tes yeux.

Tu décris ensuite une promenade dans une ville totalement en ruines, tu te vois t'endormir puis te réveiller dans une charrette. Tes allers-retours au bloc opératoire ou en examen sur ton lit roulant sont-ils à l'origine de cette idée de charrette ? Ton feutre trace frénétiquement, les mots ne s'étalent pas sur l'ardoise à la vitesse à laquelle ils crépitent dans ton esprit et à celle où tu voudrais les délivrer. Ton écriture fait de la voiture tamponneuse, ça zigzague, ça valse, l'ardoise devient illisible. Tes mains sont écarlates, couvertes du rouge des mots gommés, tu effaces fébrilement à chaque fois que j'ai achevé la lecture d'une phrase. Tu t'agaces de ce processus trop lent et t'exaspères de mon regard perdu quand je n'arrive pas à te lire, alors tu formes les mots sur tes lèvres, et, malgré l'absence totale de sons, je comprends. Nos esprits palpitent de concert dans ce défrichage muet.

Tu racontes une deuxième sortie de ton hôtel « Las Vegas ». Ledit hôtel avait évolué, puisqu'il était désormais toujours un immeuble mais amarré à un quai, comme un bateau. Tu déambulais et tu te trompais d'embarcation, tu montais dans un autre bateau-hôtel, très « sushi shop » selon tes termes, aux lumières roses et blanches. Tu t'y endormais et te réveillais brutalement ligoté, les bras attachés. Il est vrai que pendant une longue période, en raison de ton agitation dangereuse pour le bon maintien de tes multiples aides respiratoires et d'alimentation, tes poignets ont été maintenus attachés par des liens à ton lit.

Puis tu dépeins une nouvelle scène, plus violente. Les murs de l'hôtel avaient disparu, laissant la place à une sorte d'open space de lits. Tu occupais l'un d'eux. Tu observais autour de toi, pour découvrir que tu étais sur une plage, dans un lit donc, à proximité d'un grand feu de camp, une foule de gens autour. Ce feu se transforma en gigantesque incendie, la panique gagna le groupe. L'alerte fut donnée, et des pompiers intervinrent. C'est alors que tu sauvas une vie, ce sont tes mots, tout en restant dans ton lit (commode, tu me diras). C'était le chaos, tu te perdais. Alors tu retournais dans ta chambre (donc je note au passage que tu as enfin pu sortir de ton lit). Tu surpris une infirmière qui te volait tes affaires. Tu essayas de t'interposer, mais personne ne pouvait te voir, tu étais invisible, impuissant à agir. Malgré ton invisibilité, tu étais renvoyé ailleurs, dans une immense détresse, convaincu que tu ne retrouverais jamais tes affaires, et cela généra chez toi une obsession, une angoisse incontrôlable. Tu notais alors que dans ton champ de vision passait discrètement Charlène, ton infirmière.

Je déduis qu'il s'agit de ton deuxième coma. La nuit, Charlène s'occupe de toi, et la fièvre te fait flamber.

Dans un autre souvenir, tu te trouvais sur un échangeur, comme une boucle infinie qui te ramenait inlassablement au même endroit, t'empêchant d'atteindre ta destination, une sorte d'hôpital. Finalement, sans comprendre pourquoi, tu parvenais à t'extraire du circuit pour accéder à ton but. Là, tu apprenais qu'une fille s'était fait écraser par un train. L'annonce de cet accident te retourna les tripes, à tel point que tu vomis.

Cette nuit de détresse… Je me souviens, tu avais émergé de ton sommeil véritablement en vomissant dans ton masque à oxygène. Je me remémore l'appel de l'infirmier Jérémie en pleine nuit, la fièvre était violemment remontée.

Ton feutre martèle l'ardoise, te lire relève de l'exploit. Franchement, tu ne voudrais pas te remettre à écrire de la main gauche ? Tes yeux me fusillent : « M'emmerde pas avec cette histoire de main gauche. »

Dans l'ébullition visible dans tes pupilles, je décèle de minuscules formes qui viennent s'emboîter petit à petit dans ta tête, reconstituant peu à peu les pièces du puzzle éparpillées sur le champ de bataille de la W135.

Autre évocation. Une conviction. Celle que j'étais là, juste derrière toi, tes yeux ne pouvaient pas me voir, mais tu m'entendais rire. Au même instant, ton infirmière Caroline se tenait debout devant toi et t'expliquait que non, il n'y avait personne d'autre que toi et elle dans cette pièce. Mais toi, tu continuais de m'entendre m'esclaffer sans cesse, signe évident de ma présence.

Tu m'as déjà raconté à plusieurs reprises que mon rire te poursuivait partout, y compris dans ton sommeil. Je passe une incalculable partie de ma vie à rire, à pouffer, me gondoler, glousser, ricaner, me bidonner, m'esclaffer. Le rire est une fonction constante chez moi, j'ai été programmée avec. Je constate les dégâts occasionnés dans le tréfonds du cerveau de mon enfant.

À noter que, ça aussi, ça me fait rire…

Le feutre rouge reprend sa course débridée, les serviettes en papier qui te servent à absorber les mots jonchent ton lit et ta tablette, froissées en boules sanglantes, témoins d'une abondante hémorragie. Tu relates un épisode abracadabrant. Une grande salle. Un marabout en face de toi cherchant à t'hypnotiser. Tu entrais alors dans ce que tu as nommé un paradoxe, un labyrinthe mental inextricable dont tu ne pouvais t'échapper. Tu y demeurais coincé, piégé comme un rat, ne trouvant aucune issue. Des petites morts à chaque fois…

Et puis, enfin, tu racontes le chat. Je me souviens de la sidération que j'éprouvais lorsque tu me demandais des nouvelles du chaton à chacun de tes réveils du coma… Oui, parlons-en de ce chaton. Un chat de gouttière, très jeune. Toi, tu voulais le toucher, le caresser, tu avais beau l'appeler, jamais il ne venait à toi. Tu détailles la boîte en carton dans laquelle il dormait dans ta chambre. Ses déambulations improbables dans les faux plafonds de l'hôpital, sa fâcheuse manie de se coucher sur la tranche du téléviseur. Tout de même, tu t'interrogeais sur sa réelle capacité à se tenir sur une aussi infime épaisseur.

Viens ton dernier souvenir. Probablement le plus insensé. Tu voyageais dans une caravane cahotant au beau milieu des bois, s'insérant dans une colonne d'autres caravanes, à l'image de ces longues files de roulottes parties à la découverte du Far West. Elle s'arrêta. À cet endroit précis, le groupe composant la colonne décida d'ériger un village, juste à côté de la rivière. En te promenant, tu découvris une source tout près de là. Grâce à toi, cette source commença à produire une substance magique autre que de l'eau… du thé Lipton ! Tu fis fortune avec cette découverte majeure et, surtout, tu eus la brillante idée de t'associer à un type qui fabriquait du lait. Ce fut la gloire.

Je replace alors ce rêve dans une période pendant laquelle tu étais obsédé par la boisson. Tu avais tellement soif. L'hydratation vitale se diffusait via la perfusion, mais ta bouche réclamait. C'était une torture que de te voir nous supplier les uns et les autres pour avoir un peu d'eau. Nous t'avions accordé l'autorisation d'utiliser un brumisateur sur ton visage à condition de ne pas faire comme le papy coriace d'à côté et te coller le contenu dans le gosier. Cet objet avait un rôle tout à fait placebo. Puis tu avais eu le droit, une véritable dérogation plutôt, d'utiliser, à titre exceptionnel, une sorte de petit bâtonnet au bout duquel était fixée une minuscule éponge, employée habituellement pour les soins de bouche. Tu trempais ce bâtonnet dans un verre d'eau avec lequel tu badigeonnais l'intérieur de ta bouche, te donnant la sensation réconfortante de te rafraîchir. C'était devenu une véritable obsession, tu me faisais en cachette remplir ton verre d'eau chaque heure. À côté de cela, j'avais eu droit à la mise en garde que l'absorption d'eau pouvait te tuer par fausse route, ton larynx ne sachant pas gérer la conduite du liquide. Je taisais le fait que je te voyais donc absorber, en douce, l'équivalent de plus de trois verres d'eau par jour, eau que ton vide-salive évacuait en principe avant la descente dans le gosier. Chaque jour, la poche réceptacle du vide-salive remplie à ras bord donnait la preuve irréfutable de ma trahison. Aucun personnel soignant ne m'a jamais dénoncée. J'aurais été accusée à raison si l'on t'avait retrouvé noyé… « Une mère se débarrasse de son fils en le noyant avec un verre d'eau. »

Moche.

Tu avais également testé de l'eau gélifiée à la fraise. Tu suçais une minuscule cuillère de cette *gelly* immonde, parfumée à des trucs pas bio. Elle fondait petit à petit dans ta bouche et semblait combler quelque peu ton manque.

Le thé Lipton représentait dans ce contexte le graal de l'hydratation.

Tu poses l'ardoise, tu es épuisé.

Le feutre aussi, il a rendu l'âme.

Et moi donc.

Ton lit est un champ de bataille rougeoyant. Tes mains, tes poignets, ta liquette sexy, tout s'est empourpré couleur coquelicot. Tu viens de comprendre pour la première fois depuis le 24 août que tu es malade. Tu n'as jusqu'ici posé aucune question, me conduisant à m'en poser mille. Mécanisme de protection, sans aucun doute.

Le cerveau est une machine extraordinaire. Face à l'attaque bactérienne, il est entré en résistance et, dans la coupure de courant générale, tes sens sont demeurés en alerte, comme alimentés par une sorte de groupe électrogène de survie. Plongé dans un coma profond, la conscience affichée en berne, tu as pourtant entendu, perçu, senti toute la vie autour de toi. Tu t'es nourri de toute cette énergie, tu l'as puisée, distordue, guidant en toute discrétion ton corps dans un combat interne acharné. Tu vois, c'est ça qu'il faudra raconter un jour : tu semblais éteint, mais ton cerveau pédalait à fond pour résister. Tu étais toujours là, tapi dans une enveloppe inerte.

La seule condition, c'est le désir de vivre. Alors, autour, on se doit de toucher, tripoter, masser, caresser, faire rire, encourager, dire qu'on aime, chahuter, engueuler, juste pour entretenir l'étincelle qui subsiste.

Parce qu'on ne sait jamais, tant qu'il reste un peu de jus…

Folle à lier

Tes constantes respiratoires font la gueule, je sors me remplir d'air frais, comme si ça pouvait te remplir, toi. Lorsque je te retrouve un peu plus tard, tes yeux pétillants et ton sourire couillon disent que tu as quelque chose de drôle à me raconter. Tu m'écris :

« Le psy est venu me voir »

Tu mimes alors la scène qui vient de se dérouler.

Le psychologue du service est venu se présenter, il a commencé à te parler. Manifestement il n'avait pas complètement étudié ton dossier. Tu lui as écrit :

« Je n'entends pas et je ne peux pas parler »

Il a semblé très décontenancé. Il t'a alors tendu sa carte de visite avec un beau sourire, un geste de la main signifiant « téléphone », genre : « Si tu as un problème, appelle-moi, hein ? » Tu l'as regardé d'un œil perplexe pour lui faire comprendre que non, tu ne pourrais pas l'appeler non plus, parce que non, tu ne pourrais toujours pas parler ni entendre. Aucun son n'est plus sorti de sa bouche, il a tourné les talons, abrégeant cette entrevue très gênante. Toi, tu aurais bien demandé à ce diplômé en psychologie où il envisageait que tu te la mettes, sa carte de visite, vu qu'il n'y a même pas de poches dans les blouses d'hôpital.

Je ris. Toi, tu te gondoles façon Marx Brothers, pas de son, tout dans l'image. Je te réponds qu'il faudra trouver un psy pour s'occuper du psy qui doit être en dépression à l'heure qu'il est.

Je n'en fais pas grand cas. Hier soir, j'ai échangé longuement au téléphone avec un ami d'enfance, un Antoine, ressurgi dans cet ensemble de fils qui n'en finissent pas de se tendre vers nous. Il a eu ces mots : « J'ai parlé à mon père, qui a beaucoup bavardé avec ta mère au téléphone, tu les connais, n'est-ce pas ?... Je sais donc que tu as de la force, de l'énergie et là, tout de suite, tu n'as pas besoin de soutien psychologique. Le jour où vous serez sortis de tout cela, à ce moment-là, peut-être une aide extérieure sera précieuse. Moi, ce que j'entends, c'est que tu as la capacité et la détermination pour accompagner ton fils. Tu es sa mère. Écoute-toi. Suis ton instinct. »

Aujourd'hui, j'ai ri quand un psy a tendu sa carte de visite dans un box de réanimation comme à la sortie d'un colloque, après avoir parlé et attendu une réponse d'un patient sourd-muet. L'instinct du rire, je l'ai.

Tu es redevenu sérieux.

Tu griffonnes une phrase dans le joli rose délavé qu'accepte de délivrer le feutre exsangue.

C'est à moi de te regarder l'air perplexe. Tu as décidé que tu aurais ton bac cette année. Pardon, mais là, on n'est pas dans le sujet, si ?

Je sens ton agacement monter. Faudrait pas déconner non plus. Je te signale que tu es dans un service de réanimation, dans un état de délabrement avancé, tes constantes continuent de jouer aux montagnes russes, conséquence de sérieux soucis respiratoires, tu as le larynx scotché, il est question de t'opérer pour te coller des électrodes dans les cornets, tu pèses moins qu'une baguette, tu ne tiens plus sur ton cul qui s'est décomposé, encore moins debout sur tes deux cure-dents où il n'y a plus rien à bouffer... et tu parles de scolarité ? Nous sommes en septembre. Rentrée des classes ratée. Franchement, de toi à moi, on a autre chose à foutre, non ?

Point. Fin du débat.

Sauf que je m'entends te répondre que je vais tout mettre en œuvre pour le faire. Je peux me gratter les orteils avec le nez, Pinocchio a investi mon corps. J'ai même bêtement promis.

Es-tu prêt à envisager des cours à l'hôpital ? Tu me fais signe que oui.

Je t'écris que je vais trouver des solutions. Sérieux ?

Ton corps à l'agonie sombre dans l'épuisement le plus complet après avoir écrit tes dernières lignes sur l'ardoise, cette promesse est pure folie. Note que tu as le cul décomposé mais bordé de nouilles, et ta chance, c'est que ta mère est folle.

Je quitte l'hôpital et compose le numéro de téléphone de ton lycée.

Dix interlocuteurs plus tard et vingt minutes d'attente sur une musique qui fait saigner mes tympans, j'obtiens un rendez-vous pour venir récupérer tes manuels scolaires au lycée. Je joins la responsable de l'association L'École à l'hôpital : quand j'étais enfant, ta grand-mère, prof de maths, y donnait des cours à des élèves hospitalisés. Un rendez-vous est convenu pour la fin de la semaine dans la salle d'attente du service de réanimation, le nouveau bureau de mon nouveau job.

Ce soir-là, dès mon arrivée à la maison, j'exulte seule, dans une danse de forcenée, le volume de ta musique poussé à son maximum. Quand Mathilde ouvre la porte du salon, elle découvre une mère échevelée, ruisselante, gesticulant au milieu de la pièce. Elle me rejoint dans une transe infernale, nous expions ensemble notre chagrin jusqu'à plus d'eau, ça coule sous les bras, le long du cou, au bas du dos, du nez et des yeux.

La musique, ça lave.

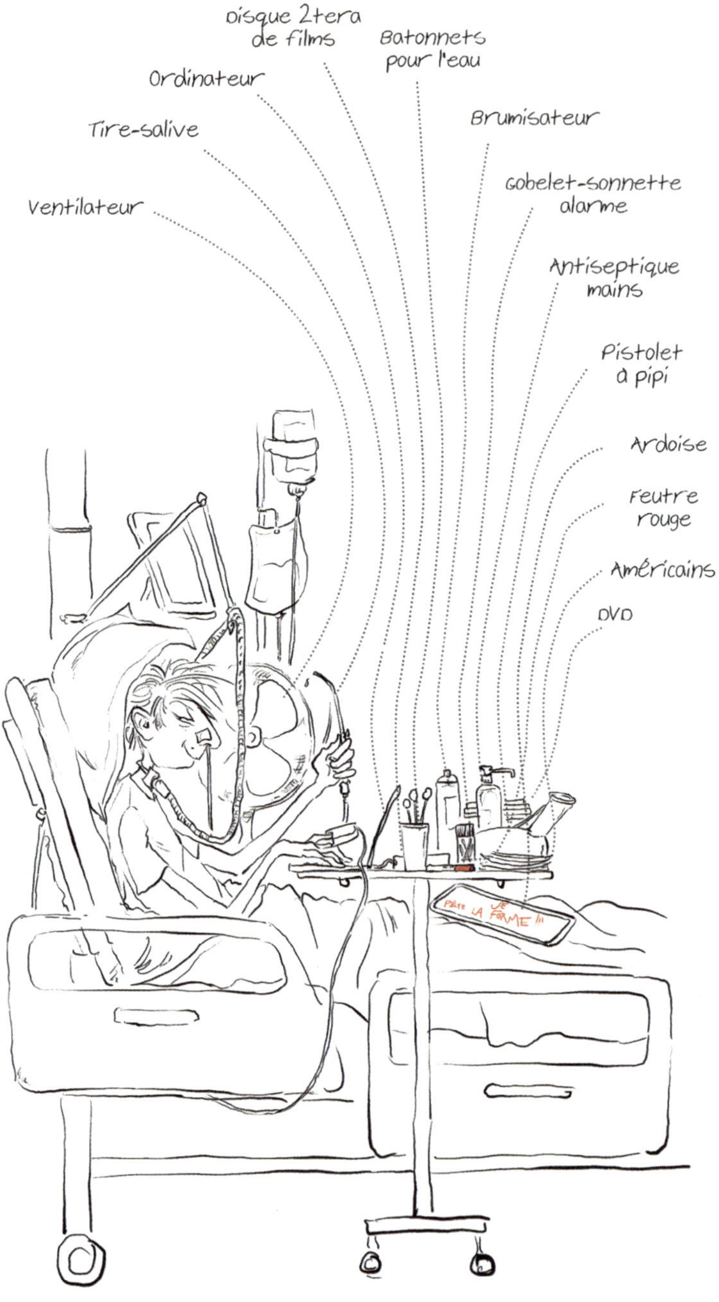

Bureau d'Antoine

Guerre des nerfs

Mardi 10 septembre. Vingt et un jours.

Vingt et un jours, c'est minuscule et long à la fois. Ce matin, en prenant le train, puis le métro, j'ai eu une pensée troublée pour cette femme rencontrée à l'hôpital Percy, maman de l'autre Antoine, celui que le feu a mangé. Je ne m'étais pas préparée à l'éternité d'hospitalisation, par optimisme déterminé j'avais expulsé cette vilaine idée de mon programme.

Jusqu'ici, chaque jour apporte son lot de nouveautés, plutôt avariées, soyons honnêtes, d'espoirs puis de déconvenues brutales, s'enchaînant dans une rotation rythmée qui pourrait, finalement, s'installer durablement. Ai-je la capacité de tenir en mode marathonien, moi qui ne sais pas économiser et engloutis en sprint chaque jour qui passe ? Je préfère éluder cette perspective. Je vais vivre au présent, point barre. Une seule certitude : faut sortir de ce caca.

Je te trouve très affaibli, en te massant le dos, je te découvre sans plus de consistance par-dessus tes os, rempli de rien. Ton corps est en train de passer en volume négatif.

Ce matin, parce que j'ai besoin de munitions pour te maintenir hors de l'eau, je brandis ma pochette rouge. Je savoure tes yeux ébahis à chaque nouvelle photo que j'en extrais. Ils sont nombreux. Depuis dimanche, un incroyable élan collectif a surgi de la page Facebook. Il y a les amis et puis tous ceux qu'on ne connaît pas, tous brandissent leur panneau « Kourrage Antoine ! ».

Ta bouche fait des « Ooooh ! » sans son.

Je colle méticuleusement chaque photo sur le mur, élargissant chaque jour davantage un gigantesque puzzle humain. Les infirmières passent une tête dans le box pour dénicher, dans le patchwork, quelle nouvelle star s'est glissée au milieu des visages inconnus. Leurs bouches à elles font des « Ooooh ! » avec son mais tu ne les entends pas.

Je trompe ainsi mon attente et mon angoisse. Car celui que j'attends ce matin, c'est Lucas. Avec ta batterie d'examens hier, il est grandement l'heure des résultats. Je quémande un miracle et pas une auto-épilation nerveuse du décolleté de Lucas.

Celui-ci vient furtivement d'apparaître dans l'entrée de la réanimation, il me fait signe de le suivre dans son bureau. Comme une convocation chez le dirlo, ça n'augure souvent rien de bon. Mon cœur est passé au rythme supérieur, des torrents glacés dévalent le creux de mon dos. J'ai si peur.

Lucas s'est installé derrière son bureau comme au premier jour. Lorsqu'il attrape ses poils entre des doigts fébriles et entreprend avec nervosité de les enrouler puis les tirer, je me ratatine sur mon siège. Hésitant, il cherche ses mots. J'aurais préféré qu'il les garde pour lui pour le restant de ses jours et l'éternité tout entière…

– Bon, alors je ne vous cache pas que c'est la merde…

– Pardon ?

S'il y a bien une expression que je n'attendais pas, c'est celle-ci.

– Oui, c'est la merde… Les nerfs 8, 9, 10 et 12 ont été atteints par la méningite, donc c'est la merde…

– Mais ça veut dire quoi ?

– Les nerfs auditifs, glosso-pharyngiens, vague et grand hypoglosse ont été endommagés, ça veut dire plus d'audition, plus de déglutition, plus de parole, plus de respiration, plus d'alimentation… On est mal… Très mal… Vraiment c'est la merde… Y a peu de chances de récupération, mais faut espérer parce qu'on ne peut rien faire… Franchement c'est la merde… ça veut dire trachéotomie à vie, alimentation par gastrostomie, sonde pluggée dans le ventre. Juste pour l'audition, il semble qu'il entende de manière infime, les ORL vont passer vous voir pour vous expliquer, mais a priori on ne va pas l'opérer pour poser des implants, on devrait essayer de l'appareiller. Reste qu'il ne pourra pas parler. Vraiment c'est la merde, je suis désolé…

Il poursuit :

– Il faut le plus rapidement possible procéder à la gastrostomie, à savoir la pose de la sonde gastrique. On fera ça demain ou après-demain au bloc opératoire, en fonction de son état. Là, c'est impossible… Il est très défaillant au niveau respiratoire, et l'intervention peut l'affaiblir encore, sans compter les risques. Le problème, c'est qu'il a perdu trop de poids, c'est urgent d'intervenir. On peut espérer que l'alimentation par sonde lui fera reprendre de l'état et que nous irons progressivement vers une possibilité de le sevrer du respirateur. Il n'est pas encore tiré d'affaire, c'est précaire tout ça.

Je suis incapable d'articuler un mot. La phrase « c'est la merde » n'en finit pas de boucler dans ma tête. Il joue la carte de la franchise avec moi, mais moi, je voudrais ne jamais avoir entendu ses paroles.

Je reste hébétée, incapable d'imaginer quoi que ce soit.

Ça n'est pas possible.

Ça n'est pas possible.

Ça n'est pas possible.

Il m'agace à faire du tricot de poils et à dire « c'est la merde ».

Alors je regrette, mais je ne vais pas en rester là. Non, ce n'est pas la merde, car ce que vous ne savez pas, c'est que, de un, je suis bizarrement câblée et mon cerveau n'enregistre que ce qui lui plaît, et, de deux, j'ai une putain de bonne étoile, qui certes jouit actuellement de me voir m'engluer dans la merde en question mais pour mieux m'en dépatouiller, et qui finit toujours à un moment donné par m'en extraire, sans compter le mage Salvatore qui négocie avec les instances invisibles.

Je me suis levée comme une automate, j'ignore comment mes jambes m'ont ramenée vers ton box, mais elles l'ont fait. C'est à ce moment-là que j'ai vu tes yeux confits d'une attente incommensurable. Ta bouche a formé un « Alors ? », tu m'as tendu l'ardoise.

Une bouffée de chaleur m'a submergée. J'ai pris un chiffon, j'ai essuyé lentement, minutieusement, les restes d'encre sur la surface plastifiée. Gagner du temps, gagner du temps. Impossible d'ordonner mes idées, une seule chose m'est venue à l'esprit, ne pas cesser d'y croire. J'ai une mission, te transmettre la force de te battre.

Je suis maintenant là, le feutre dans la main, et j'écris lettre après lettre, ignorant absolument ce que je vais bien pouvoir inventer pour régurgiter la mélasse de Lucas en l'enrobant dans un joli emballage, ma confiture à moi. Je me remémore alors une discussion avec notre ami Renaud, le voilà le fil de mon espoir.

J'écris.

> *« Il semble que la méningite ait abîmé certains de tes nerfs crâniens. Ces nerfs, les 8, 9, 10 et 12, interviennent dans l'audition, la déglutition, la respiration, l'alimentation, la parole. Personne n'est capable de dire leur niveau d'atteinte*
> *Ce qui est certain, c'est que ton âge est un facteur important dans ta capacité de récupération*
> *Tu es encore en pleine croissance et donc tu peux tout à fait reconstruire ces nerfs, alors que quelqu'un d'un peu plus âgé n'aurait pas ce potentiel. Il faut savoir qu'un nerf se reconstitue d'un millimètre par jour, ce qui est énorme. Lucas m'a dit qu'il semblerait qu'il te reste de l'audition. C'est formidable*
> *Pour le reste, il y a des dégâts, mais tu vas récupérer. Il faudra être patient, c'est tout »*

Je t'emballe le tout dans un sourire de 9 sur l'échelle de Richter des sourires mielleux.

Et ça marche : ton visage n'affiche aucune panique pour l'instant.

Je sors avec le prétexte d'un besoin urgent de café. Il me faut de l'air pour expier ce gros mensonge.

Je pense à mon trajet ce matin et combien je regrette de ne pas avoir apprécié ce moment d'« avant ». Celui qui précède l'annonce d'une nouvelle catastrophe. Celui, insouciant, de nos vacances au Cap Ferret. Je regrette tant de ne pas avoir savouré chaque fraction de seconde qui passait, cette légèreté absolue, ce bonheur irréfléchi qui semblait aller de soi. Je pense à tout ce que tu faisais alors d'insignifiant comme respirer, parler, écouter, manger, boire, ces choses que l'on fait sans y penser parce qu'il est impensable d'en être privé un jour.

Dehors, je respire par grandes bouffées, comme si je pouvais au moins te rendre cela.

Devant l'hôpital, la communauté gitane s'est agrandie de manière exponentielle. Ils sont plus d'une centaine, les visages graves, les vêtements sombres, les femmes pleurent. Ils attendent ensemble, soudés, dans une atmosphère de respect. Je suis à la fois curieuse et émue.

La femme aux yeux remplis de larmes à qui je viens de sourire m'a signifié en retour, d'un regard sombre teinté d'une légère condescendance, que sa douleur était souveraine. C'est ainsi, les individus se croisent dans les couloirs d'hôpitaux, avec leur propre charge de souffrance qui déclasse inévitablement celle des autres. Ma douleur est pipi de chat à côté de la sienne, c'est affiché dans ses yeux noirs noyés dans des hectolitres de larmes, et je respecte ça.

Un petit troupeau fringant de blouses blanches est posté devant ton lit. Tes yeux appellent à l'aide. Le docteur Y se présente, docteur ORL, rattaché au professeur X, en charge de ton suivi pour l'audition. Jeune, peu à l'aise, les mains enfoncées dans les poches de sa blouse et les yeux évitant le contact. Derrière la timidité et une certaine raideur, je devine le studieux médecin appliqué et précis. J'adore ses lunettes seventies, immenses, carrées, funky, pas assorties à ce cadre. À en juger la cravate rose en tricot sous sa blouse et les chaussettes flashies, l'effet fashion ne semble pas recherché, ou peut-être qu'au contraire c'est le mec le plus hype de l'hôpital.

– La bonne nouvelle, c'est qu'Antoine n'a pas totalement perdu l'audition, nous écartons donc l'opération d'implants cochléaires. Il faut privilégier l'audition naturelle, même faible. Nous attendons maintenant qu'il soit en mesure de sortir de réanimation et nous l'accueillerons à l'étage. Nous testerons des prothèses auditives le moment venu.

– Il entendra comme avant ?

– Franchement ? Non… Il ne lui reste que très peu d'audition… Rien ne remplacera ce qu'il a perdu. D'autre part, il est prévu de lui poser la sonde gastrique, qui devrait améliorer son état général.

Toi, l'intéressé, tu ne captes pas une miette de la discussion. Tu restes impassible alors que tout ce beau monde parle de toi, à la fois au centre et totalement exclu du débat, quand ta vie actuelle et future est en jeu.

Tu me fascines. Vraiment.

Le petit troupeau blanc s'en va. Je n'ai d'ailleurs pas bien compris l'utilité des blouses blanches autour du docteur Y. Elles ont approuvé le topo d'un hochement de tête unanime, totalement fayotes, ce sont forcément des étudiants. C'est le truc des hôpitaux : pour un mec utile, cinq autres qui lui collent aux basques en l'imitant pour apprendre à faire le mec utile. Dans cet échantillon, ils ont adopté les poings plantés dans les poches, mais aucun n'a osé le port des lunettes vintage et les chaussettes psychédéliques. Dégonflés.

Toi, tu t'es endormi, la fatigue t'a emporté avant que tu ne puisses déchiffrer l'explication que j'ai posée discrètement sur l'ardoise.

C'est mieux comme ça.

Aujourd'hui, la guerre des nerfs est officiellement déclarée.

Filtreuse

Le cliquetis du roulage du métro puis du train ne m'apaise pas. Je ressasse la phrase du neuro-réanimateur. C'est la merde.

J'ai livré à mon tour le paquet de merde à ton père comme il m'a été balancé, mais par téléphone. Il l'a moins bien pris que moi. Il m'a demandé : « Qu'est-ce qu'on va faire ? », ce qui peut être traduit par : « Qu'est-ce que TU vas faire ? ».

D'abord, je vais aller chercher tes manuels scolaires.

Inutile de te décrire les visages dubitatifs mais débordant de compassion qui m'ont accueillie à la bibliothèque du lycée. Passée l'irritation initiale de voir une mère débarquer une semaine après la rentrée scolaire alors que la moitié des manuels sont manquants et en rupture, le bon cœur de ces dames a refait surface. Et puis, il faut le reconnaître, je ne suis pas d'humeur à ce qu'on me contredise. Je sors fièrement du lycée avec la majorité des livres requis pour ta terminale S. Je serre la pile contre moi, ils sont la preuve matérielle que la vie va continuer. Pinocchio a promis un bac.

Je suis maintenant devant la page Facebook du groupe « Kourrage Antoine ! » et je me dis que je vais devoir choisir soigneusement mes mots pour expliquer la situation du jour. Je ne dois pas mentir, mais je ne peux pas claironner non plus que c'est la merde, rapport à la crise des nerfs 8, 9, 10 et 12. Alors je tortille les phrases, puis, après moult ratures, je les contemple en me disant qu'elles ne sont pas si mal, ni trop belles ni trop moches. Si tu tombes dessus en réussissant par miracle à surfer sur internet dans ton sous-sol, ça fera l'affaire. Je suis experte en filtre, désormais.

Vous faites quoi en ce moment dans la vie ?

Filtreuse.

Les photos affluent des quatre coins du globe. C'est l'effervescence solidaire. Certains réalisent des montages vidéo. La créativité est en marche. Caroline et Mathieu, tes infirmiers de Percy, se sont pris en photo avec ton déambulateur, enfin pardon, ta « Rolls ». Sur une autre, ils grimacent tous les deux avec, dans leurs mains, ce panneau : *« Antoine, tu nous as lâchement abandonnés ! Continue de progresser, garde le moral. Donne-nous des nouvelles. Et demain, ce sera quatre allers et retours dans le service !!! »*

J'imprime, je glisse ces visages dans la pochette rouge. Ça vibre d'émotions sur le mur Facebook. Au bout du compte, c'est tout sauf un mur : c'est une couette très moelleuse dans laquelle je cours me pelotonner chaque soir. Dans cet espace virtuel, le fil de la maladie a généré une gigantesque circulation de vie, d'énergie. Si cela me regonfle, il est évident que cela te donnera des respirations simplement par transitivité. Ton souffle reviendra, je veux y croire.

Le lendemain, nous sommes le 11 septembre, ce n'est pas un bon jour dans le calendrier, la terre entière le sait. Et pour toi c'est une journée dite de « descente » dans le jargon local, c'est-à-dire les constantes en berne et le moral dans les bas de contention. Tu souffres. Et si tu ne meurs pas d'étouffement, tu vas finir par mourir de faim. J'ignore ce qui est le plus cool.

Ma pochette rouge est mon joker. Je tapisse le mur des photos fraîchement débarquées. L'éruption colorée progresse. Le personnel infirmier accueille cette extravagance avec curiosité et enthousiasme. Certains font des détours pendant leur garde pour se planter devant l'affichage. Aujourd'hui, j'entends des « Oh, tu as vu, c'est les deux qu'on voit à la télé ! », « Et elle, comment elle s'appelle ? Tu sais, elle jouait dans ce film... Comment il s'appelle d'ailleurs, ce film ? », « Oh lui ? Je l'adore ! », « Dis donc, lui, il est mieux à la télé qu'en photo... Tu vois, le maquillage, ça fait tout ! », « Hé, dis donc, Antoine, tu connais du beau monde, toi ! ».

Antoine, il s'en fout, il n'entend rien et ne répond rien. Mais il aime l'agitation du trafic important sur le périphérique de son lit, ça le désennuie.

Moi, je suis heureuse parce que ton sourire est revenu.

Ce soir-là, je danse éperdument avec Mathilde, je ne sais pas laquelle est la bouée de sauvetage de l'autre. Nous mélangeons nos larmes, amarrées fermement l'une à l'autre.

C'est que cette maudite phrase de Lucas colle comme une merde aux grolles.

Ça n'est pas possible : tu vas démonter tous ses pronostics, et je lui offrirai un tapis de poils.

Ma bonne étoile m'écoute forcément.

…

Y a quelqu'un ?

Plan de résistance

Cette longue nuit a vu valser des constantes qui ne l'étaient plus, marquant des difficultés respiratoires alarmantes. Quarante kilos, tu fais le poids de deux parpaings, la pose d'une sonde gastrique est urgente, question de survie.

Hop, expédié au bloc opératoire.

Ton réveil n'est que souffrance, le gadget destiné à te gaver te déchire le ventre, alors on te remplit à ras bord de morphine. C'est la chute au trente-sixième sous-sol. De nouveau tracter la charriote de l'espoir dans la laborieuse remontée… Je m'y prépare mentalement.

Pendant que tu dégustes ta douleur et que la morphine t'emporte dans un mauvais trip, je m'enfuis rejoindre Élisabeth, responsable de l'association L'École à l'hôpital. Sincèrement, je me demande à quoi ça rime, compte tenu du mort-vivant que je viens de quitter dans son box…

Élisabeth patiente en salle d'attente, une femme énergique derrière un beau visage d'une douceur réconfortante. Le temps de me ressaisir et de revêtir ma cape d'optimisme, je déballe mon argumentaire à deux balles. Tu VEUX ton bac. Tu as décidé que, quoi qu'il arrive, « en rattrapant les cours jour et nuit », je te cite, tu l'auras, ce bac S.

Élisabeth m'écoute patiemment, elle est là pour aider, pas pour juger. Elle m'expose ensuite le processus d'aide scolaire lors d'une hospitalisation, avec d'un côté l'Éducation nationale dans le cas où tu reviendrais à la maison avant la fin de l'année scolaire et de l'autre l'évaluation du moment où tu serais apte à commencer des cours à l'hôpital.

Cette question, je l'ai posée un peu plus tôt à Lucas, il m'a regardée, sidéré, puis il a dû se dire que ce serait fatigant de contrarier la folle. Il a opté pour la diplomatie :

– Heu, bien sûr… Enfin, le jour où Antoine en sera capable, parce que là, on est bien d'accord, il ne peut pas faire grand-chose…

– Oui, je le sais. Mais il a besoin de se projeter.

– En réanimation, ça n'est jamais arrivé, mais il peut y avoir un début à tout…

C'est ça, il faut un début à tout.

Nous convenons avec Élisabeth que je l'appellerai dès que tu seras en mesure de suivre quelques heures d'enseignement. Elle a l'extrême élégance d'ouvrir un dossier à ton nom, me laissant imaginer que tout cela n'est pas vain : je lui en suis reconnaissante.

À mon retour, tu me fais lire un sms d'Émie, qui est dans la classe où tu es supposé être actuellement. Il est question d'une participation financière pour un voyage scolaire organisé par le prof de SVT à l'île de Groix en mai prochain, pour observer les roches. C'est dans huit mois.

Sans versement, pas question de participer au voyage. Je te regarde en riant, avec la tête de celle qui dit : « Tu n'y penses quand même pas ? » Je pourrais mourir sur-le-champ, criblée des balles de tes yeux. Tu attrapes l'ardoise avec rage, m'expliques que tu iras, que tu mangeras, respireras, parleras et entendras. Huit mois pour le job ? Large. Je ne discute plus, je promets d'envoyer le chèque.

Tu souris, tu dois t'imaginer sur l'île de Groix à ramasser des cailloux. Alors je souris de te voir sourire.

Une nouvelle machine respiratoire a fait son apparition à ta tête de lit, reliée à ta trachéotomie, une nouvelle copine destinée à regonfler tes poumons en limandes. Tes constantes sont remontées, à la bonne heure. Si on ajoute la sonde, tu vas être rempli en un rien de temps. Et si on te mettait des arrivées d'air dans tous les trous, on perdrait encore moins de temps, non ?

Pour l'heure, la douleur te tortille, le ballonnet de la sonde peine à trouver sa place dans ton corps aplati. Et puis la douleur thoracique persiste, celle du premier jour de ce cauchemar. J'ai la conviction que Porzia, notre ostéopathe aux mains d'or, est LA solution.

Il me faut trouver un moyen de la faire venir ici.

J'ai tâté doucement le terrain auprès des infirmières, jamais aucun praticien en ostéopathie n'a franchi les murs du service de réanimation. J'effectue des recherches sur le site internet de l'hôpital, j'y découvre que certains services font appel à des acupuncteurs.

Ce lundi 15 septembre, j'aborde Lucas avec des pincettes.

– Lucas, je peux vous demander quelque chose ? J'ai appris que certains services font appel à des acupuncteurs... Je me disais que ça ferait beaucoup de bien à Antoine de bénéficier d'une médecine parallèle, type acupuncture, voire... ostéopathie...

– Ah, non !!! Les charlatans n'ont aucune place dans mon service !

Au visage contrarié de Lucas, je sais que c'est sans appel. Ça ne m'arrêtera pas.

Je téléphone à Porzia, je lui rapporte la scène avec Lucas avant de lui poser la question sans détour :

– Si c'est moi et son père qui te le demandons, sachant qu'Antoine est entièrement de mon avis, accepterais-tu de venir simplement pour toucher son thorax ? Tu me dirais ce que tu ressens... Je suis persuadée qu'une côte est bloquée et l'empêche de bien respirer. Il faudrait faire cela discrètement, il est dans un box ouvert, seulement séparé par un rideau des autres patients.

– Je traite Antoine depuis qu'il est tout petit, il connaît parfaitement son corps, s'il sent que cela bloque à ce niveau-là, je lui fais confiance. Et s'il souhaite que j'intervienne, c'est qu'il en a réellement besoin. Alors oui, je viendrai.

– Laissons-lui quelques jours, la pose de la sonde a été douloureuse.

– Disons jeudi en début d'après-midi.

– Merci, Porzia, je suis certaine que tu peux le soulager.

– Je suis vraiment heureuse de l'aider.

Je sens que la partie se jouera serré pour cette séance d'ostéopathie clandestine, mais le jeu en vaut la chandelle, je n'ai aucun doute. Et puis j'assumerais pleinement les représailles possibles si j'en venais à être démasquée par Lucas ou les membres de son service. Il s'agit de mon enfant, de sa vie.

La gonflette de poumons semble efficace, ton moral a repris du volume par la même occasion. Tu peines à digérer la nouvelle alimentation prémâchée en sachets, tu as écrit ce matin sur l'ardoise :

« Je ne suis pas dans mon assiette »

J'ai ri, ça fait un bon bout de temps que tu ne sais plus à quoi ressemble une assiette. Tu t'alimentes principalement de films sur ton ordinateur, uniquement les images puisque le son ne te parvient plus, c'est devenu ta nourriture principale et on peut parler de boulimie.

Ton père t'a apporté une clé 3G, te permettant de revenir à une vie 2.0. Tu as plongé dans la page « Kourrage Antoine ! » avec curiosité d'abord, puis sidération. Tu découvres les centaines de messages, commentaires en réaction à mes posts. Trois cents personnes connectées autour de toi, pour toi, tu n'en reviens pas. Je fais désormais attention à distiller les informations médicales de manière stratégique, de façon à ménager ton moral.

Tu as l'odeur d'une vieille compresse et les cheveux comme malaxés avec du beurre. Exit le luxe Percy et les douches avec Caroline, avec un personnel débordé, retour à l'humiliation du toilettage au gant vite fait dans le lit, banni le shampoing, j'ai conscience que ton traitement VIP avait quelque chose d'exceptionnel. Mes narines font grève, et ton corps ne rêve plus que de la perspective du jet d'eau salutaire.

Nos amis déposent en prêt à la maison des piles de DVD, que j'étiquette scrupuleusement pour identifier les propriétaires. Je t'envoie les photos des nouveautés reçues et tu m'indiques par retour de sms les DVD que je dois rapporter à la visite suivante. Je tiens une liste précise des films réceptionnés, vus et rendus. Mon ami Zool prépare de son côté des téraoctets de films cultes bien ordonnés sur des disques.

Aujourd'hui, les infirmières t'ont fait glisser du lit pour t'asseoir dans un fauteuil. Ton visage s'est aussitôt déformé par l'inconfort d'un skaï en béton armé. L'achat d'un coussin adapté dans une boutique stratégiquement installée aux portes de l'hôpital m'a coûté deux bras. À ce prix, il devrait être en soie, mais tu n'auras pas d'escarres. Le kiné de service m'a fait remarquer que je rentabiliserai très vite mon achat le jour où on te trimbalera en fauteuil roulant. Merci pour l'image, je n'avais pas encore envisagé l'avenir sous cet angle radieux.

Le temps de digérer.

Je suis rentrée à la maison depuis plusieurs heures quand je reçois ce message de ta part : *« Je ne fais que penser à vous… Je suis en train d'imaginer la maison. Je vais aller mieux très vite, je le sens, je le veux ! Je vous aime foooooort ! »*

J'ai pris l'habitude de réintégrer le quotidien chaque soir dans un mode robotisé, rythmé de pensées qui organisent, trient, prévoient, sans interstice pour laisser les émotions me submerger. Tu viens de tout pulvériser. Je t'imagine, seul chaque jour dans ton lit en sous-sol, loin de ta famille, au milieu de colocataires inanimés, sans entendre, sans pouvoir parler, bouger et entrevoir un avenir rayonnant. Malgré cela, tu parviens à maintenir un optimisme quasi inaltérable, même s'il est parfois chahuté de plombants coups de blues.

De mon côté, j'ai également adopté le mode automate avec ton père, je suis une sorte de machine de rapport et traduction du jargon médical, ça m'évite de m'énerver. Je me sens seule capitaine à bord d'un bateau qui manque de chavirer chaque jour qui passe. J'aimerais bien partager les quarts, lui laisser la barre juste une fois de temps en temps. Je me sens si seule dans cette galère. Je m'éloigne de lui au fil des jours. Mais ce n'est pas l'heure d'un naufrage conjugal, on a un peu autre chose à foutre et tout ne peut pas sombrer en même temps.

Mardi 16 septembre, tu as écrit sur ton ardoise :

« Je veux sortir de là et avoir mon Candy'Up »

Brinquebalé dans une tempête qui n'en finit pas, le moussaillon tenace continue de s'accrocher à sa bouée.

Vie ta mine

Chaque matin, tu guettes la pochette rouge. Je fais claquer les élastiques et je prends tout mon temps pour sortir une à une les photos du jour. Je virevolte, je sautille, je fais voler les feuilles, savourant ce moment de jubilation partagée, dévoilant les nouveaux visages qui prendront place au milieu des autres. La tache au mur gagne du terrain. À chaque bulletin posté, les commentaires émus pleuvent.

Alors que j'entreprends ma partie quotidienne de Patafix, je découvre, au beau milieu des autres, une photo qui, la veille, n'était pas là. L'équipe de nuit de la réanimation s'est en toute discrétion immiscée dans le fouillis des photos, brandissant un « Kourrage Antoine ! ». Tu fédères un soutien qui élargit chaque jour son cercle : de Percy à la Salpêtrière, le personnel médical est entré dans la danse !

Une injection d'espoir. Pure Vie-ta-mine.

Ton poumon, lui, refuse de coopérer. La situation s'enlise, un coup de pouce serait bienvenu, j'ignore encore d'où il viendra, mais je l'implore.

Ce matin, j'ai entrepris de te faire le récit du pan surnaturel de notre aventure. Salvatore. L'intervention du guérisseur ne semble pas t'émouvoir, comme si le fait que j'aie eu recours à lui puis son intervention allaient de soi. Salvatore m'envoie régulièrement des messages, il continue ce qu'il appelle « son petit travail » sur toi et tes poumons défaillants, sur les séquelles. Nous échangeons tard le soir, je sais qu'il veille sur toi, mais également sur moi, afin que je ne m'écroule pas. Parfois dans la nuit je me réveille en sursaut, et, lorsque nous échangeons le matin, j'apprends qu'à 3 heures du matin il a fait « un petit travail ». Je réalise alors que c'est l'heure exacte à laquelle j'ai sursauté dans mon lit. Je suis à la fois troublée et sereine face à cet invisible auquel, au fond de moi, j'ai toujours voulu croire. Mes convictions se renforcent chaque jour davantage. Je me documente, j'explore des ouvrages sur le sujet, mais je n'en parle pas, les esprits rationnels autour de moi y verraient la dérive d'une mère éplorée. Je peux les comprendre.

J'attends beaucoup de cette journée, de ce coup de pouce qui pourrait faire repartir ta machine. La partie va être serrée, c'est le jour de ta séance d'ostéopathie clandestine, je fais de la délinquance hospitalière. Porzia m'informe par message qu'elle est à l'entrée. Ton père s'est joint à l'entreprise, il partage ma conviction. Nous nous sommes mis d'accord sur la marche à suivre. Elle s'installera à ton chevet et palpera ton corps sous ton drap, à l'abri des regards, pendant que nous monterons la garde dans l'espace qui communique avec la salle commune de réanimation. Ton visage s'éclaire quand tu la vois apparaître dans ton champ de vision, tu attends ce moment depuis longtemps. Toi, tu sais que son intervention est essentielle, ton poumon te le crie depuis des semaines.

Porzia s'assied près de ta tête, elle est bouleversée de te découvrir dans cet état, l'émotion déborde de ses yeux. Je ne me rends plus compte à quel point tu n'es plus qu'un fantôme squelettique, quasi méconnaissable. Tes joues ont disparu, les orbites de tes yeux sont perdues dans de gigantesques cavités.

Je fais le guet : personne en vue. J'indique à Porzia que la voie est libre. Si Lucas découvre que j'ai bravé son interdiction, je ne veux pas imaginer quelles seront les conséquences de mon forfait…

Porzia glisse délicatement ses mains sous les draps. Je l'observe fermer ses yeux et ressentir ton corps. Parfois elle les ouvre, t'interroge du regard, tu lui réponds par l'affirmative et la guides de tes yeux. Vous êtes connectés. Soudain, je tousse bruyamment et j'élève la voix en signe d'alerte, une infirmière s'approche pour la prise de constantes. Porzia retire rapidement ses mains et entreprend de badiner avec toi, qui ne captes pas un traître mot de cette conversation bidon. Lorsque l'infirmière tourne les talons, Porzia repart sous le drap explorer ton thorax. Une nouvelle infirmière surgit de nulle part, Porzia saisit le grand livre de *Monsieur Chat* qu'elle t'a apporté et te l'ouvre pour t'en montrer les images comme on fait à un enfant de quatre ans. C'est absolument ridicule, mais l'infirmière de réa a certainement vu des trucs bien plus louches entre ces murs. La culpabilité se lit comme le nez au milieu de nos visages de petites filles fraudeuses, aucun talent de dissimulation, de la catégorie à se faire choper avant même d'avoir mis le doigt dans le pot de confiture.

Porzia glisse une nouvelle fois ses mains. Tes yeux se ferment, tu lui indiques par un hochement de tête les endroits où ça bloque. Mon cœur bat la chamade pendant que, dans une absolue quiétude, tes organes se délient un à un sous les doigts experts. Tes paupières s'ouvrent, tu regardes Porzia avec une profonde reconnaissance. Tu sais qu'elle a mis le doigt sur l'embrouille, le point compacté, figé, que les tissus sont en train de se déplier doucement sous ses mains. Je lis un immense soulagement sur ton visage. Je retranscris sur l'ardoise ses mots :

> *« J'ai libéré tes côtes bloquées, tu devrais mieux respirer sous peu. Cela empêchait également que tu aies des selles, or c'est vital. Imagine la sortie bloquée ! La prochaine étape sera de travailler sur ton crâne, les méninges ont été mises à l'épreuve, c'est un peu comme à cheval si tu étais rênes courtes dans ta tête, tu vois ? Ça doit tirer partout jusque dans ton coccyx ! Je vais revenir dans quelques jours, il ne faut pas aller trop vite non plus »*

Porzia est très émue lorsque je la raccompagne à la sortie, et moi pleine de gratitude. Pas besoin de mots, on sait toutes les deux que ton corps décharné résiste tant bien que mal mais oscille dangereusement sur un fil ténu. Elle reviendra, elle veut participer à cette bataille à nos côtés, il n'est désormais plus seulement question d'une relation de thérapeute à patient mais bien d'amitié dans sa décision. Elle prend un risque en bravant les autorités médicales de ce lieu, mais elle est résolument prête à le courir, l'enjeu est si grand.

Tu m'accueilles avec une ardoise où est écrit :

> *« Je me sens mieux ! »*

Un jour, peut-être que je raconterai ça à Lucas…

Quand la vie regorge d'espoir

C'est avec jubilation et soulagement que j'accueille la nouvelle le lendemain. Je n'aurais jamais imaginé qu'un récipient en plastique rempli de caca puisse un jour me procurer autant de bonheur. Ta boîte à caca s'est délestée de son contenu, soulageant manifestement ton corps tout entier. L'histoire d'une petite emmerdeuse de côte récalcitrante…

Tes constantes ont pris le remonte-pente.

Les médecins sont satisfaits par le spectaculaire remplissage du bassin et l'amélioration très nette de ta respiration, il est à nouveau question de tester l'arrêt progressif du respirateur. Bien entendu, officiellement, c'est à la providence que cette côte têtue doit d'avoir repris de la mobilité depuis hier, libérant enfin ton poumon et ton transit. Sans blague… Depuis le 23 août et l'installation de la douleur dans ta poitrine, je savais que cette manipulation était une nécessité. La séance furtive valait donc les risques encourus, mais je dois avouer que je suis soulagée que mon intuition ne nous ait pas embringués dans une mauvaise voie. Il y a encore du chemin à parcourir pour que les médecines alternatives et complémentaires gagnent leur place dans les hôpitaux.

Pour la première fois depuis des semaines, j'entrevois une possible sortie de cet enfer et l'idée qu'enfin, peut-être, tes jours ne soient plus comptés.

Mes nuits commencent à contenir moins de larmes et de somnifères. La main invisible qui venait m'étrangler d'angoisse a desserré son étreinte, j'apprécie.

Ma maman, ta grand-mère Fafa, a fait le voyage depuis mon Dauphiné natal. Des jours que je la suppliais d'attendre, l'idée d'une confrontation avec toi dans cet état si critique était tout bonnement impensable. Elle a patiemment attendu, puis a fini par déclarer fermement : « Il faut que je le voie, quoi qu'il se passe. J'ai pris mon billet, je viens. »

Alors voilà, elle a franchi aujourd'hui le seuil de ton box, masquant sous un grand sourire, comme on le fait dans la famille en toutes circonstances, la montagne d'anxiété qui l'écrase depuis des semaines. Et toi, mon petit couillon, tu as failli la tuer. Tu l'as accueillie avec une violente et douloureuse toux qui a manqué t'étouffer et, dans la foulée, faire mourir ta grand-mère d'une crise cardiaque.

Dans ma famille, il y a un autre truc, c'est qu'on est increvables. Fafa est restée digne, elle a viré au blanc, gardé plusieurs minutes la bouche ouverte sans qu'aucun son n'en sorte, jusqu'à ce que ton corps cesse ses convulsions, que ta propre peau reprenne une teinte normale, qu'un sourire l'accueille enfin, le tout accompagné de l'ardoise où tu lui as écrit :

« Je pète la forme ! »

Les jours suivant, les tests d'arrêt de l'aide respiratoire sont enfin positifs, ton état général s'améliore, on ne peut pas encore dire que les grammes nouvellement accumulés fassent du gras sur ton squelette, mais il y a du progrès. On t'assied deux heures par jour sur le fauteuil de torture, tu t'y maintiens vaillamment. Tu réussis à lever seul ta tête de l'oreiller, c'est énorme. La répétition incessante de ce simple geste te procure un plaisir fou. Levé, couché, levé, couché. Ton objectif est tracé, sortir de la réanimation dans les jours qui viennent, et ton graal est désormais de prendre l'ascenseur qui te conduira dans les étages du service d'hospitalisation ORL. Tu ne quittes pas des yeux les constantes sur l'écran, tu guettes sans relâche le palier fatidique d'oxygénation à atteindre pour gagner ta promotion. Dès qu'un pourcent supplémentaire s'affiche, tu fais une photo du moniteur, me l'envoies dans la seconde. Je reçois des photos en pleine nuit. 96 %… 97 %… 98 %.

À 100 % tu seras le grand gagnant.

Tu viens de fêter un drôle d'anniversaire, un mois de réanimation, tu as même eu des cadeaux. Ton père s'est déchaîné dans les achats, c'est sa manière à lui d'être là pour toi. Un temps d'adaptation a été nécessaire, mais tu t'es fait ici de nouvelles copines parmi les infirmières. Emmanuelle t'a pris sous son aile et te chouchoute comme un prince. Seulement, ça suffit, tu veux mettre les voiles et passer ton bac. L'équipe d'infirmiers se réjouit bien sûr de tes progrès et de ton possible transfert à l'étage d'hospitalisation, mais s'inquiète aussi de ce qui va constituer un véritable déménagement, à savoir retirer du mur la quantité extravagante de photos qui a envahi tout ton box.

Docteur Y débarque avec sa grappe d'internes aux mains qui font des boules dans les poches des blouses. Il a été décidé d'attendre ta migration en service d'hospitalisation pour effectuer des tests d'audition plus poussés. Ils viennent pratiquer une fibroscopie et explorer ton larynx.

Je patiente nerveusement à côté, les phrases de Lucas font de l'autotamponneuse entre mes oreilles :

« C'est la merde. »

« Gastrostomie et trachéotomie à vie. »

Elle ressemble à quoi, la vie qui t'attend ?

Après cette baston pour la vie, on n'a pas véritablement imaginé l'après. Je ne veux pas y penser. Ton père ne cesse de me questionner à ce sujet, je l'envoie valdinguer à chaque tentative, refusant de penser au pire. Croire au mieux de toutes mes forces, c'est ça, je dois y croire, tout le monde doit y croire, pour que toi, tu puisses y croire. Quant à toi, parce que j'ai tout planqué de cette impensable réalité, tu ne soupçonnes pas une seconde cet horizon de merde.

Le docteur Y est devant moi.

– L'exploration vient de nous permettre de constater qu'il y a une très légère mobilité des muscles du larynx, ce qui ne semblait pas le cas auparavant. Les cordes vocales ne bougent pas, mais on envisage d'envoyer Antoine dans les prochaines semaines faire un test de ses nerfs, un électromyogramme dans un service spécialisé à l'hôpital Tenon. Deux médecins, l'un ORL, l'autre neurologue, tiennent conjointement une consultation qui pourrait nous éclairer. Il faut pour cela qu'Antoine soit transportable en ambulance, nous devons donc attendre un peu que son état soit moins précaire.

Donc, là, il y aurait de la vie dans ce gosier ?

Tu te rengorges et, zou, la vie regorge d'espoir.

23 septembre, la vie vient de nous faire le plus beau des cadeaux : ta survie avec le bonus de ce formidable espoir apporté par un minuscule vibrato venu du fond de ta gorge.

Ce soir, j'ai le droit de pleurer…

… de joie.

Ascension

J'ai reçu une photo de Laurence. Elle est coiffeuse et gère, capillairement parlant, ton crâne depuis que tu as six mois. Aujourd'hui, le cheveu bardé de bigoudis, vêtue d'un short et de baskets, elle a fait sonner elle-même les cloches de son petit village pour te donner du courage.

C'est vrai qu'il y a de quoi faire carillonner les cloches. Aujourd'hui, le 24 septembre, soit un mois et deux jours après ton arrivée à l'hôpital Percy, tu vas enfin sortir de réanimation ! Cette nuit, tu m'as envoyé ce que je voudrais considérer comme la toute dernière photo de monitoring de réanimation de ta vie entière. SpO_2 : 100 %.

T'as remporté le Loto, mon p'tit con.

Une chambre t'attend au troisième étage de ce même bâtiment, en hospitalisation ORL. C'est irréel, et jusqu'à la dernière minute je n'ose y croire.

Arielle m'a envoyé ce texto : *« Ce serait bien qu'il range sa chambre. »*

J'ai commencé tôt ce matin à décrocher du mur toutes les photos, tâche fastidieuse, d'autant que j'ai bien l'intention de les recoller au mur de ta future chambre. Je te surveille du coin de l'œil, tu devrais être fou de joie, mais je ne lis qu'anxiété dans ton regard, stress d'un nouveau cadre et d'une nouvelle équipe soignante. Ici comme à Percy, les équipes du service réanimation t'ont adopté, tu as bénéficié d'un traitement de faveur, à croire que tu es né fayot.

On ne va pas faire un pot de départ, mais c'est tout comme. La brigade infirmière est venue te souhaiter bonne chance, heureuse pour toi de ce décollage chargé d'espoir, très compatissante face au déblaiement laborieux de notre barda. Des au revoir pleins d'émotions, si l'on en juge par l'animation singulière et inhabituelle que tu génères en déblayant le plancher.

Deux infirmières font rouler ton lit, direction les ascenseurs. Le tableau est indescriptible... J'ai entassé le maximum d'affaires autour de toi, sur toi, sous toi, et tu circules couché au milieu de tout ton fatras, tuyaux et câbles compris, sous un immense chat jaune en carton dédicacé par l'artiste Monsieur Chat.

Je me bidonne. Les infirmières se marrent. Tu ris.

Le convoi grotesque débarque ainsi au troisième étage. Les transmissions ont été faites, mais pas seulement celles du protocole réglementaire. En effet, ton statut de chouchou te précède : on t'a réservé la suite royale, à savoir la chambre située juste en face du poste infirmier, la chambre 323.

Le fayot est cueilli par le sourire radieux d'Aurélie, déjà au fait des recommandations des copines du sous-sol. Ton lit est poussé dans la pièce, tu découvres une vue dégagée, de grandes baies vitrées donnant sur les allées de l'hôpital. Depuis un mois, ta vision en réanimation n'a eu comme perspective que le sas d'entrée de réanimation. Là, des arbres, des allées, beaucoup de ciel, des fenêtres qui s'ouvrent. De l'air ! Pas suffisamment quand même, et on te connecte à l'oxygène, qui arrive par une prise au mur.

Impression d'arriver à l'hôtel : on t'indique ta salle de bain, tes toilettes, ton placard, infimes détails qui laissent entrevoir que bientôt tu pourras te laver, ne plus uriner dans un pistolet ni faire caca dans un Tupperware, et retrouver une dignité des fesses en jetant aux oubliettes la blouse humiliante. Tu as les larmes aux yeux.

C'est un très haut palier, ce troisième étage.

Pas certaine que tu aies conscience des bas-fonds d'où tu reviens...

J'entreprends de remettre au mur la cinquantaine de photos que contient ma pochette rouge.

Les infirmières, intriguées, défilent l'une après l'autre, pour contempler l'étrange vague colorée qui déferle rapidement sur le mur blanc. Le boulot qui consiste à expliquer ton état de sourd-muet va devoir être recommencé. L'une d'elles, après s'être extasiée devant la quantité de figures du cinéma et de la télévision, interrompt mon collage appliqué en s'adressant à toi :

– Alors, vous êtes connu ?

À mon éclat de rire, tu comprends que la question est cocasse. Je réponds à ta place :

– En réa, oui, il est très connu.

Emmanuelle, ton infirmière de réanimation, est en grande discussion avec Aurélie :

– Je t'ai mis tout un stock de sachets pour sa gastrostomie, il ne supporte que ceux-là. Ceux qu'on utilise habituellement lui font mal au ventre. Du coup je t'en ai monté plein. Et puis souvent, la nuit, il est angoissé. On lui a prescrit un antidépresseur depuis son arrivée, mais parfois ça ne suffit pas… Et aussi, il a un truc à lui avec l'eau, il a besoin qu'on lui remplisse un verre régulièrement. On est d'accord, il ne peut absolument pas boire. En fait, il s'humecte toute la journée la bouche, ça lui donne la sensation de satisfaire sa soif. Au début on refusait, mais finalement il gère parfaitement.

Tu n'as pas une mère dans ces murs, mais une véritable légion. Emmanuelle m'adresse un clin d'œil, le relais est transmis. Aurélie, Suzy, Estelle, Soizic, Clémence, Marie-Pierre t'ont pris sous leur aile : tout va bien.

Dans cet espace, il règne un calme propice au repos, contraste radical avec le sous-sol effervescent d'où tu viens, et pourtant l'étage est plein et chaque chambre occupée.

Une femme poussant un chariot vient de faire irruption dans la chambre. Sur la tablette à roulettes où j'ai installé ton ordinateur, elle dépose un plateau-repas et ressort. Nous la regardons, ahuris, avant d'exploser d'un rire commun, sans décibels de ton côté. Je te regarde : « N'y pense même pas ! »

Quelques ajustements vont être nécessaires, manifestement.

Il va falloir du temps aux équipes pour intégrer que tu ne parles pas, n'entends pas, ne manges pas, ne bois pas, ne te lèves pas. Des jours pendant lesquels les situations absurdes s'enchaîneront, parfois agaçantes, souvent désopilantes. L'idée d'une signalétique sur un tee-shirt ou un panneau accroché à ton lit me titille…

La dépression postdéménagement n'aura pas duré. En quelques jours, je constate que tu as charmé l'équipe d'infirmières avec ton regard qui pétille, ton sourire indestructible, ta frêle carcasse et ton ardoise, elles sont désormais aux petits soins pour toi. Elles ont négocié avec les médecins ORL que tu sois le dernier des visites du matin, élu roi de la glande. Comme tu es privé du petit déjeuner, les infirmières t'ont octroyé un droit compensatoire à la grasse mat', le supplément oreiller.

Chaque matin, le docteur Y et sa nuée d'internes débarquent bruyamment dans la chambre 323. Tu t'en fous, tu n'entends rien. À début, tu te redressais, donnais un peu le change, souriais aux blouses. Comme finalement aucun ne prend la peine de communiquer avec toi par le biais de l'ardoise, seul moyen d'échanger, tu continues de dormir ou fais semblant, ignorant royalement l'intrusion du bataillon. Parfois tu ouvres un œil, t'amusant du manque de concentration des étudiants, plus occupés à détailler le mur de photos que le panneau des constantes.

Les photos, elles, affluent toujours. J'imprime, j'accroche, job à mi-temps. Je n'ai pas demandé l'autorisation, je me la suis octroyée d'office. J'enverrai les mécontents au bureau des réclamations du ministère de l'Affichage. Je suis obligée d'attaquer un nouveau pan de mur, celui en face de ton lit est intégralement tapissé.

Le phénomène des photos a pris une ampleur indescriptible. Un véritable défi pour chacun : faire preuve de la créativité la plus folle dans la pose ou obtenir la participation d'une personnalité. On a dépassé le simple réseau des relations amicales, certains sollicitent maintenant des people croisés dans des avions ou dans la rue, voire des kangourous en Australie. D'autres s'adonnent à des actes de délinquance. Isabelle, Karl et leurs voisins ont tagué sur un mur dans leur rue un gigantesque « Kourrage Antoine ! ». Un cycliste, en franchissant la ligne d'arrivée d'une course, a brandi le fameux panneau. Le public n'a pas vraiment compris. Mais qui est donc cet Antoine ? Toute l'équipe d'une entreprise a posé avant de prendre le départ du marathon de New York. Autant de symboles de force, d'espoir, envoyés des quatre coins du globe. « Kourrage Antoine ! » est le refuge dans lequel je me jette chaque soir, une citerne d'énergie dans laquelle je pompe afin de t'alimenter à mon tour le lendemain. Il semblerait que cela fonctionne aussi dans l'autre sens car, d'après certains, ta force de combat s'avère communicative. La bonne nouvelle, c'est que, dans ce puits virtuel sans fin des réseaux sociaux, au bout du compte, il reste quand même de l'humain.

KOURAGE ANTOINE!
Je suis avec toi Antoine!
KOURAGE ANTOINE!
KOURRAGE ANTOINE
KKOURRAGE ANTOINE!
Tu me dois 5 euros,
KOURAGE ANTOINE!
Bon Kourage Antoine
KOURRAGE ANTOINE !!!
KOURAGE
Kourage Antoine
KOURAGE ANTOINE!

Corps roboratif

Tu as pris goût à ton confort de la chambre 323.

Moi, je fais une fixette sur ton hygiène, avec une seule idée en tête, te coller sous la douche. À Percy, Caroline était mon alliée propreté. On n'en avait rien à faire que tu risques la noyade par remplissage de ta trachéotomie, il fallait que tu sois propre. Là, c'est une autre affaire, personne n'est gêné, hormis moi. Chaque jour est un combat ; aujourd'hui, ce sera celui du cheveu gras. Après d'âpres négociations, j'ai obtenu un siège plastique et la dérogation pour avoir le droit de te noyer seule dans ta salle de bain. En cadeau, j'ai reçu deux tabliers jetables en plastique, censés préserver l'intégrité de mes vêtements – deux en raison de ma hauteur, j'imagine.

J'ai remonté mon pantalon jusqu'aux genoux, gardé uniquement un tee-shirt, noué l'un des tabliers autour de ma taille. Une infirmière t'a débranché de l'oxygène et m'a aidée à t'installer sur un fauteuil roulant. Elle nous a souhaité bon courage en partant. Peut-être est-ce un adieu présumant un futur infanticide dans la salle de bain de la 323.

Tu réussis péniblement à te hisser sur tes cannes en t'appuyant sur le lavabo. Tu trembles de tout ton squelette, je frémis à l'idée qu'il s'écrase au sol. Tu ouvres la bouche de stupeur, tu viens de découvrir ton reflet dans la glace… Tu pivotes légèrement sur la droite, puis la gauche pour observer ton corps cure-dent face au miroir. Passé l'effroi, tu me souris et articules les mots que je comprends instantanément : « T'as vu, je suis en 2D. »

Crétin, va. J'ai envie de pleurer.

Tu glisses ta frêle charpente sur le siège en plastique positionné dans la douche. J'entreprends de te déshabiller puis de trouver un système pour protéger ta trachéotomie. Je mettrais bien un gant en caoutchouc dedans pour bien tout boucher, sauf que je me rappelle qu'accessoirement ce truc te sert à respirer. Je finis par t'attacher un tablier autour du cou. Le tableau est grotesque, il faudra penser à gommer cette image de nos mémoires. Lorsque l'eau commence à couler sur ton corps friable, je me demande si tout ne va pas se décomposer et partir dans le siphon. Tu jubiles, quoique tu sois également en train de te noyer dans l'eau qui s'engouffre dans la trachéo. Tu me fais signe que tu préfères couler que garder les cheveux sales, j'obtempère et shampouine pendant que tu tousses et t'étouffes dans le tablier.

Tu fais la grimace quand je coupe le robinet, une partie de l'eau sur ton visage et sur le mien ne vient pas du jet de douche, nos larmes coulent en toute discrétion.

À présent, tu mimes que tu souhaites te raser. Mon souffle s'arrête net quand ta main tremblante approche l'objet tranchant de ta joue. « Après avoir essayé de le noyer, une mère cinglée achève son enfant en lui mettant un rasoir dans les mains. » Doucement, je reprends l'arme, tu encaisses avec une tristesse manifeste et je m'attelle à la tâche. Quelques minutes plus tard, une fois que tu es repositionné bien propre dans ton lit, rasé sans hémorragie, le cheveu luisant, épuisé pour deux jours et crachouillant par l'orifice de la trachéo les litres d'eau absorbés, je sors pieds nus de ta chambre, intégralement trempée, sur toute ma hauteur, le cheveu dégoulinant, mais heureuse. L'infirmière de garde me dévisage, amusée, toutefois admirative de l'exploit accompli, et me tend en guise de félicitations un stock entier de tabliers jetables.

Petit à petit, un rythme s'installe dans la chambre 323.

On frise le luxe, hormis la restauration dont tu te fous, forcément. Séances de sport quotidiennes. En guise d'haltères, on t'a gratifié de deux petites bouteilles d'eau que tu as charge de soulever pendant quelques minutes. On t'assied au bord du lit, tu te tiens droit, obstiné à faire péter le chrono. Tu ne tombes plus, il y a du progrès.

Mais ce qui te comble, c'est le fauteuil roulant.

Il a fallu négocier l'engin. Je sais désormais que c'est l'objet d'un véritable trafic au sein de l'hôpital, ces fauteuils sont une denrée rare et prisée, malgré le fait, soyons clairs, qu'ils dézinguent n'importe quel cul bien constitué en moins de quinze minutes. L'infirmier en charge de la flotte de fauteuils est mon nouvel ami, et j'ai averti que je ne laisserais personne me reprendre ce bien précieux, sous peine de représailles inconséquentes. J'ai prévenu.

Il fallait voir ta première sortie. Un détenu doit ressentir la même chose quand il bénéficie d'une permission après une longue incarcération. Narines en entonnoir, comme un poulain qui sort de l'écurie, tu humais tout l'air possible, un sourire d'aise tiré d'une oreille à l'autre. J'ai pu vérifier combien la poussée d'un fauteuil roulant est un exercice punitif, épuisant et complexe, rendant insurmontables certains reliefs passés jusqu'alors inaperçus. Le trottoir devient ton ennemi, les dévers, ton pire cauchemar. J'aurais pu te tuer dix fois, comme dans cette rue en pente quand le fauteuil m'a échappé. Il y a des gens qui forcément ne sortiront jamais de leur fauteuil parce qu'ils sont réendommagés par leurs pousseurs incompétents, à qui on devrait retirer le permis, un cercle vicieux.

Je ne regarderai plus jamais de la même façon les personnes en fauteuil roulant.

Par cette éclatante journée de septembre, Clément est rentré de Berlin pour te voir, il franchit fébrilement le seuil de ta chambre et se love longuement dans tes longs bras maigres. Pas de sons, juste des regards dans lesquels il y a tout. Vous restez ainsi collés pour pleurer de concert. Réunis en famille pour la première fois depuis le commencement de la guerre W135, tous les cinq, nous arpentons ensemble les allées de l'hôpital. Une fois de plus, le soleil suit notre trace et, avec lui, l'idée possible d'un avenir plus dégagé.

Tu enchaînes avec entrain les séances de kiné quotidiennes. J'ai troqué tes bouteilles d'eau contre de vrais haltères achetés dans un magasin de sport. Des haltères roses… Tu ris quand je t'explique que, compte tenu de leur poids infime, les fabricants pas féministes ont conçu une couleur unique pour l'objet : la couleur fille.

Porzia est revenue te manipuler dans ta chambre. Cette fois-ci, le contexte est facile, j'ai informé les infirmières de ma délinquance ostéopathique. Elles ont trouvé cela très utile : « Vous avez parfaitement raison ! » Porzia se concentre sur ta locomotion et la perspective que tu puisses te lever et marcher. La prochaine séance sera consacrée à un sacré chantier : ton crâne. En attendant, elle débloque ton bassin, déverrouille un à un chaque étage de ton squelette figé. Ton sourire béat exprime un soulagement intense.

Quand tu t'es hissé avec succès sur tes frêles cannes et qu'elles t'ont porté vaillamment quelques mètres, tu exultais, mon petit péteux. Moi, j'avais l'impression que tu allais te casser en mille morceaux. Les infirmières t'ont ovationné, stupéfaites de constater ta taille réelle. Un mètre quatre-vingt-six couché, ça ne faisait pas trop le malin, c'est sûr.

La kiné est ambitieuse, elle t'emmène au bout du couloir, ce qui équivaut à un Paris-Fontainebleau à pied pour un châssis voilé comme le tien. Tu m'expliques que, chaque jour, c'est un terrible moment d'angoisse quand tu vas jusqu'à la cage d'escalier, là où elle teste avec toi la montée de deux ou trois marches. Tu fais une fixette sur le stylo qu'elle place méticuleusement dans la charnière de la porte coupe-feu pour l'empêcher de se refermer. Tu as compris que, si le stylo glisse, la porte, une fois rabattue, ne s'ouvrira plus dans ce sens et que tu devras monter tout un escalier, ce qui reviendra pour toi à gravir le mont Blanc.

À chaque petite victoire, tu lèves les bras en signe de triomphe.

Tu as décidé ensuite que tu irais marcher dans le parc. Je sais que tu y arriveras. Et un soir, tu m'as annoncé :

« Dans deux semaines je serai à la maison, c'est mon corps qui me le dit ! »

On est le 30 septembre, les derniers examens du larynx sont de nouveau pourris, les cordes vocales sont aux abonnés absents, dans ton gosier ça roupille grave. Les médecins parlent en mois pour la récupération de ton état physique et musculaire, je ne vois pas comment tu peux imaginer cette perspective. Heureusement, Pinocchio répond à ma place :

« Si ton corps te le dit, alors c'est bon ! »

Room 323

La room 323 est en passe de devenir l'attraction du bâtiment. À toute heure de la journée, un flot de visites organisées se relaie dans ta suite. Internes, médecins, soignants de tous bords s'attroupent devant les centaines de photos de ta chambre, à l'affût des clichés de people au milieu des têtes inconnues, oubliant la présence du pensionnaire sourd-muet. Jean Dujardin, Djamel Debbouze, Pharrell Williams, Omar et Fred, les Belmondo, fastoche, ils connaissent. Pour Claude Lelouch, Julien Clerc, Sandrine Bonnaire, Nicolas Hulot, Louis Bertignac, Jean-Pierre Coffe et j'en passe, il leur faut Google. Des abysses générationnels me séparent de ces blouses prépubères, j'ai cent ans…

Les visites de ton cabinet de curiosité par les internes, tu t'en fous, toi, tu attends tes amis. Le permis de te refréquenter leur a été délivré, ils ne se privent pas. Probablement pour désamorcer l'émotion que suscite la vision de leur camarade déglingué, tu as mis au point des blagues du plus mauvais goût. Courageux ceux qui reviennent malgré tout. Par simple poussée d'air dans ta cage thoracique, tu as trouvé comment expulser brutalement le tuyau d'air relié à ta trachéo. Tel un bouchon de champagne, tu catapultes la tuyauterie de ton cou, c'est ignoble. Là, tu leur assènes la salve finale, tu fais semblant de crever. Pas plus traumatisant comme plaisanterie, et tu la répètes à l'infini. Souvent, les visites se déroulent dans la gêne générale des dialogues sans paroles. Certains, empêtrés, oublient par intermittence que tes oreilles ont fermé boutique. Tu es spectateur des lèvres qui bougent autour de toi, privé du flot de conversation qui reprend forcément entre tes camarades présents.

Normal, à dix-sept ans, la vie se doit d'être légère, pas de basculer et tout bousculer. Alors, tu fais remarquer que tu es là et que tu aimerais bien participer aux discussions. L'ardoise a beau être posée entre vous, le dialogue pédale dans la semoule, l'embarras remplit l'espace, les visites s'écourtent. Seule ta garde rapprochée d'amies, les attentives, surmonte le malaise, s'adaptant tant bien que mal pour créer un autre mode d'échange. Ces moments te procurent une joie immense, que ton père s'obstine à gâcher en congédiant tes visiteuses si leur horaire empiète sur le sien.

Notre amie Aline a essayé de mettre de côté la vision traumatisante de toi en réanimation à Percy et elle a frappé à la porte de la 323. Elle a fait trois pas dans la chambre, s'est arrêtée net, m'a regardée, l'œil perdu, avant de tourner les talons et de se précipiter dans le couloir. Je l'ai suivie et elle a plongé dans mes bras en longs sanglots, cherchant de toutes ses forces à diluer dans les larmes l'image de ton corps décati. On a tout bien séché, mouché, j'ai dit des horreurs qui l'ont fait rire et on a pu revenir dans la 323 en gloussant. Elle t'a tendu un joli petit paquet orange que tu as réussi à ouvrir. Un savon. Un luxueux savon qui sent bon, un savon pour te laver avec grâce, un savon pour te redonner la dignité effritée au fil des semaines.

Dans passer un savon, il y a aussi du bon. Présent inestimable.

Les semaines qui suivront seront délicieusement remplies des effluves d'orange sur ta peau, sensation que tu n'oublieras jamais.

Nos échanges ont mué, contrairement à ta voix. Au fur et à mesure des jours, nous nous passons de l'ardoise. Je lis sur tes lèvres, tu lis sur les miennes. Je porte l'attention sur chaque syllabe, pour l'articuler lentement et distinctement, et, lorsque je vois le point d'interrogation s'allumer au-dessus de ton crâne, j'écris le mot manquant. J'ai noté que « trou du cul » est l'expression la plus facile à capter sans besoin d'articuler. Je parle maintenant en silence.

Depuis quelques jours, nous suivons ensemble nos premiers cours de lecture labiale avec une orthophoniste spécialisée dans le service d'implants cochléaires. Elle nous enseigne les syllabes qui prêtent à confusion, tant les formes de bouche qui les prononcent sont proches.

Les « m » et les « b ». Je crâne, je connais. Dans ma préhistoire professionnelle, j'ai fait du lipsynch de personnages virtuels, ce qui consiste à les faire parler de la manière la plus réaliste qui soit. Pour cela, j'avais étudié la lecture labiale. À une époque qui se situe à la première ère de l'image de synthèse, nous avions envisagé de créer un logiciel qui permettrait à la seule écoute d'un texte de faire parler un personnage 3D en le faisant articuler selon les phonèmes détectés automatiquement. Pendant des mois, j'épluchais le système complexe des formes de bouche, je vivais avec un miroir devant mon clavier, dans une gymnastique faciale digne d'une guenon, provoquant la risée dans l'open space où je bossais.

Si j'avais imaginé un seul instant que cette exploration virtuelle prendrait un jour toute son utilité dans la plus crue réalité…

Ton regard frétille. Tu m'annonces que tu as trouvé ce que tu vas faire pour ton projet cinéma du baccalauréat. Tu es sérieux ? Oui, manifestement. Depuis la classe de seconde, tu es en option cinéma au lycée. Depuis l'âge de sept ans, en plus des cours de théâtre, tu vivais de vraies expériences professionnelles comme comédien, je pensais que ta voie était toute tracée lorsque à quatorze ans tu nous annonças que tu serais réalisateur.

Alors voilà, pour le bac que tu as décidé d'avoir, tu vas réaliser un court-métrage. Tu en as trouvé le sujet. Il parlera de… En fait, non, il ne parlera pas, il sera sans dialogues, sans voix… Les thèmes : l'alimentation et le monde des enfants. Voilà. Tu décrètes avec le plus grand sérieux que tu en commenceras l'écriture prochainement.

Je pars fouiller longuement dans mon sac, c'est commode, il y a beaucoup de bazar dedans, ça laisse du temps pour laisser couler mes larmes.

J'ai un colis pour toi. Dans ce paquet déposé par Catherine, il y a une multitude de petites fioles, une collection de parfums naturels destinés à la cuisine : vanille, rose, chocolat, pomme, abricot, fraise… Un mot t'explique que, faute de pouvoir manger, ces parfums sauront peut-être nourrir tes narines et t'apporter une forme de plaisir. Alors, nous jouons. Toi, dont l'odorat avait totalement disparu ces dernières semaines, tu humes aujourd'hui à plein nez. L'odorat perdu, comparé à tout le reste, c'était peau de balle et balai de crin. Voilà donc que le déserteur s'est repointé, l'air de rien. On n'en fait pas grand cas, mais disons que, dans la pile des petites victoires, ça fait un étage qui compte. Tu te repais des senteurs autant que de l'ingestion d'un gâteau au chocolat ou d'une salade de fruits. Je pense avec amour aux flacons que je pourrais te concocter, à glisser sournoisement au milieu des autres… Bouse de vache, essence, œuf pourri, chou cuit, poubelle, trou de balle…

Depuis mon arrivée, je trépigne. Un mystérieux pli envoyé par l'intermédiaire de Carlotta, la nièce d'Arielle, est arrivé dans notre boîte aux lettres ce matin. Le colis est lourd. Pendant le trajet en métro, je l'ai palpé pour tenter d'en deviner le contenu. Je vais te tuer à coups d'ardoise si tu ne l'ouvres pas dans la seconde.

Mais voilà, ton énergie est au niveau moins un, le papier d'emballage est plus fort que toi. Je le pulvérise. Apparaît un gigantesque livre qui va probablement t'achever. « Mort, écrasé dans son lit sous le poids d'un cadeau. » Une magnifique édition traitant du film *The Artist*. Tu soulèves doucement la couverture, dévoilant un mot manuscrit à ton attention, signé du réalisateur Michel Hazanavicius et de sa femme Bérénice Bejo. Ils témoignent de leur soutien, de l'envie de t'offrir ce livre, eux qui ne te connaissent pas mais ont entendu parler de ton combat et de ta passion pour le cinéma. Dommage qu'aucun son ne puisse sortir de ta bouche si bigrement ouverte. Tes yeux sont exagérément exorbités, faudrait voir à ce qu'ils ne se délogent pas totalement.

Comment est-il possible qu'après m'avoir annoncé que tu concevais ton premier court-métrage sans paroles, le réalisateur du dernier film en date sans dialogues ait décidé de t'envoyer ce colis ? Il y a des strates dans notre univers qui me dépassent, et j'en ai les poils qui balaient le plafond tant ça me colle une ébouriffante chair de poule.

Tes mains déplient fébrilement une lettre jointe au livre. Le format est comme le livre, énorme. Sur une feuille A3, des crayonnés. Nous découvrons l'ébauche d'un story-board dessiné par Michel Hazanavicius. Entre les personnages croqués, les mots serpentent, ils sont pour toi :

« Antoine, c'est un très bon moyen de finir son adolescence que de faire une méningite hyper rare. Vous n'êtes pas beaucoup à tenter le coup, du coup, forcément ça rend unique.

Ça permet de se faire remarquer. Ce qui est cool, c'est se dire que :

1/ ça va te donner un truc en plus ;

2/ ça va te donner du temps pour penser, pour imaginer, pour rêver ;

3/ ça va te donner du courage à revendre et aussi tu feras partie des gens qui savent la chance qu'ils ont d'être là.

Bon, je te dis ça, c'est pas une raison pour en refaire une tous les deux jours. Je crois qu'on est tous d'accord pour te dire qu'une fois c'est bien. Maintenant, faut guérir. Je t'embrasse et te souhaite du KOURRAGE !

Michel Hazanavicius »

Je pleure, tu me vois pleurer, tu pleures.

Vraiment, ça fait beaucoup trop de trucs bien en même temps, on n'a pas l'habitude.

Il y a des gens qui un matin se lèvent et décident de prendre le temps de rédiger et d'envoyer une belle lettre à un parfait inconnu, juste comme ça. Ça lui redonne de la crédibilité, à l'humanité.

Tu fouines dans le tiroir de ta table de nuit et pétris deux boulettes de Patafix dénichées dans le fond. Avec délicatesse, tu placardes la lettre juste devant toi, pour qu'elle soit à portée de tes yeux. C'est ainsi que, chaque matin qui suivra dans la chambre 323, chaque fois que tu accompliras l'effort colossal de relever ton châssis sans muscles de ce lit pour t'asseoir péniblement, tu prendras le temps de relire lentement ces mots pour remplir ton cœur de force et d'espoir, avec quelque part, là-haut, au-dessus de ta tête, juste à côté de ma bonne étoile, celle du cinéma.

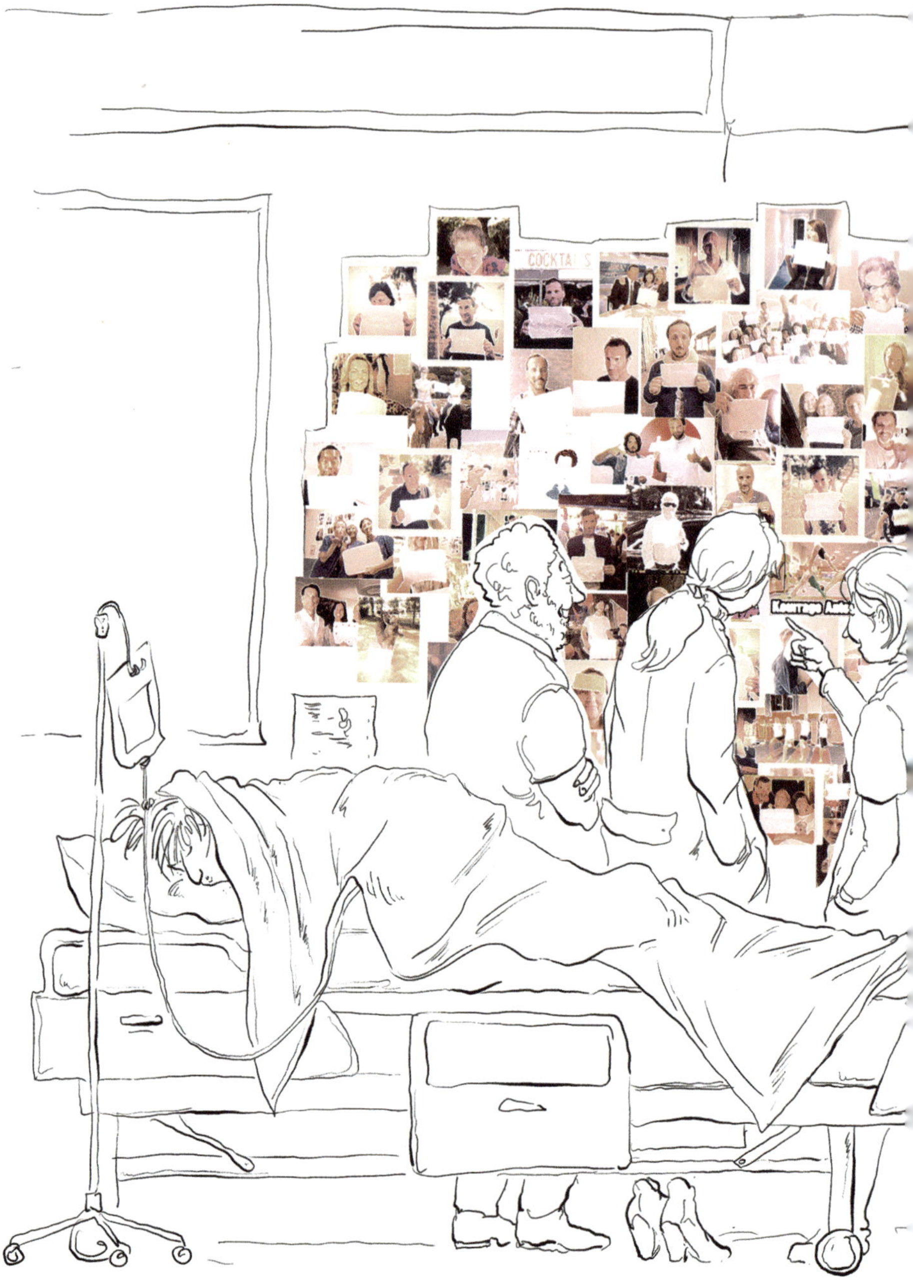

Majesté

Une princesse avec une couronne sur la tête est entrée dans ta chambre.

Non, on n'a pas chouré les drogues de cet hôpital… Aurélie, ta pétulante infirmière, s'est déguisée aujourd'hui, pour toi. Elle vient faire la visite de Sa Majesté et prodigue les soins à Son Altesse, diadème dans les cheveux. Seul le chariot médical qui trône au milieu de ta chambre nous rappelle où nous sommes. Dans un hôpital imposant, carré et protocolaire, existe une pièce où l'intégralité des murs est recouverte de photos et dans laquelle une princesse te colle de l'eau gélifiée dans la bouche alors que tout le monde s'accorde à dire que ton larynx est foutu pour la déglutition. Cette princesse, ainsi qu'une grande partie de ses condisciples, prône une médecine au plus proche de l'humain, autorise l'accès aux folles qui noient leurs enfants dans les douches, croit aux pouvoirs des ostéopathes, des guérisseurs, au bon sens face aux protocoles bordés et bornés.

La princesse dit fermement que l'autonomie du patient est primordiale, elle t'initie ce jour à la prise de tension et aux soins de trachéotomie. C'est dégoûtant et tu adores ça.

La jolie tête couronnée brandit une fiche comme si elle venait de gagner à l'EuroMillions.

– Il a pris un kilo !!!

C'est ça, on a gagné ! Même si ça ne va pas remplir cet immonde jogging dans lequel tu fais de la brasse. Le Loto du jour, c'est ton remplumage. Et la rumeur de ce gain inestimable fera bientôt le tour de tout l'étage, et tu seras le héros du jour.

Cette infirmière est royale. Il faudra penser à le lui dire un jour.

Comme à toutes celles qui t'entourent jour et nuit.

Vibrations

Ce rendez-vous, tu en attendais tant, ton espoir ne fut pas entendu, parce qu'au bout du compte tu n'entendis rien.

3 octobre.

Bien que assis dans ton lit, tu piétines d'impatience en attendant l'audioprothésiste dépêchée par le service ORL pour t'apporter les minuscules objets dans lesquels nous avons placé un espoir démesuré, ces prothèses auditives qui pourraient te changer la vie.

J'attendais l'apparition d'une blouse blanche avec cheveux attachés et lunettes, mais surgit un sosie de Pénélope Cruz en tailleur ajusté, très ajusté, impeccable, montée sur escarpins, une mallette rutilante pluggée en bout de bras, panoplie et argumentaire de technico-commerciale de mes deux. Elle installe, de ses doigts dotés d'ongles trop longs, trop vernis, trop faux, trop inappropriés pour le contexte, deux contours d'oreille sur tes esgourdes et déploie un ordinateur portable. Je redoute l'apparition d'un PowerPoint de réclame, mais elle ouvre un logiciel affichant une série de courbes et s'attelle à triturer des curseurs tout en affichant sur son visage très maquillé des moues inspirées.

Tout est trop. J'ignore si cela fait partie d'une stratégie, certes douteuse, mais elle s'exprime à un niveau sonore inexistant. Je n'entends ni ne comprends un seul mot de ce qui sort de sa bouche, peut-être a-t-elle pour objectif de tous nous appareiller dans cette pièce…

Je n'ai pas perçu la supercherie lors de ce premier jour de réglages, mes attentes étaient telles qu'on aurait pu me faire passer une dinde pour un pigeon et inversement. Mais, au fil des séances qui suivirent, je compris que les moues de Pénélope n'étaient pas l'illustration d'une réflexion intellectuelle mais celle d'un pédalage incontrôlé dans une ahurissante calibration hasardeuse. L'observation de son absence de logique couplée à mes rudiments en matière de logiciels de sons m'apporta la certitude qu'elle jouait avec ses boutons de réglage comme un enfant de deux ans sur son tableau d'éveil.

Donc, ce 3 octobre, la dame en tailleur te demande, après chaque changement aléatoire d'un curseur dont elle ne connaît visiblement pas la fonction, d'une voix que je ne capte moi-même pas, si tu entends mieux. Je ne quitte pas ton regard perdu qui me crie « Je n'entends rien ». Moi non plus, remarque. Elle déroule une bande sonore avec de la musique. Pas une note ne remonte ton conduit auditif. Miss Cruz a perçu mes yeux interrogateurs :

– Sachez que, pour la perception de la musique, ça va être très compliqué…

J'ai bouché mentalement mes propres oreilles pour ne pas entendre la fin de sa phrase.

Barbie-Robot-Cruz explique que, compte tenu de la perte inexorable de ton audition, il ne faut pas en attendre (entendre) davantage, que c'est déjà une mégachance d'avoir ça.

C'est-à-dire rien.

Et elle fixe un rendez-vous une semaine plus tard pour faire de nouveaux ajustements.

La dame sur stilettos remballe ses courbes et sa valisette et quitte la pièce, nous laissant sourds et pantois. Je rame dans la vase pour trouver un seul truc positif dans cette bouffonnerie et de quoi entrevoir une minuscule lueur dans cette purée.

Tu as ainsi hérité de deux gadgets parfaitement inutiles. Mon processeur Pinocchio me fabrique des arguments rutilants, je te convaincs ainsi de l'avenir radieux que ces prothèses vont un jour t'ouvrir.

Bilan : 3 octobre, voix zéro, alimentation zéro, respiration zéro, audition zéro.

Kilo, un, tout de même, et, allez, quelques centimètres. Le coma présente cet avantage, il permet de grandir. À tous les niveaux.

La petite lueur qui sauve quand le noir a pris toute la place dans le lit est arrivée sous forme d'une fibroscopie qui n'était pas au programme. Un nouveau médecin ORL vient de rentrer dans la partie. Pourquoi ?

Le patient naïf imagine que, pour sa précieuse personne, l'hôpital déploie nécessairement un processus optimal parfaitement organisé, tant dans les moyens mis en œuvre que dans la gestion de ses ressources. À cette étape du jeu, nous ignorons qu'il se planque toute une partie immergée, celle des liens complexes entre services, que ce soit dans le fait de collaborer, se tirer la bourre, tirer la couverture à soi, se foutre sur la gueule, se poignarder dans le dos. Je n'ai pas encore compris que l'hôpital n'est qu'une entreprise comme une autre, et qu'il n'y a donc aucune raison que les rapports humains et les luttes de pouvoir ne soient pas comme partout ailleurs.

Le docteur D nous plaît d'emblée, elle est dynamique, souriante, drôle et très vive.

– Antoine, ta salive, tu l'aspires tout le temps ou bien par moments tu l'avales ?

D'une main descendant sur le cou, tu fais signe que tu l'avales souvent.

– C'est bien ce qu'il me semble, il y a de l'espoir côté déglutition. Allez, Antoine, on se fait un petit film ?

Tu n'as pas le temps de dire ouf, et de toute façon tu ne peux pas dire ouf, qu'une caméra est partie direct dans ta narine gauche, sans préliminaires ni vaseline. Tes yeux exorbités qui larmoient disent tout du confort de cette promenade cinématographique dans ton larynx.

– Madame, vous allez pouvoir suivre sur l'écran la progression de la fibroscopie.

Je n'ai pas payé ma place, pourtant je suis aux premières loges d'un court-métrage gore qui donne la gerbe. Au bout de quelques minutes, le docteur D et moi-même sommes totalement concentrées sur l'écran, nous avons oublié que tu es là, avec une caméra dans le pif, à prier de toutes tes forces que le cauchemar s'arrête. Déjà qu'au départ tu es dans l'incapacité de crier, alors avec un tournage dans le nez, disons que ça n'arrange rien. Nous, on fait la visite des lieux dans tous les recoins en papotant, je commence à m'habituer à cette glissade dans tes tuyaux genre « Train de la mine à Disneyland ».

– Ah, mais moi, je dis qu'il bouge, ce larynx ! Il y a de la mobilité ! Pas énorme, j'en conviens, mais il y a des muscles qui vibrent d'un côté. Et puis on voit une zone d'œdème, c'est clair ! Vous la voyez, là ?

J'aimerais lui dire oui, mais moi, je vois tout qui bouge, y compris le sol sous mes pieds. Mes poils se sont hérissés sur tout mon corps tant je veux croire qu'à cet instant il se passe un miracle sous nos yeux.

Nous sommes toutes deux collées à l'écran, détaillant et commentant chaque bout de chair pendant que le docteur D tient fermement l'extrémité de la fibroscopie au bout de son bras tendu. Tu es à deux doigts de t'évanouir derrière nous.

– Vous en concluez quoi ?

– Que c'est très positif. Moi, je dirais que c'est l'intubation qui a endommagé le larynx et créé l'œdème, donc ça pourrait se résorber. Vous avez un examen prévu à l'hôpital Tenon la semaine prochaine, nous verrons si cela confirme ce que je vois aujourd'hui.

Une main suppliante se lève derrière nous pour dire que, putain, ça suffit.

Un espoir vient subitement de se remettre à vibrer à l'unisson avec ce fainéant de larynx qui pourrait bien être enfin sorti de sa sieste.

Un petit vibrato.

C'est infime, mais je veux y croire.

J'ai envie de chialer.

Forteresse

« *Maman, je vais pleurer… J'arrive à entendre la musique de mon iPad en le rapprochant de mon oreille sans mes appareils ! Ne pleure pas, s'il te plaît, mais j'ai aussi réussi à bien avaler ma salive !* »

Un sms à double uppercut. Celui-ci m'a cueillie sans crier gare.

Il aura suffi d'un frémissement au fond d'une gorge, d'une onde qui ébranle un escargot supposé mort dans le creux d'une oreille et de la glissade d'un filet de bave dans le bon toboggan pour qu'un chemin jonché de grosses caillasses s'aplanisse enfin.

Alors, oui, je pleure. Les larmes de joie, c'est autorisé à toute heure, contrairement aux autres, celles du désespoir, qui ont leur déversoir réservé à des heures solitaires.

Ton fan-club d'infirmières partage avec moi la joie inouïe des progrès que ces infimes agitations laissent présager. Mais il y a une chose cruelle dans notre médecine, c'est sa capacité à souvent dézinguer la queue d'un espoir, mue par la peur de se tromper. Il semblerait pourtant naturel de placer de grandes attentes dans ces minuscules signes.

Au bout du compte, la confrontation avec les médecins s'avère amère. Le rendez-vous avec le docteur P, ORL, et l'audioprothésiste Pénélope pulvérise en moins de quelques minutes nos brusques et naïfs fantasmes de guérison en les plongeant dans un océan de bémols. Parce que franchement, madame, il n'y a pas de quoi s'emballer.

Ainsi, tu n'es pas entendant à 20 %, tu es malentendant à 80 %. Madame, vraiment pas de quoi s'exciter sur la vague écoute d'une musique sur tablette.

Nous avons pris l'habitude du docteur P, médecin très compétente mais vraisemblablement sous Prozac en intraveineuse :

– Nous sommes arrivés au maximum des possibilités de réglage des appareils. On ne peut pas attendre de miracles compte tenu de la perte d'audition importante d'Antoine.

– Et pour la musique, il ne l'entend pas avec les appareils... On peut espérer que cela va s'améliorer ?

– La musique, il faut l'oublier, c'est ce qu'il y a de plus compliqué. N'attendez pas qu'il puisse un jour à nouveau l'entendre.

Pénélope acquiesce tout en rangeant sa mallette et ses réglages aléatoires dedans.

– Sachez de plus que, dans les cas de méningite, la perte n'est pas consolidée. Il est tout à fait possible qu'elle continue de se dégrader. Les études montrent que les cas sont variés. L'audition peut rester stable des années puis chuter intégralement d'un coup, ou bien se détériorer au fur et à mesure. Il faudra donc surveiller ça très régulièrement pour ne pas rater le coche des implants cochléaires. Il est possible qu'il devienne sourd.

Tiens, celle-ci, je ne l'attendais pas, c'est le bonus de docteur Prozac. Allez, grande dame, vous reprendrez bien une petite louche de mauvaises nouvelles ?

La phrase vient de me couper les guiboles, me laissant sans voix. Toi, sans voix, tu l'es déjà, mais il aurait été préférable que tu sois déjà sourd pour ne pas l'entendre.

« La musique, il faut l'oublier » et « il est possible qu'il devienne sourd ». J'ai beau avoir une confiance absolue dans la qualification de ce médecin réputé, j'ai envie de lui hurler : « Va te faire sucer les yeux par des canards ! » Maman dragon fume et fulmine en silence : « On va vous montrer comment la musique il va à nouveau l'entendre, et les stats pouraves de méningite, vous savez où on se les met ? »

Je ne veux plus les voir, Barbie Cruz et docteur Prozac.

Mais les déglingueurs de moral se sont manifestement passé le mot. Le docteur Y, à qui je fais part du miracle de salive avalée, m'explique, laconique, qu'elle s'écoule malgré toi dans le conduit endommagé, ce qui ne permet en rien d'augurer qu'un jour tu puisses être capable d'engloutir un verre d'eau : on se calme, madame.

Décision est prise d'établir un filtre entre eux et toi, afin que les progrès que j'estime significatifs ne soient pas radicalement atomisés. Je leur laisse le Prozac. Les messages de Salvatore abondent dans mon sens. Ce fainéant de larynx va bien finir par se remettre au boulot, non ? Salvatore y croit. Tout comme dans le fait que ton audition peut un jour s'améliorer.

Et à chaque étape que tu franchis, je publie sur les réseaux sociaux ce qui m'apparaît comme de formidables progrès. À ce jour, trois cents personnes suivent quotidiennement ton évolution et nous aident à maintenir la certitude d'une guérison.

Commode, le virtuel ! Imagine trois cents personnes défilant dans la chambre 323…

En revanche, il y en a un qui n'a pas réussi à embarquer dans le train du positivisme, resté en rade sans parvenir à se hisser dedans.

Ton père…

C'est devenu un sujet délicat.

Pour t'épargner ses visites de fin de journée plombantes, tu as adopté une stratégie d'évitement qui consiste à négocier par sms la fréquence de ses passages, mais aussi à avoir l'air exténué, voire à faire semblant de dormir, quand il franchit le pas de ta porte.

Les sources de conflit surgissent désormais à la moindre occasion.

Ce jour-là, tu es particulièrement heureux de recevoir la visite de Mona et d'Ambre. Il règne une joyeuse ambiance autour de ton lit quand ton père franchit le seuil de ta chambre, contrarié de l'invasion de jeunes qui ne sont pas les siens à une heure qu'il considère comme la sienne. C'est un fait établi depuis toujours, il n'a jamais supporté les enfants des autres, même ceux de nos meilleurs amis. Ce moment est à lui, à lui seul, pas question qu'il en soit privé. Une seule salve de mots cinglants et sans appel à la jeunesse envahissante et elle déguerpit dare-dare sans demander son reste. Il s'installe alors sur le fauteuil à côté de toi, oublie dès la première phrase que tu n'entends pas, qu'il est nécessaire de se positionner face à toi pour dialoguer, articuler lentement et prononcer très fort. Chaque soir, tu perds un peu plus patience. Il demande comment tu vas, a entièrement oublié la discussion de la veille et le fil de ton protocole de soins. Par politesse, tu lui retournes la question : « Comment vas-tu ? »

Question que tu regrettes à la seconde où tu la poses. La réponse est identique à celle de la veille, du jour d'avant et de tous ceux qui précédent : ton père va mal. Ses journées de travail sont pénibles, le périple à moto pour te rendre visite sous la pluie est harassant, la présence d'intrus dans ta chambre le contrarie…

Jusqu'à ce matin où les infirmières souhaitent me parler.

– Vous savez, Fabienne, c'est un problème, les visites de votre mari. Si on oublie qu'il ne nous parle pas toujours bien, ça, on a l'habitude, le souci, c'est le moral d'Antoine. Il est très déprimé quand son père s'en va. Il a besoin d'un soutien positif, pas de la dépression de son père. Ce qu'il lui faut, c'est voir ses amis, avoir des visites qui lui font du bien !

J'ai mille fois, par le passé, imaginé des raisons au comportement de mon mari, et autant de fois cherché à l'excuser auprès des uns et des autres. Aujourd'hui, quelque chose est en train de se produire. En panne d'excuses… Une colère froide me submerge, et je me dis que ça doit changer, parce que en fin de compte c'est inexcusable. Désormais, rien ni personne, pas même ton père, ne viendra entraver le chemin de ta guérison, qu'on se le dise.

Le soir suivant, les échanges verbaux avec lui ressemblent à un lancer de haches. Il exprime avec verve toute sa souffrance, oubliant la tienne. Je suis lasse, les sentiments se sont fait la malle, mais, si je suis honnête, je peux reconnaître que cela fait longtemps qu'ils ont déserté. Je ne peux plus vivre comme ça. Mon temps, mon énergie, ma patience, mon amour ne doivent plus être gaspillés dans un combat qui me semble maintenant vain, j'en ai besoin pour une autre bataille.

Je suis entrée en guerre des nerfs, et j'ai bien l'intention de la gagner.

J'érige petit à petit une rangée de remparts destinés à assurer coûte que coûte la protection de ton moral contre tout assaillant.

Je suis forteresse.

Tenon là

Le 14 octobre s'est pointé.

Il clignotait dans mon agenda comme Noël, une date miraculeuse promesse de cadeaux. La veille, le docteur Y avait procédé à une nouvelle fibroscopie tout en faisant un test démoniaque : te faire avaler une cuillerée de yaourt en même temps que la caméra dans ton larynx filmait la séquence. Il me semblait évident que, dans pareilles conditions, toute personne normalement constituée, sans problème de déglutition, décéderait d'étouffement. J'avais donc un peu de difficulté à considérer ce test comme probant. Reste que celui-ci se révéla positif, confirmant une légère mobilité de la tuyauterie lors de la descente du laitage !

Plusieurs semaines, donc, que ce rendez-vous du 14 octobre nous apparaissait comme celui qui allait enfin tout éclairer, tout résoudre. Tu devais passer un examen plus barbare que les précédents, portant un nom affiché de torture : électromyogramme.

La chose allait être réalisée par deux grands spécialistes tortionnaires réunis pour une consultation très spécifique, couplant oto-rhino-laryngologie et neurologie à l'hôpital Tenon. La spécificité de cette consultation en rendait l'accès prisé et, bien que la gravité de ton cas te conférât une certaine priorité, l'attente était de cinq semaines… La partie de plaisir prévue consistait à envoyer des décharges électriques dans les nerfs pour tester leur état. En gros, j'avais l'impression d'envoyer mon enfant à la chaise électrique chez des sadiques.

J'avais envie de les prévenir du peu de probabilités de réussir à te faire parler même sous la torture.

Or, ce matin du 14 octobre, alors qu'on te prépare comme un détenu pour le convoi en ambulance qui t'emmènera au bureau des bourreaux, on m'annonce que tu es bien transporté, mais qu'électromyogramme il n'y aura pas. Je suis divisée, entre soulagement de t'éviter d'être carbonisé comme une volaille par une centrale électrique et déception de l'abandon de ce mode d'exploration que nous attendions comme un miracle à Lourdes. Je tourne toutes les suppositions dans mon crâne. Ton cas est-il si désespéré qu'il soit inutile de chercher davantage ? Ou bien ont-ils trouvé un mode exploratoire plus adapté ? Personne ici ne répond à ma question, et il semble flotter un certain embarras.

Je me concentre donc sur toi et je m'emboîte avec bonne humeur dans ta grande excitation à l'idée de sortir enfin de ces murs pour une balade en ambulance. On est comme deux mômes partis pour un tour de manège, surexcités, plaisantant sur tout et principalement sur pas grand-chose. Bien que tu voyages couché, tu exultes, profitant d'un paysage défilant dans les hautes fenêtres du fourgon médical. On rit, on s'esclaffe, on s'extasie à la vue du ciel, des immeubles, même la puanteur de la circulation et les chaos de la route nous réjouissent, tout est merveilleux, comme un retour à la vraie vie.

Nous franchissons de hauts murs, puis le fourgon s'engouffre dans les sous-sols de l'hôpital Tenon, toi bien sanglé, en route pour les bas-fonds des gigantesques bâtiments. Ça pue le transfert de prévenu et l'univers carcéral à plein nez. Je ris moins.

Ta civière est débarquée dans un cadre improbable, un sombre tunnel voûté donnant l'impression d'avoir atterri dans les catacombes de Paris. Tu es alors poussé dans un gigantesque dédale de tunnels, je m'attends à ce que des hommes en cagoule surgissent au bout et que tu te fasses jeter dans une geôle. Je ne ris plus du tout. Mais la balade s'achève dans un ascenseur, et une infirmière accueillante nous réceptionne à son ouverture, je souris à nouveau. L'attente est brève, nous sommes reçus par deux hommes au visage jovial et doux, l'un plus réservé et l'autre plus costaud, respectivement chirurgien ORL et neurologue, agissant et s'exprimant comme s'ils étaient indissociables. Quand l'un prend la parole, il interroge en même temps l'autre du regard, lequel prend alors immédiatement le relais pour appuyer les mots du premier. Un formidable duo, que je baptise aussitôt Dupont et Dupond.

Une femme en blouse blanche, très souriante, nous a rejoints, et je me sens immédiatement rassurée et en confiance au milieu de cette équipe posée, cordiale et attentive.

Dupont prend la parole :

– Nous vous présentons Magali, orthophoniste et spécialiste dans la voix et la mobilité du larynx.

Dupond prend le relais :

– Vous vous demandez pourquoi nous avons abandonné l'idée de l'électromyogramme ?

Les potes du capitaine Haddock lisent dans ma tête ?

– Il ne nous donnera pas vraiment d'éléments essentiels par rapport à ce que nous avons déjà à disposition et, compte tenu de l'état actuel d'Antoine, avec trachéotomie, sonde gastrique, un état général altéré, cela ne nous semble pas judicieux à ce stade. Ce n'est pas un examen anodin et très agréable. De notre avis, il est préférable de le lui épargner. Nous allons donc procéder à une fibroscopie pour discuter ensuite ensemble du protocole que nous recommandons.

Dupont brandit la caméra. Tu me jettes un regard qui dit : « Cette manie de faire des films dans mon corps… »

– Tu préfères quelle narine ? Gauche ? Très bien ! Tu veux le produit anesthésiant ? Non ? Tu as raison, il ne sert à rien et il a un goût abominable… On y va comme ça, alors !

Cinq paires d'yeux sont rivées sur les images HD d'un grand écran en couleur, ici c'est un peu le Panavision de la fibroscopie. Tes yeux à toi ne doivent pas voir grand-chose, vu qu'ils larmoient au fur et à mesure que la caméra s'engouffre dans ton museau à la rencontre de tes amygdales. J'observe les soubresauts de tes épaules, tu luttes courageusement contre un vomi cinématographique. Je t'admire, à ta place j'aurais déjà renvoyé l'intégralité de mon estomac sur la blouse blanc immaculé de Dupont… L'exploration dure des siècles et, respectueux des galons des deux médecins, tu n'oses lever la main pour faire cesser le calvaire, seules les rivières abondantes qui jaillissent de tes yeux trahissent une patience arrivée au bout du bout.

Dupont récupère enfin son matériel au fond de ta gorge. Il échange un coup d'œil avec Dupond : visiblement, ils s'entendent sur l'interprétation des images.

– Nous sommes d'accord avec l'équipe de la Pitié pour dire que les nerfs 8, 9, 10 ont été endommagés, a priori par la méningite. On pense peut-être également à une atteinte partielle du nerf 12. On constate une ankylose au niveau du larynx. Difficile d'évaluer s'il s'agit de la méningite ou du trauma de l'intubation. On perçoit une légère mobilité d'une des cordes vocales. C'est très léger mais, dans la mesure où lors des explorations effectuées le mois dernier tout était immobile, on peut espérer qu'il existe un potentiel de récupération.

Dupond poursuit :

– Nous préconisons de diminuer la taille de la canule de la trachéotomie, qui clairement ne facilite pas la déglutition. Tentons un protocole de rééducation du larynx avec une réintroduction progressive de l'alimentation. Nous allons rédiger un compte-rendu dans ce sens pour la Pitié. Ils ont toutes les ressources nécessaires pour mettre ça en place. Vous avez déjà pu visiblement tester l'eau gélifiée, il faut persévérer, et progressivement l'ankylose pourrait se résorber et la déglutition se remettre en état de marche.

Dupont conclut :

– Nous sommes assez confiants, compte tenu d'où vous venez et de ce que vous avez déjà accompli comme progrès. Il est tout à fait possible que vous puissiez un jour retrouver la capacité à vous alimenter, respirer et recouvrer un peu de votre voix. Vous êtes jeune, vous avez une capacité de récupération importante, et votre volonté a déjà fait ses preuves.

Si on résume, à part les belles et spectaculaires images haute définition, l'exploration demeure identique à celle effectuée précédemment, mais le commentaire, lui, est positif, qui plus est dispensé par les grands maîtres Jedi de l'ordre du Larynx, et là, je jubile. Je me retiens de leur sauter dans les bras et de les embrasser. Dupont et Dupond, je vous aime !

Je viens d'obtenir la caution médicale qui justifie mon optimisme indécent.

Pour accompagner la joie qui nous fait littéralement exulter en sortant de Tenon, nous supplions l'ambulancier de mettre la sirène pour traverser une nouvelle fois l'est de Paris.

Du-Pont ! Du-Pond ! Du-Pont ! Du-Pond !

Con j'ai dit

J'ai perdu la notion du temps. Tes journées coulent à l'identique, rythmées par la kiné, les tests de déglutition, la lecture labiale, les réglages d'appareils auditifs, les promenades dans les allées de l'hôpital, les soins, l'ingurgitation de centaines de films sous-titrés, les visites. Les habitudes et rituels sont désormais bien installés, pour toi comme pour moi. De mon point de vue, tes journées sont remplies, seulement toi, tu t'ennuies à crever. À tort, j'ai commencé à abréger mes visites, jusqu'à ce jour où tu t'effondres soudain en sanglots alors que j'enfile ma veste, prête à rentrer à la maison. Ta main écrit que tes journées sont mortelles. Je dirais : moins qu'avant, mon chéri, moins qu'avant…

Alors, le jour suivant, je reviens avec un jeu de Scrabble et je tente ainsi de meubler ce temps vide qui te lamine chaque jour davantage. À ta demande, j'ai apporté un petit carnet. Je ne peux pas décrire le soulagement à observer ta main gauche saisir naturellement un stylo et tracer quelques lignes sur le papier. Mon enfant est à nouveau gaucher, il est presque réparé ! Je ne fais aucun commentaire, de crainte que ton cerveau vrille à nouveau et que le feutre reparte à droite. D'une écriture hésitante, tu remplis un cahier de recettes de cuisine choisies sur le net. « Maman, quand je rentrerai à la maison, je cuisinerai pour toi, tu pourras bosser tranquille, j'ai recopié plein de recettes pour une personne » (les autres peuvent aller se faire voir, visiblement).

Nos conversations ont pris une tournure cocasse. Soit je ne produis aucun son pour m'adresser à toi, soit je hurle pour exercer ton audition. Je lis sur tes lèvres, tu lis sur les miennes. L'ardoise nous sert en cas de confusion dans les mots mimés. L'orthophoniste t'a appris comment, en jouant avec l'ouverture de ta trachéo, produire un filet de voix. Exercice envisageable depuis que l'une des parties internes de la plomberie de ton gosier, le ballonnet, un genre de baudruche situé au bout de la canule obstruant la trachée, a été un peu dégonflé. Une minipompe externe qui pendouille du bazar sur ton cou te permet de gonfler et vider à volonté, c'est très rigolo. Tu apprends à jouer avec le trou de ton cou comme d'un instrument à vent, en bouchant avec le doigt. C'est immonde, mais chaque jour il est spectaculaire de constater les progrès du petit souffle qui fait gentiment vibrer le fond de ta gorge. La première fois que ce son est sorti de ta bouche, j'ai bondi : l'envie de faire péter des bouchons, de tirer un feu de 14 Juillet, tout ça sentait bon la résurrection miraculeuse du larynx. Une fois encore, le couperet médical était tombé, cinglant. « Cette voix soufflée, non, c'est pas un feu d'artifice, madame, juste un artifice total. Un patient avec larynx foutu peut avec son kit plastoc produire une fausse voix. » On se calme, on arrête de tirer le canon de l'arsenal pour des chimères.

Pour l'heure, je vais me contenter de ta voix de fausset…

Tu as décidé d'accorder un peu d'attention à ton apparence. Je t'ai réapprovisionné en vêtements pour sortir du dépressif look jogging gris boulochant et pendouillant qui, même si tu n'es pas malade, te donne quand même l'allure d'un grand malade.

Une belle âme a franchi le pas de ta porte, sa valise à la main. Je hais l'attente interminable en salon de coiffure et la perte de temps consacrée à la gestion capillaire, sauf à éplucher une presse à scandale récréative. Laurence est arrivée comme ça dans notre vie, il y a plus de vingt ans, pour nous coiffer à la maison, avant de devenir une amie. Elle s'est fixé pour mission de rafraîchir tes crins. Ton visage maigre aux orbites creusées n'est pas flatté par tes cheveux hirsutes, à l'abandon depuis plus de deux mois. Au-delà de la remise en état de ta façade, cette séance sonne comme le vibrant annonciateur d'un retour à la vie normale.

Une réparatrice suit l'autre. Porzia-aux-mains-magiques vient remettre un peu d'ordre dans tes méninges et ton crâne compacté. La séance d'ostéopathie te laisse sur le carreau, exsangue pendant les vingt-quatre heures suivantes, mais le bénéfice se révèle immense : ton corps se déplie jour après jour, des ailes vont bientôt sortir de ton dos.

On pourrait presque imaginer que la vie va se dérouler ainsi pendant un temps infini.

On est le 17 octobre, cinquante-huit jours se sont écoulés depuis la charge W135.

Sans crier gare survient alors un événement qui vient chambouler toute la donne.

Lorsque je vois entrer le docteur Y pour le compte-rendu de l'expédition de Tenon, je n'imagine pas une seconde les conséquences en cascade que cette visite va déclencher… Dans ma tête, tout est planifié, évident, tu vas suivre de manière intense des séances d'orthophonie pour retrouver ton larynx, en même temps que les ORL et audioprothésistes vont tout mettre en œuvre pour que tu entendes quelque chose avec ces putains d'appareils (virer Barbie Pénélope ?) et que les kinés vont te faire une musculature de dieu grec, on va bien se marrer et bouffer des gâteaux au yaourt avec tes infirmières, et je vais t'organiser un soutien scolaire de compète à l'hôpital, tout ça sous l'œil doux et attentif de médecins entièrement dévoués à toi, rien que toi. Je suis chez les Télétubbies, le monde est bath, le monde nous aime.

Je suis vraiment confiante.

Le docteur Y semble embarrassé, le regard planté dans l'extrémité de ses pompes. Lucas s'épile le torse, docteur Y caresse sa cravate rose entre le pouce et l'index de haut en bas. Il adhère à l'optimisme des Dupond et Dupont, mais…

– Je ne vous cache pas que nous ne pouvons plus garder Antoine ici. Nous avons besoin de lits, et la phase dans laquelle il entre peut s'avérer longue, très longue. Je vous suggère de vous mettre en contact avec des centres de rééducation pour adolescents dans lesquels il sera à la fois pris en charge pour sa remise en état physique, l'orthophonie et le suivi scolaire. L'assistant social de l'hôpital peut vous aider. Sinon, en dernier recours, il y a l'HAD, l'hospitalisation à domicile. Dans ce cas, il faudra trouver kinés, orthophonistes, infirmières pour des soins à domicile, la chef des infirmières peut vous aider à organiser tout ça.

Voilà, notre cher docteur Y, que j'aimais beaucoup avant, vient de dire grosso modo :

– Je vous congédie.

Con j'ai dit…

Congédiés à ce stade, de l'avis de ta mère, c'est le truc le plus con à faire… Docteur Y ?

– Mais, docteur, vous avez vu vous-même les progrès formidables de ces derniers jours : il avale sa salive, il réussit à absorber de l'eau gélifiée et du yaourt sans fausse route, il commence à marcher, son filet de voix est de plus en plus audible, il a pu entendre la musique de son iPad. On teste les appareils auditifs. On est à deux doigts d'une récupération. Cela serait impensable sans toutes les équipes autour de lui chaque jour ! Laissez-lui encore au moins deux semaines, le temps de faire les tests d'alimentation.

Docteur Y a repassé sa cravate vingt fois, ses yeux ont cherché désespérément dans les moindres recoins de la chambre, du sol au plafond, l'aide nécessaire pour tenir tête à la mule géante qui lui fait face. Pour finir, il plante son regard dans le lino.

– J'envisage sa sortie dans trois ou quatre jours maximum, nous n'avons pas le choix, je suis désolé. Sa récupération peut prendre des semaines comme des années au niveau du larynx. Renseignez-vous sur les centres de rééducation et faites-moi savoir ce que vous avez décidé.

J'ai le désespoir du chiot qu'on vient de laisser au bord de l'autoroute un jour de départ en vacances. Voilà, après un soutien considérable, nous sommes abandonnés.

Docteur Y a disparu de ma vue avant que j'aie pu reprendre ma respiration.

L'amertume me gagne au fil des heures de rumination. Tu pourrais faire une grève de la faim en protestation. Ah mais, c'est vrai, c'est déjà ce que tu fais…

Ton cas avait un attrait certain à ton arrivée, tant d'inconnues, tant de facteurs aléatoires, une vie sur le fil qu'il fallait sauver, de la belle médecine captivante et gratifiante. Désormais, on s'en fout d'explorer, parce que en fin de compte on a réalisé qu'on ne saura jamais pourquoi ton larynx a cessé de fonctionner et que finalement ça ne change rien de le savoir. Tu deviens un patient dénué de l'intérêt premier et surtout coûteux. Quel ennui.

Je comprends sans comprendre, j'ignore encore où et comment, mais je vais trouver des solutions, je sers à ça.

J'appelle la réanimation. Quelques instants plus tard, je suis assise en face de Lucas. Pourvu qu'il laisse ses poils tranquilles.

– Lucas, on se fait virer de l'étage, où peut-on aller pour qu'Antoine ait toutes les chances de pouvoir récupérer son larynx ?

– Je peux vous recommander un centre de rééducation où ils sont très compétents et où Antoine pourra reprendre sa scolarité. Je vous note les coordonnées. Ne vous inquiétez pas, c'est normal de stresser de ce départ, mais les places sont chères à l'hôpital, et les soins dont bénéficie Antoine peuvent se faire ailleurs. Son parcours de rééducation peut prendre des mois ou des années…

Qu'est-ce qu'ils me fatiguent, tous, à rabâcher que ça va prendre des années alors que toi et moi, on a décidé du contraire.

– Vous croyez que dans ce centre on va trouver une aide équivalente à celle d'ici pour la réintroduction de l'alimentation ?

– Oui, ils auront certainement des orthophonistes ou ils vous en conseilleront dans des cabinets en ville.

Dès le lendemain, j'ai rendez-vous avec la responsable du centre de rééducation en question. Elle me fait visiter les lieux. Chaque pensionnaire possède sa chambre, il a accès à quelques heures de cours et doit s'astreindre chaque matin à un programme personnel de rééducation. Les règles de vie commune sont strictes, quasi carcérales, et le non-respect de celles-ci engendre l'exclusion de l'établissement. Tout en écoutant la présentation, la pensée que cette taule n'est pas pour toi se mue en certitude.

– Pour les séances d'orthophonie, pas de souci ?

– En fait, pour la kiné et les soins infirmiers, pas de problème, mais impossible pour l'orthophonie, il faudra que vous trouviez vous-même quelqu'un qui accepte de faire les séances, et nous n'avons d'ailleurs pas de local adapté, ça présente un certain danger… Je vous recommanderais vivement de les faire à l'hôpital.

Je sors totalement dubitative. Seulement, malgré ce très mauvais feeling, je reviens de ce rendez-vous avec l'idée de te convaincre. Je ne vois pas d'autre solution. C'est lâche, j'en ai conscience.

Je te colle sous le nez la plaquette en papier glacé et te vante les inénarrables avantages de cet établissement providentiel. Tu attends d'un œil furibond la fin de mon piètre mensonge, tu t'étouffes à faire sortir une grosse soufflerie plus qu'une voix, une violente colère explose de ta trachéo :

– C'est hors de question, je n'irai pas dans cet endroit ! Je veux rentrer à la maison ! Je suis tout à fait capable d'y arriver. Si tu me mets dans un truc comme ça, je vais déprimer, j'en suis sûr !

– Tu t'imagines à la maison ? Tu réalises tout ce qu'on va devoir organiser ? Tu ne peux même pas monter seul des escaliers. Rien que ça, comment va-t-on faire ?

– Je n'ai à les monter qu'une seule fois en arrivant. Après, je ne mange pas, donc je n'ai pas à descendre pour les repas, et la salle de bain est à côté de ma chambre.

Ton visage s'est durci, une obstination sans bornes fait trembler tout ton corps, et à la fois, dans tes yeux embués de larmes, je lis une immense peur, cette même peur qui me ravage le bide. Alors je lâche, parce qu'au fond de moi ça lâche aussi :

– Je ne te promets rien, je vais voir si j'arrive à mettre en place quelque chose…

Les échanges suivants avec amis ou amis d'amis médecins décuplent mon angoisse. Tous déconseillent le retour à la maison dans un tel état. Trop de risques liés à ton incapacité respiratoire et à ta faiblesse générale. Ton moral va imploser, tant les difficultés susceptibles de se mettre en travers de ta route sont multiples.

Mais s'élève alors une voix solidaire de ce projet fou, celle, unanime, des infirmières :

– Franchement, vous êtes quotidiennement au chevet d'Antoine, vous voyez bien ce qu'il est capable de faire. Il fait seul ses soins de trachéotomie, il change ses poches d'alimentation, il fait ses exercices de kiné, d'orthophonie, il est parfaitement autonome ! Et puis vous êtes là ! On n'aurait pas le même discours avec une famille peu investie. On vous observe depuis le début, alors, sincèrement, rentrer à la maison en HAD, c'est la meilleure option pour lui. Il va déprimer dans un centre de rééducation, et son état suivra son moral. Et puis il a besoin de vous au quotidien. Sincèrement, il a la capacité de relever le défi !

Elles savent mieux que personne. Ma décision est prise, tu vas rentrer à la maison.

Monique, l'infirmière cadre en chef, est comme une maman pour moi depuis que j'ai investi l'étage. Aujourd'hui, elle déploie les moyens pour organiser la « Hache à D ». Crois-moi, on va affûter les armes pour ton prochain combat !

J'ai annoncé notre décision à tes médecins et à notre entourage. Les visages sceptiques ou perplexes se passent de commentaires. Certains tentent de me faire changer d'avis, je campe sur ma position. Ton père me soutient, j'ignore si c'est par conviction ou pour ne pas m'affronter, peut-être les deux.

Le compte à rebours a commencé. J'ai négocié deux journées supplémentaires, tu sortiras le 22 octobre, soit dans six jours. L'équipe d'infirmières s'est donné pour objectif ta formation accélérée en autonomie de soins et le gonflage à bloc de ton moral en te bourrant d'antidépresseurs. Clairement, ça aide. Dans six jours, tu auras ton diplôme d'infipatient, j'ai désigné le patient infirmier.

Tant de choses à prévoir pour ta prise en charge, pire qu'une rentrée scolaire en sixième. J'ai la liste, c'était moins chiant de se procurer des feuilles perforées et des rapporteurs… Les livraisons à la maison commencent. Je réceptionne le matériel pour l'alimentation dont l'appareil de distribution pour l'ingestion des poches de nourriture. Le technicien m'explique longuement le fonctionnement, je ne retiens rien. Je sais faire la nana intéressée, mais je n'enregistre rien, j'ai le cerveau d'un bulot. Je compte sur ta formation avec tes copines à l'hôpital. Je sais que tu seras ravi de ce sac à dos très moche qui te permettra, lorsque tes jambes te porteront enfin, de te déplacer avec ta graille branchée en continu. Le casse-croûte par sonde ne s'enfile pas comme un casse-dalle, en deux coups de cuillère à pot, vite fait bien fait, non, ça s'écoule comme une perfusion, et l'absorption d'un plat peut durer plus d'une heure. Un passage trop rapide provoque des réactions violentes, tu en as fait la douloureuse expérience. Suivent d'énormes cartons remplis de poches de nourriture aux goûts variés. J'empile mon butin dans le placard de ta chambre, que j'ai vidé pour stocker la montagne de matériel, exactement là où je casais dans l'ancien temps les cahiers à cent quatre-vingt-douze pages A4 sans spirales et les Bic quatre couleurs.

Tout est quantifié pour quatre mois, même si on ne sait pas dans quel état tu te trouveras à ce moment-là, c'est la procédure et tant pis pour le gaspillage éventuel. Je range les cartons de kits de trachéotomie en priant de toutes mes forces pour que je n'aie pas à changer ce bidule dégueulasse. Il y a de quoi vider une piscine olympique avec le lot de compresses stériles fournies, et je mets plusieurs minutes à comprendre l'usage de ces ciseaux-pince à trois branches.

Un écarteur géant de trachéo. Quelle horreur !

Donc, si le tuyau venait malencontreusement à se déplugger de ton cou, je peux t'opérer moi-même à la maison, tranquille. Grâce à l'outil « écarteur », je suis en mesure d'ouvrir ton trou du cou et d'y planter un siphon tout neuf.

Des lames de scalpel complètent le pack gore si jamais ça résistait. Sérieux, je vais avoir besoin de ça ? Lorsque le commercial de la location de matériel médical dépose une grosse mallette noire devant moi en m'expliquant que je dois être attentive au mode d'emploi du système, j'entraperçois la monstruosité dans laquelle ma candeur et mon inconscience m'ont embarquée.

– Madame, ça, c'est un aspirateur trachéal. On ne vous avait pas prévenue que c'est indispensable pour les patients ayant une trachéotomie ? Vous allez voir, c'est très simple d'utilisation. Il est sur batterie, vous pouvez, enfin vous devez l'emmener partout où ira votre fils. S'il s'étouffe, fait une fausse route, vous introduisez l'embout dans sa trachéo, assez loin quand même, puis mettez l'aspirateur en route pour le dégager en urgence. Il doit toujours être chargé.

L'aspiro, après les kits dégoûtants de trachéotomie, m'achève, je vais vomir tout l'intérieur de mon corps.

Dans quoi me suis-je lancée ? Je tourne de l'œil à la vue d'un ongle cassé et je vais devoir enfiler un aspirateur dans le tuyau qui sort du trou du cou de mon enfant lorsqu'il sera en train de s'étouffer, quand ce n'est pas trifouiller ce trou béant avec un scalpel et une pince à trois branches ?

Hormis les infirmières, tout le monde m'a mise en garde quant à l'inconséquence de cette décision, je dois être décérébrée au dernier degré pour ne pas avoir imaginé ce qui nous attend. Seulement, je t'ai promis. Et je ne ferai pas machine arrière. Je serai la reine de la compresse, la pro de la sonde gastrique et la championne du ménage avec aspirateur trachéal.

Reste à trouver les ressources humaines, sans lesquelles rien n'est possible.

Je déchante rapidement sur la mise en place des soins quotidiens : infirmières libérales archidébordées, profession au bord de la crise de nerfs. Je tombe enfin sur Christine. Émue par la situation, elle va s'arranger avec son associé Jean pour passer tous les trois jours, toujours ça de pris. Aucun des kinés contactés ne consent à se déplacer. Je finis par supplier celui que j'ai vu quatre-vingt-quinze fois pour mon épaule déglinguée, qui accepte de te consacrer une heure par semaine. C'est déjà ça... Côté orthophonistes, c'est la merde.

Je découvre au fil des appels que la récupération de ton larynx est conditionnée par des séances que seul l'hôpital peut fournir dans les conditions de sécurité nécessaires, mais celui-ci fait comme si ce n'était pas le cas.

Je suis dans une impasse. Je cherche à joindre le docteur Y, on me répond qu'il me rappellera « plus tard, madame ». J'insiste, je voudrais, enfin j'exige son numéro de portable. « Impossible, madame. » Je fais le siège du bureau de son assistante, elle reste inébranlable : « Je lui transmets, madame. »

Les heures passent, le docteur Y reste invisible. J'avais remarqué que les numéros de portable des médecins sont inscrits sur un papier posé sur un coin du bureau de l'assistante. Alors, j'attends la pause déjeuner et, le cœur battant, comme si j'allais cambrioler une banque, je m'introduis dans le bureau et recopie le précieux numéro. Je m'enfuis dans les couloirs et j'appelle, espérant que ma presbytie ne m'a pas joué de vilain tour. Le docteur Y décroche, surpris de m'entendre. Non, madame Legrand, vraiment, on n'a pas de solution à vous offrir.

Nous n'avons pas d'autre choix que de quitter les lieux, j'ai compris, mais je n'ai pas dit mon dernier mot...

Monique, l'infirmière cadre, est mon dernier recours. Je vais la trouver dans son minuscule bureau où seuls les dossiers des patients et quelques rares photos mettent un peu de couleur au milieu des sinistres gris et beige de la pièce. Je lui expose l'aberration du système dans lequel nous allons être plongés. Elle est mon soutien depuis ton arrivée dans ces murs, et du fond de son cagibi elle promet de m'aider.

J'ai aspiré ta chambre du sol au plafond, procédé à un génocide d'acariens et réaménagé l'espace pour l'adapter à tes besoins et que tout soit à portée de main. J'ai installé un vélo d'appartement au pied de ton lit, déposé à côté haltères (toujours roses) et élastiques pour ton entraînement physique. Ton petit bureau d'enfant servira de table de soin « trachéo », j'ai posé un beau miroir sur le plateau.

J'ai annoncé à ton père un autre déménagement. Je vais désormais dormir dans la chambre à côté de la tienne, celle de Clément, libre tant qu'il vivra à Berlin. Il juge la mesure excessive. Il n'a pas assisté à la démonstration de l'aspirateur trachéal, c'est bien dommage, il eût été plus conciliant.

Et puis mon planning subit soudain un déchaînement de perturbations déclenché par notre chatte Lilo. Depuis plusieurs jours, elle se traîne, miaule désespérément. Quatre cents euros plus tard, et la nette impression de m'être fait entuber (moi aussi), je sors de chez la vétérinaire avec un sac entier d'antidépresseurs pour chats et un vermifuge. La vétérinaire m'a convaincue qu'un enfant hospitalisé provoque inévitablement des dépressions très graves chez les animaux de compagnie. Je me fais la réflexion que c'est bien dommage qu'aucun de mes enfants n'ait eu le désir d'exercer un métier aussi lucratif que le sien, je n'aurais plus besoin de travailler.

D'ailleurs, c'est exactement ce que je fais, je ne travaille plus. J'ai oublié comment on faisait. J'imagine que ça reviendra quand j'aurai du temps pour ça. Pour l'heure, j'ai décroché depuis deux mois un job à plein temps, mais clairement pas aussi rentable que vétérinaire pour félins dépressifs.

Il n'est pas facile de faire prendre des comprimés antidépresseurs à un chat. Quand vient le tour du vermifuge, je me fais aider par ton père. J'ai l'habitude de ce genre de produit. Avec mon cheval, j'enfourne la seringue dans la bouche de l'animal, en général il mâchouille jusqu'à l'absorption complète du produit. Lilo se débat violemment pendant que je vide l'intégralité du tube dans sa bouche. Brusquement, elle jaillit des bras de ton père en plantant profondément ses griffes dans ses mains. Il hurle de douleur, je reste bras ballants. Très lâchement, je fais un bond en arrière et le laisse batailler seul avec la bête folle qui cherche à le mordre. Il jure, elle miaule, je me fais invisible. Je me dis qu'il doit penser que toutes les femelles de cette maison se sont liguées contre lui et ont sorti leurs griffes. Il est 8 heures du soir, veille de ton retour. Lilo tousse, crache, se débat, miaule à la mort, agonise. Tétanisée, je l'observe, puis, prise d'un doute subit, je me rue sur internet pour vérifier le mode d'administration du produit. Il est indiqué d'appliquer la dose dans le cou du chat, surtout pas dans la bouche, au risque de tuer l'animal... Je viens donc d'empoisonner le chat la veille de ton retour.

J'ignore la signification de cet acte manqué, un psy dirait que ça n'augure rien de bon. J'appelle la clinique vétérinaire du département. Une voix dégoulinante de reproches m'explique qu'il n'y a pas grand-chose à faire d'autre que d'espérer (j'entends : prier) et que c'est possible de la garder en observation à la clinique (moyennant un smic et deux bras), mais que cela ne changera pas l'issue si la dose avalée est trop importante. J'opte pour la prière plutôt qu'un nouveau chèque. Ton père a démissionné de l'affaire. Ainsi, huit heures durant, moi allongée dans le lit de Clément, Lilo sur ma poitrine blottie dans le creux de mes bras, on ne bouge pas d'un poil. Elle gémit par intermittence et s'est recroquevillée le nez dans ma paume, cherchant le réconfort dans la main qui l'a assassinée. Moi, je suis morte de honte.

Je ne ferme pas l'œil une seule seconde, je concentre mes pensées sur l'idée que je ne peux pas avoir tué le chat avant ton retour.

Chat n'est pas possible !

Back to the futur

Au petit matin, mes deux bras ankylosés, qui sont tout près de se détacher de mon corps, laissent échapper une Lilo neuve. Avec grâce, elle bondit hors du lit, se rue sur sa nourriture et demande à sortir. Comme si de rien n'était.

Épisode clos. Je ne sais pas ce que je dois en déduire…

Penaude, je gagne l'hôpital mardi 22 octobre.

Nous entamons notre troisième déménagement hospitalier. Tu tiens à m'aider à décrocher la montagne de photos. Pendant plus de deux heures, nous faisons une pile qui ne rentre plus dans la pochette rouge et créons la plus gigantesque boulette de Patafix jamais roulée au monde. Lorsque l'équipe d'infirmières franchit le seuil de ta chambre dénudée, il y a de la désolation dans l'air.

– Oh, ça fait vraiment drôle de voir la chambre comme ça !

– C'est triste…

– Ça va nous faire bizarre de ne plus avoir notre chouchou et toute cette animation !

Elles sont venues en nombre. L'émotion est forte, de notre côté, du leur, on a tant partagé. Les regards s'embuent par instants, mais les rires l'emportent, comme toujours. J'ai préparé des petits cadeaux pour chacune d'entre elles. On s'étreint, on s'embrasse, on se promet des nouvelles. Les flashs des portables crépitent, l'envie d'immortaliser l'instant, le souhait de ne pas oublier. Gigi la doyenne s'aventure avec toi dans une invraisemblable chorégraphie, irréelle : un grand échalas vacillant sur des guiboles en cure-dents avec dans les bras la minuscule Gigi, lancés tous deux dans un tango improbable, glissant d'un bout à l'autre du couloir, sous le regard médusé des autres patients.

Je lance d'un seul trait, pour éviter le chialage qui me guette :

– Je ne sais pas comment vous remercier de tout ce que vous avez fait pour Antoine et puis pour moi. Sans vous, on n'en serait pas là, gonflés à bloc pour ce retour à la maison.

– Mais nous aussi on vous remercie ! Des patients qui ont le sourire et en plus qui disent merci, c'est pas tous les jours ! On a vécu une belle aventure ensemble. Pas facile tous les jours, mais on a bien ri. Antoine, tu nous tiens au courant. À la moindre question, tu as tous nos numéros, tu nous envoies des messages, OK ? Surtout, tu penses à bien nettoyer ta trachéo. Et puis envoie souvent des photos, qu'on voie comment tu progresses ! Vous ne nous oubliez pas, hein ?

– Comment pourrait-on vous oublier ? On reviendra pour les contrôles, on en profitera pour faire un petit pèlerinage à l'étage et dans la 323.

Sensation étrange de partir pour un long voyage alors que nous rentrons au bercail. Les secrétaires passent une à une nous dire au revoir, Lucas vient te souhaiter bonne chance pour la suite, les adieux s'éternisent et l'angoisse de partir d'ici m'attaque les tripes. Je ferai moins la mariole, demain, toute seule à la maison, avec mon aspirateur à trachéo.

Je m'arrête embrasser Monique dans son bureau de poche, la remercier. Elle a déjà tant fait, mais n'est pas pour autant disposée à s'arrêter :

– Pour le problème d'orthophoniste, je pensais avoir trouvé la solution mais elle ne sera que temporaire… Le docteur D, ORL que vous avez déjà vue, vous recevra la semaine prochaine avec l'orthophoniste Mapie. J'ai parlé à Mapie, elle est très compétente pour ce type de rééducation compliquée et totalement partante, mais elle ne pourra organiser des séances de réintroduction d'alimentation que pour une durée très courte de deux semaines maximum… On ne lui laisse pas la possibilité de caser Antoine dans son emploi du temps. Là, elle s'est "débrouillée". On va dire que c'est déjà ça…

– Oui, c'est déjà beaucoup ! De mon côté, je vais chercher des solutions pour la suite. Merci, Monique, d'être intervenue et puis… En fait, merci pour TOUT.

Elle fait une moue qui dit que c'est normal, c'est son job. Sans doute, mais pas que…

L'ambulance est là, tu jubiles comme un enfant de cinq ans. Un dernier signe de la main à tous les visages qui t'ont accompagné dans ces murs. Tu m'as écrit des kilomètres de programme et de bonnes résolutions sur l'ardoise. Tes ambitions et tes espoirs sont d'une taille que je n'ai pas en stock. J'ai peur que tu ne découvres très vite que la Mère Noël n'existe pas. Je suis tellement heureuse, mais j'ai si peur dans cette ambulance qui nous convoie vers ton futur…

Je t'ai réservé une petite surprise pour ton arrivée. L'ambulancier a accepté de mettre la sirène pour le dernier kilomètre parcouru, tu jubiles. Lorsque, enfin, allongé dans ta civière, par les hauts hublots du camion, tu reconnais les arbres de notre ruelle, tes yeux se remplissent de larmes. L'ambulance s'immobilise, les portes battantes s'ouvrent enfin, et une nuée sautillante et hurlante constituée de tes amis se précipite sur toi. Tous ont revêtu une blouse blanche pour te réceptionner. Ils te remettent solennellement un pack de Candy'Up à la fraise, ton plus grand fantasme pendant tes semaines de réanimation, symbole de notre espoir à tous de la résurrection de la glotte. Tu chancelles de bonheur, suspendu aux bras de tes amis. Mathilde est blottie dans mes bras, nous pleurons d'un flot synchrone.

Je mesure le chemin parcouru.

HAD ou l'homicide à domicile

Sensation plus qu'étrange que de te voir entrer à nouveau dans ta chambre. Comme s'il s'était écoulé une éternité concentrée en seulement trois mois. Tu as grandi, pris bien des années en maturité, et les choses ne seront plus jamais comme avant.

Chaque petit détail t'émeut. Ton quotidien a été tellement restreint. Tu t'extasies à la vue de minuscules choses, celles qui t'ont fait tant défaut : les odeurs, les sensations, le toucher des objets familiers. Tu ne te plains jamais. Tu n'entends presque rien, ton larynx est à l'arrêt même si de faibles vibrations sont parfois audibles, peu importe, tu es là bien vivant, tout est positif à tes yeux : rentrer était la bonne décision.

Les galères ne vont pas manquer de pointer le bout de leur nez, mais le gigantesque souffle de vie que je sens vibrer dans ton corps en ce jour de retour me donne le sens et la force du vent qui te poussera loin ces prochains mois.

On va y arriver, je le sens.

Lilo a retrouvé sa belle énergie, comme par hasard. Elle me doit quatre cents euros, cette morue… Elle ne te quitte plus, des fois que tu te ferais à nouveau la malle ou que la foldingue essayerait encore de la tuer avec ses seringues empoisonnées.

Le premier dîner familial, sans Clément qui berline, est crispé. Tu as tenu à être présent à chaque repas. Tu nous observes attentivement manger, plus exactement tu dévores des yeux nos fourchettes pleines et nos bouches qui avalent et mastiquent. Du côté des mangeurs, te voir privé de ces plats est insoutenable, ton regard sur nos bouchées est culpabilisant et nous empêche de les apprécier pleinement. Nous allons devoir apprendre à gérer cette nouvelle donne.

Tu t'es mis dans la posture de montrer que tout est facile dans ce retour à la maison, comme s'il fallait encore justifier (auprès de qui ?) cette délicate décision. Ainsi, toi qui ne parcourais que quelques mètres dans le couloir devant la 323, tu entreprends de monter et descendre les escaliers normalement. Tu ne m'embrouilleras pas, mon p'tit con, je vois bien que tu es gris clair, les orbites creusées, et que tu tires sur la corde comme un dératé en priant pour que ça passe inaperçu.

Je vais découvrir très vite que l'enfer de ce retour réside dans la traversée anarchique des nuits. Dès le premier soir, j'ai laissé ta porte et la mienne entrouvertes afin de t'entendre au moindre chuintement. L'aspirateur stationne au pied de ton lit et, tel John Wayne, je suis prête à dégainer. La gastrostomie couine à intervalles réguliers, signalant qu'il faut changer les poches de nourriture, j'ai une attaque panique à chaque retentissement du son strident. Ma propre respiration me gêne pour percevoir la tienne. Soudain, dans le silence pesant de la maison, ta toux retentit avec violence. Je m'expulse de mon lit, catapulte à deux mètres Lilo couchée à mes pieds (je vais bien finir par la tuer), me pulvérise un orteil au passage pour me propulser dans ta chambre. Là, j'allume toutes les lumières, renverse le distributeur d'alimentation qui vient tirer sauvagement sur ton ventre et t'extirpe une grimace de douleur, saute sur l'aspirateur, sauf que j'ai oublié comment il se met en route, alors j'appuie bêtement sur tous les boutons. Toi, tu dors paisiblement. Alors, pitoyable, je remets chaque chose à sa place sauf le chat, qui refuse d'être rangé, et je retourne me coucher.

Le temps de sombrer légèrement dans le sommeil pour sursauter à la toux suivante et me jeter une nouvelle fois hors du lit.

Parfois, la quinte se prolonge comme un étouffement qui s'éternise, et ma terreur augmente à la vue de ton visage déformé par cette salive qui dégringole là où elle n'a rien à foutre. Ainsi, pendant les semaines qui vont suivre, vingt, trente, quarante fois par nuit, je vais me lever afin d'empêcher LA fausse route fatale. Franchement, être rescapé d'une méningite W135 pour finir étouffé par sa propre salive, ça manquerait de classe, non ?

Et ta crétine de mère, tellement empêtrée avec son aspirateur, un chat écrasé et l'intégralité des orteils détruits, qui n'aurait rien pu empêcher et fatalement en mourrait de honte…

Non, parce que je vais crever avant, avec tout ça.

Quand je ne t'entends pas t'étouffer, je me lève aussi parce que, justement, je n'ai rien entendu. Je me précipite dans ta chambre, je colle mon visage dans ta trachéo jusqu'à sentir un souffle sortir du tuyau. C'est bon, tu es toujours vivant. Pendant ce temps, ton père dort sur ses deux oreilles, ronflant comme un sonneur. Je mettrai mille ans à récupérer les heures de sommeil qui s'évaporent ainsi au fil des jours qui passent.

HAD… Homicide à domicile…

Christine, l'infirmière, est passée rapidement t'examiner. Elle a constaté que tu maîtrises à la perfection tes soins de trachéotomie, t'a félicité, elle reviendra de temps à autre, entre deux rendez-vous, pour vérifier que rien ne s'infecte.

Le kiné s'est déplacé deux fois, il t'a montré quelques exercices à pratiquer avec les haltères, ainsi qu'un « programme » vélo et montées de marches. J'aurais pu te le concocter moi-même, ce programme de bouffon… Bien sûr qu'il va continuer son ascension et pédaler, mon fils, il ne fait que ça depuis le 24 août, que ce soit dans la semoule ou dans le vide. La pédale, il connaît, c'est bon. Comme pour le psy de l'hôpital, tu m'as regardé avec cet air signifiant : « Il sert à quoi, lui, au juste ? » Par la suite, il n'aura, en fin de compte, jamais le temps de revenir, se posant sans doute légitimement la même question que toi. Du bon sens et de la motivation sont les ingrédients suffisants pour que tu t'astreignes seul à une gymnastique quotidienne adaptée. Je mets au programme des microbalades dans la forêt qui jouxte la maison, sans notre pote aspirateur, je deviens téméraire.

Résumons, on va se passer d'infirmière, de kiné, oui mais pas question de renoncer à l'orthophonie, qui est LA clé de ton devenir. On a une solution provisoire à la Pitié, orchestrée par super-Monique, tout ça dans le dos du docteur Y, mais avec désormais la complicité du docteur D. Je poursuis donc notre route en serpentant dans la manigance, au point où nous en sommes…

Je rédige un mail à destination de Dupont et Dupond de l'hôpital Tenon, décrivant ma panique face à l'abandon de la Pitié et la piste sans issue des cabinets privés. Je leur demande de m'aider. La réponse émane dans l'heure de l'orthophoniste, Magali. Non, madame, on ne vous laissera pas tomber. Rendez-vous à l'hôpital dans deux semaines. Magali sera là. Seulement, elle s'inquiète pour ces futures séances, ces allers-retours incertains en voiture dans ton état de décomposition. Je ne lui réponds pas que je pourrais te faire traverser la France en brouette s'il le fallait, je le pense. J'écris : *« Pas de problème, Magali. »*

Je fais irruption dans ta chambre pour effectuer une petite danse de la joie parce que je sais que ces séances vont changer ta vie, ma bonne étoile me l'a glissé dans le creux de l'oreille cette nuit.

Rééduc

Ta première résolution de retour au bercail était de préparer nos repas et d'apprendre à faire la cuisine en testant des recettes. J'ai du mal à m'enthousiasmer pour une lubie qui me semble être le comble du masochisme. Ne pas pouvoir manger et avoir pour plus grand désir le fait de regarder les autres le faire à ta place. Tu es complètement fou, mon fils... Tu as sélectionné quantité de recettes sur le net, elles sont minutieusement recopiées de tes pattes de mouche de gaucher dans ton cahier. Aujourd'hui, j'ai ordre d'acheter les ingrédients. Reste que cela t'occupe l'esprit. Nous goûtons des plats, beaucoup de desserts préparés par tes soins et ceux de Mathilde, qui t'accompagne avec joie et servitude dans cette nouvelle expérience. Contrairement à ce que je redoutais, tu prends un immense plaisir à manipuler toute cette nourriture et, surtout, à nous la voir engloutir ; tu n'exprimes aucune frustration.

Tu viens de me contraindre à verser une cotisation pour ta participation à un voyage scolaire programmé à Londres en janvier prochain. Comment pouvais-je te dire : « Dans tes rêves que tu vas y aller, de l'autre côté de la Manche, avec ton sac à dos de purées branché sur ton nombril et ton Kärcher à trachéo ! »

Non, ainsi que pour le voyage scolaire programmé en mai à l'île de Groix, j'ai à nouveau lâchement fait le chèque en visualisant cet argent directement jeté à la poubelle. Maintenant, sereinement, tu attends de voir comment j'ai organisé les choses en vue de ta réussite au bac.

Faute de problème médical urgent à régler, comme si l'ennui pouvait soudain me guetter, je me suis donc attelée au projet scolaire.

Après deux cents coups de fil et à peu près autant de noms à ajouter dans mon répertoire, je comprends que je dois faire la demande d'une aide auprès de l'Éducation nationale, un truc au nom impossible, un SASPAD, service d'assistance scolaire pédagogique à domicile. En plus du soutien de L'École à l'hôpital, tu pourrais bénéficier de cours à domicile et d'un programme aménagé. Quelle chance de vivre dans un pays qui permet tout ça.

Dans ce labyrinthe administratif où je peine à démêler qui fait quoi et qui décide de quoi, je rencontre le docteur B, le médecin scolaire de ton lycée. Elle se montre dubitative, n'imaginant pas bien comment un enfant de quarante kilos, percé de tuyaux, va pouvoir se consacrer utilement à l'obtention de son baccalauréat.

– Ne vaudrait-il pas mieux qu'il récupère tranquillement ? Ce n'est pas très grave si Antoine perd une année. Dans toute une scolarité, un an, ce n'est rien.

Alors si, justement, cette année, c'est grave, parce que l'intéressé ne veut rien entendre, et pour cause. Le docteur B a saisi que la mule assise en face d'elle ne lèvera ses fesses de sa chaise qu'une fois qu'elle aura obtenu gain de cause.

Si ce premier rendez-vous se solde plutôt par de la résignation de sa part, au fil des suivants le docteur B se laisse grignoter peu à peu par une petite envie d'y croire.

Quelques jours plus tard, mue par cette énergie qui vire par moments à la rage, je te charge dans la voiture et nous gagnons le lycée. C'est le jour des inscriptions au bac, la procédure se déroule dans une salle de classe équipée d'ordinateurs sous le contrôle du professeur principal. Sous les regards interdits et à la fois curieux de tes camarades qui te voient pour la première fois, tu t'installes devant un écran, posant discrètement à tes pieds ton distributeur de bouffe ambulant, pas trop loin pour que le flexible ne t'arrache pas le nombril. La classe est comme toi, sans voix. Je devine ma présence embarrassante pour toi : qui débarque en classe avec sa mère en classe de terminale ? Mais tu as remisé ta fierté depuis des semaines, tu n'es plus à ça près.

La professeure principale nous aide à remplir le dossier. Malgré la montagne de doutes qui semble l'habiter, elle fait preuve d'une grande sollicitude.

En sortant, dans les escaliers de ton lycée, nous nous retrouvons face à face avec ton professeur de cinéma, qui enseigne aussi la philo dans l'établissement. Un sourire charmant et charmeur m'est adressé, puis son regard va de moi à toi. Il met quelques instants à te reconnaître dans ta version actuelle fantomatique :

– Oh, Antoine ! Comment allez-vous ?

Tu lui souris, un souffle qui dit « Super » sort de ton cou.

– C'est donc votre mère ?!

Ton cou répond : « Oui. » Le philosophe m'offre une deuxième dose de sourire, je lui rends la pareille. Je l'informe de ton retour à la maison et de ton projet fou d'avoir ton bac. Il enchaîne :

– C'est admirable, Antoine, j'aimerais bien vous aider pour la philo ! Je peux tout à fait venir chez vous pour des cours particuliers.

Ton regard acquiesce, je réponds :

– Vous feriez ça ?

– Bien sûr !

Nous convenons de débuter à la maison deux semaines plus tard, le temps que tu emmagasines des forces supplémentaires.

Je suis convoquée à une réunion avec tout le cortège administratif, médical et enseignant qui va décider de ton sort scolaire. Ça fait beaucoup de monde : le proviseur adjoint, le docteur B, la responsable SASPAD, la présidente de L'École à l'hôpital, tes profs de maths, de physique et d'anglais. J'ai l'impression de passer un entretien d'embauche, sauf que le candidat n'est pas là. Les regards sont sceptiques. Les mêmes phrases reviennent : « Pas grave de perdre une année », « Qu'est-ce qu'un an de perdu dans tout une scolarité ? L'important, c'est qu'il se remette, non ? ».

Non, l'important pour lui, c'est d'être un enfant normal et d'avoir son foutu bac. Alors, je parle de toi, de ta force, des épreuves surmontées les unes après les autres, de cette détermination insensée qui te pousse à cuisiner alors que tu ne peux rien manger, de la nécessité de retrouver une vie normale, de revenir au lycée, de ramasser des cailloux sur l'île de Groix, d'avoir ton bac, merde quoi, c'est simple ! Je prie de les avoir convaincus, je ne demande pas qu'ils adhèrent à l'utopie de réussir cet examen, juste qu'ils t'accordent les moyens de le tenter.

Des regards entendus sont échangés. Le proviseur adjoint prend la parole. Il propose que les cours de physique, maths et anglais soient dispensés au lycée en cours particuliers, impossible d'envisager des cours à domicile. J'accepte avec soulagement tout ce qui nous est offert. Il est convenu que, d'ici deux à trois semaines, je t'emmènerai en voiture au lycée pour environ quatre à cinq heures de cours par semaine dans un premier temps. L'École à l'hôpital nous dépêche une prof de SVT, enseignante dans ton lycée. Tu bénéficieras de deux matières enseignées à domicile, si on compte les cours de philo.

Il est décidé qu'au fil de l'évolution de ta santé, ce programme évoluera jusqu'à envisager un jour un retour progressif dans ta classe. Je sors le cœur rempli de joie, j'ai envie d'embrasser tous les gens que je croise.

En rentrant, j'ai ri en ouvrant le courrier contenant la facture de la cantine scolaire du mois de septembre. J'ai presque envie de la régler, histoire de faire comme si rien ne s'était passé.

Je t'observe, dans ta chambre, ranger avec une méticulosité presque obsessionnelle, dans les tiroirs de ton petit bureau rouge d'enfant, les compresses en piles parfaites, les produits et le matériel de soins. Tu as fait de même dans la salle de bain avec les produits dont tu as besoin.

J'ai remarqué que certains traits de ton caractère ont changé depuis le début des événements. Je n'avais pas décelé cette tendance maniaque au rangement, ni cette capacité à t'emporter violemment à la moindre contrariété.

Des badinages en salle d'attente de la réanimation à la Pitié me reviennent à l'esprit. Parce que, dans l'antichambre de la réa, ça bavasse sur les comateux. Et la discussion portait ce jour-là sur de possibles changements de personnalité chez des patients sortis de coma, pas ceux causés directement par les lésions cérébrales, mais simplement des traits de caractère existants, soudain révélés. Les faits divers feront peut-être un jour état d'un rescapé du coma ayant décimé toute sa famille, y compris le chat, à l'arme blanche contenue dans ses kits de trachéotomie, parce que quelqu'un aura dérangé ses piles de compresses parfaitement alignées sur son bureau…

La mère avait pourtant alerté l'entourage d'un notable changement de personnalité…

L'encombrement maternel, d'ailleurs, est aussi un sujet. La mère Super-Glue. Seccotine, c'est moi. Qui peine à trouver l'équilibre entre ta prise d'autonomie et l'aide indispensable que ton état requiert. Tu t'agaces que je devance tous tes besoins, mâche à ta place une multitude de tâches ainsi que tes phrases. Tu as besoin de moi, mais tu te rêves sans mon aide. J'avance en équilibriste, chaque pas compté, sur la pointe des pieds, à la fois présente et invisible, et j'ignore alors, parce que je n'ai pas encore intégré la dimension d'enfant handicapé, que ça va me poursuivre très longtemps, et même, si ça se trouve, éternellement. Être là et pas là, c'est la question…

J'ai entamé les fastidieuses démarches administratives concernant le handicap, là encore un job à mi-temps. La réception de la carte de stationnement avec un petit bonhomme blanc doté d'un gros rond dessiné autour des fesses commence à m'ouvrir les yeux sur cette réalité. Déjà, j'aurais préféré une carte avec un rond blanc autour des oreilles du bonhomme : ton cul va bien, merci pour lui.

Le 28 octobre, c'est un peu comme si nous partions en expédition au fin fond de l'Amazonie, sauf qu'on va au rendez-vous obtenu miraculeusement par Monique avec le docteur D et l'orthophoniste Mapie. Le dossier médical rouge de quatre-vingts centimètres d'épaisseur, le sac à miam, tes recharges de purées en sachet, l'aspirateur à gosier, un coussin pour ta colonne désertée par la graisse et les muscles, un kit démoniaque de trachéo avec scalpel des fois que j'aurais une pulsion chirurgicale sur la route, on est parés. Pendant que je conduis en apnée, les bras cramponnés au volant, je n'ai qu'une seule vision : celle de l'accident, ta trachéotomie passée de l'autre côté du cou.

Cette image est stupide, mais je ne peux me l'ôter de la tête…

La joyeuse docteur D t'attend de pied ferme avec sa caméra de fibroscopie. Décidément, le cinéma tourne à l'obsession dans cette profession. Elle nous présente Mapie. Elle nous plaît instantanément. Narine gauche, la caméra connaît le chemin. Toutes trois, nous sommes collées à l'écran. Comme d'habitude, tu ne vois rien. La caméra descend dans ton larynx, le docteur D commente :

– Là, vous voyez ? Le larynx se ferme. Il y a bien une déglutition. En revanche, la corde vocale gauche ne bouge pas. Clairement, c'est la méningite qui a provoqué la perte du larynx.

– Ah ? Il me semblait que la dernière fois vous aviez dit que c'était l'intubation qui était responsable de la paralysie du larynx.

– Non, non, c'est la méningite, certains nerfs ont été endommagés.

À noter que tous les médecins consultés oscilleront toujours entre les deux versions. Œdème par intubation ou nerfs atteints, là restera la question. Nous finirons d'ailleurs par renoncer à en avoir le cœur net. Ma propre conviction persistera dans l'idée du trauma de l'intubation.

Le docteur D conclut :

– Il faut continuer avec la rééducation du larynx et les tests alimentaires.

Je saute sur la porte qui vient de s'entrouvrir.

– On a eu la mauvaise surprise de réaliser que ces tests ne peuvent s'effectuer que dans un cadre médical, à l'hôpital donc. On s'est retrouvés le bec dans l'eau… Grâce à Monique, Mapie est là aujourd'hui, mais on ne lui accorde la possibilité de s'occuper de nous que deux semaines seulement. Alors j'ai contacté l'équipe de Tenon. Ils nous ont répondu que, si l'équipe de la Pitié nous laissait tomber, nous pourrions compter sur eux, nous les rencontrons la semaine prochaine.

Le docteur D vient de prendre la mesure de la situation :

– J'ignorais tout ça ! Il est hors de question de vous abandonner à ce stade, vous avez raison ! Mapie, je vais m'assurer que tu pourras suivre Antoine jusqu'au bout. Si c'est possible pour vous de le faire venir ici, on organisera un protocole un peu hors norme. Mapie pourra effectuer ses tests dans un lieu où il y aura tout ce qu'il faut en cas de fausse route. Sachez qu'en effet, normalement, ce genre de chose ne se fait pas ainsi… Mais je reconnais que l'évolution spectaculaire d'Antoine laisse à penser que la récupération peut être rapide. Si l'on suit le protocole classique, cela prendra des mois… Mapie, tu cales deux séances par semaine, transmets-moi les dates et je m'arrangerai pour passer vous voir dans ces créneaux afin de suivre la progression.

Lorsque toi et moi regagnons les ascenseurs, nous échangeons un regard entendu et, d'un élan commun, nous explosons dans une danse de la joie durant toute la descente, sans sauter trop haut, ça serait vraiment dommage de provoquer le décrochage de la cabine après de si bonnes nouvelles.

Sans scrupule parce que véritablement on n'avait plus rien à perdre, j'ai confronté les hôpitaux entre eux, ainsi que les équipes au sein d'un même établissement, et ça a fonctionné. Ne pas oublier qu'un hôpital est une entreprise.

Tu as donc désormais l'aide inestimable des personnes les plus compétentes en la matière dans deux hôpitaux à la pointe. Reste pour toi à faire le boulot...

J'informe Magali à Tenon du revirement de situation, nous nous mettons d'accord sur un rendez-vous deux semaines plus tard pour faire le point.

Commencent les séances de réintroduction d'alimentation avec Mapie. Nous avons pris notre rythme dans ces déplacements, je me suis décrispée côté aspirateur trachéal et c'est une surprise indescriptible de constater les progrès spectaculaires réalisés au fil des jours. Session après session, Mapie te fait avaler des aliments de plus en plus complexes. J'assiste sans respirer, prête à te voir suffoquer et bleuir, à l'engloutissement de yaourts, compote et purée.

– Si tu veux, le Flamby, tu peux le finir !

Quand, après soixante et onze jours de privation, tu comprends cette phrase prononcée par l'orthophoniste, je n'ai pas de vocabulaire adapté pour décrire l'expression de bonheur sur ton visage à cet instant.

Puis vient le tour de l'eau pétillante, relatif échec lors du premier test, tout se carapatait du mauvais côté, mais quelques jours plus tard tu montres que tu gères. Mapie explique que le test ultime s'effectuera avec de l'eau plate.

L'eau plate est une vraie salope, son absence de goût et de texture la rend « invisible » pour le cerveau. Une traîtresse qui passe d'un coup, sans avertir les instances dirigeantes, et file, ni vu ni connu, dans les bronches...

L'alcoolique en moi se fait la remarque que boire de l'eau, en fin de compte, ça n'est pas bon.

La réintroduction des liquides commencera donc par Coca et eau pétillante. Côté solide, le test ultime, c'est le taboulé, avec ses milliers de minuscules billes perverses susceptibles de prendre n'importe quelle route dans le gosier.

Nous avons interdiction de faire les apprentis sorciers à la maison, trop de risques d'étouffement. Je te vois lorgner de plus en plus intensément nos assiettes et je crains une possible délinquance de ta part. Lorsque, la nuit, je t'entends tousser violemment, je me précipite dans ta chambre, persuadée que tu t'es enfourné un paquet de Granola ou sifflé un Candy'Up à la fraise.

Ton larynx semble reprendre vie du côté de la vaillante corde vocale droite, la gauche toujours aux abonnés absents, le filet de voix se fait de plus en plus audible pour qui sait y prêter l'oreille. Une nouvelle voix est née qui ne ressemble pas à l'ancienne, rauque, remplie de souffle.

Tes nuits sont secouées de toux virulentes. Mon anxiété face au risque d'étouffement tourne à l'obsession, je ne dors plus jamais, pendant que ton père, toujours seul dans le lit conjugal, jouit de nuits tranquilles.

Jour après jour, l'éloignement a disloqué nos rapports. Et puis, un matin, il s'emporte, et la phrase de trop tombe :

– Tu ne vois donc pas que je ne vais pas bien ?

– Sincèrement, ce n'est pas ma priorité en ce moment...

– Tu passes la totalité de ton temps avec Antoine, tu ne vois pas que moi, je ne vais pas bien ?

La phrase vient de pulvériser d'un coup mon capital patience.

– Alors, écoute-moi bien, j'en ai rien à foutre que tu n'ailles pas bien, parce que là, il n'y a qu'un seul truc qui m'importe, c'est que notre enfant, lui, aille bien. D'accord, il n'est plus dans le coma, il n'est plus question de pronostic vital, mais s'il ne récupère pas ce putain de larynx, je ne veux absolument pas imaginer ce que sera sa vie entière sans manger, respirer, parler, en plus de ne pas entendre ! Si tu ne vas pas bien, va consulter, et en attendant, si tu veux bien, je m'occupe de notre enfant !

Sa relation avec toi s'est encore dégradée depuis ton retour. Il tente de suivre, dans un flou approximatif, tes progrès et le fil des rendez-vous, cumule maladroitement gaffe sur gaffe lorsqu'il s'adresse à toi. Dans une forme de déni de ta perte d'audition, voire peut-être un déni de l'idée même de handicap, il s'obstine à te parler dans une tonalité absolument inaudible pour toi.

De mon côté, la nouvelle donne a fait grimper mon timbre vocal, j'ai une voix de charretière et je ne m'en rends absolument plus compte. Je me surprends à hurler chez le boucher et à ne plus être capable d'avoir une conversation sans articuler exagérément chaque syllabe en y collant une dose de décibels à faire saigner les tympans. Cela devient embarrassant, je passe pour une cinglée.

À deux reprises, tu étais retourné faire des réglages avec dame Pénélope.

Elle nous avait reçus dans une petite boutique en face de l'hôpital, situation très commode et surtout lucrative pour son commerce. J'espérais un lieu rempli de matériel très sophistiqué en vue du miracle tant attendu, mais la boutique ne contenait qu'un bureau et la fameuse mallette de Barbie. Elle tritura sans grande logique les paramètres du logiciel que manifestement elle ne maîtrisait pas vraiment, en posant en boucle deux questions :

– Et là, tu entends mieux ?

– Non, toujours pas…

– Et c'est moins métallique, là ?

– Non, toujours pas…

À notre grande surprise, elle ferma sa valise, considérant sa tâche achevée et visiblement satisfaite de sa prestation :

– Madame, on est arrivés au maximum de ce que peut espérer Antoine avec ces prothèses. Nous arrivons à la limite du prêt des appareils, il faudra donc les régler la prochaine fois, il y en a pour trois mille huit cents euros.

– Comment pourrais-je les régler alors que vous n'y arrivez pas vous-même ?

Madame Pénélope me regarda avec des yeux de poisson mort, mon jeu de mots à deux balles resta planté à l'entrée de son cerveau.

Adieu, merci.

Aujourd'hui, ton père me parle d'une de ses amies qui vient de lui recommander un « audioprothésiste formidable ». De mon côté, je contacte deux personnes dont les enfants sont équipés de prothèses par un « audioprothésiste formidable ». Les pistes convergent. J'appelle donc l'audioprothésiste formidable, Alain. Il accepte de te recevoir en urgence. Te voilà embarqué dans ma voiture, toi, ton sac à manger et ton aspiro. Alain est un homme posé, très doux et totalement à l'écoute, ce qui est la qualité qu'on attend d'un audioprothésiste, non ? Il nous reçoit dans un bureau où trônent quantité de matériels de dernière technologie, à l'évidence ça fait plus sérieux que l'échoppe de Pénélope.

Il étudie attentivement ton dossier, te fait passer un audiogramme, puis connecte les appareils de prêt et charge les données dans son ordinateur afin d'en étudier les réglages. Nous l'observons, il semble totalement perplexe. Pire, il hallucine. De longues minutes embarrassantes s'écoulent, Pénélope part avec l'eau du bain. Alain est un homme courtois et délicat, il n'aura qu'une phrase polie :

– On a une bonne marge de progression, je ne comprends pas exactement ces paramétrages, c'est assez étrange… mais Antoine peut vraiment en attendre davantage. Ici, nous travaillons en équipe, ce qui nous permet d'échanger pour trouver des solutions quand les cas sont complexes.

Ma décision est prise instantanément, je demande à Alain de commander de nouveaux appareils et nous convenons de nous revoir quatre jours plus tard pour effectuer les calibrages.

Une onde d'espoir vient de faire vibrer tes oreilles.

Cette guerre des nerfs, on va la gagner !

Porzia a entrepris la vaste tâche de détricoter tes méninges parce que, vraiment, c'est le gros bordel là-dedans. Elle dénoue progressivement les tensions. Ta motricité s'en voit métamorphosée, tu montes et descends les escaliers avec grâce et célérité.

Deux toutes petites semaines se sont écoulées depuis ton retour à la maison, et les progrès sont miraculeux. Une danse de la joie dans les ascenseurs de la Pitié vient couronner le succès du passage du taboulé. Mille grains de semoule sont descendus en empruntant la bonne route, alléluia ! J'avoue, on a sauté entre le premier étage et le rez-de-chaussée. Ça va se finir en pétage de câble, cette histoire...

C'est ainsi que, cinq jours plus tard, nous sommes reçus à Tenon par les docteurs Dupond et Dupont ainsi que Magali. Toi, tu n'es pas jouasse car, à multiplier les équipes et les hôpitaux, on multiplie les films de ta glotte par la narine gauche. Magali est joueuse, elle t'a prévu des petites choses rigolotes à avaler, Chamallows et Coca. Reste à savoir si Dupond et Dupont veulent jouer avec la caméra en même temps. Moi, je m'amuse beaucoup, toi, tu te demandes si l'idée n'est pas de te faire crever en direct avec des images qui enregistrent. Le test est concluant. La corde vocale gauche roupille toujours, mais visiblement on peut vivre en ayant une seule courageuse et vigoureuse corde vocale droite qui fait tout le boulot.

Mon amie Arielle l'a dit : « Antoine a démontré que ça sert à rien d'avoir des trucs en double... »

Docteur Dupond, docteur Dupont et Magali ont un regard entendu, ils sourient, prennent leur temps et t'annoncent :

– Antoine, ce soir tu vas pouvoir faire un repas normal. À partir d'aujourd'hui tu vas manger comme avant. Évidemment, pour commencer tu évites la semoule, les petits pois et l'eau plate, mais très rapidement ça va être possible. Commence ce soir, par exemple, avec un poisson et des épinards, c'est facile. Enfin, tu évites les poissons avec beaucoup d'arêtes, n'est-ce pas ? Il faut par ailleurs retirer rapidement la trachéotomie, car elle empêche une récupération complète du larynx. Nous allons contacter l'équipe de la Pitié pour qu'ils programment l'intervention. Puis nous sommes d'avis d'attendre encore au moins deux semaines pour enlever la gastrostomie, car tu es encore très faible. Tu as pris quelques kilos, mais trop peu pour envisager de supprimer la sonde.

Impossible de retenir le torrent qui sort de mes yeux et de mon nez, toi tu as une excuse, tu avais une caméra dans le pif, tu peux chialer sans retenue.

Magali enchaîne :

– Maintenant, Antoine, il va falloir travailler ta voix, on va se revoir dans quelques jours, tu passeras un test avec une machine qu'on a mise au point ici, le système EVA, évaluation vocale assistée. Madame, je vais vous donner les coordonnées d'une orthophoniste qui consulte à proximité de votre domicile, c'est une des grandes spécialistes de la voix. Voyez-la le plus rapidement possible.

Ce n'est pas une danse de la joie que nous entamons à la sortie de Tenon, c'est un numéro d'hystérie. J'ai de l'amour pour tout ce que je croise, j'aime la terre entière, tout est beau, même les portes, les horodateurs et les papiers gras dans la rue. Tandis qu'on se dirige vers la voiture, alors que je suis encore à deux mètres du sol, que je vole, heureuse, tu me jettes l'un de ces regards malicieux que je redoute. Je te vois obliquer, ton sac à dos gastrostonomique en bandoulière sur l'épaule. J'ai regagné le sol malgré moi et je cours derrière toi. Tu t'engouffres dans un supermarché, saisis au vol un panier et cours littéralement dans tous les rayons. Quelques minutes plus tard, trépignant et sautillant sur tes maigres abattis, tu m'attends à la caisse, ton repas de ce soir déposé sur le tapis roulant. Poisson, épinards, tarama, blinis, yaourts.

Voilà.

S'il y a bien des moments exceptionnels dans ma vie que je n'oublierai jamais, celui-ci a sa place sur le podium. Te voir jubiler, empiler un à un dans le sac de courses ces aliments que tu pourras enfin ingérer après trois mois d'une privation totale avec zéro perspective remplit mon cœur davantage que ton estomac ne le sera ce soir.

La vie vient à nouveau de te faire, de nous faire, un monumental cadeau.

J'ai interdiction de communiquer cette incroyable nouvelle à ton père et à ta sœur.

Tu es joueur, mon p'tit con. Cet état d'esprit t'a probablement sauvé la vie, alors je la ferme.

Le soir, nous sommes tous quatre attablés dans la cuisine. Je suis à l'agonie de cette dissimulation, mes yeux ne quittent plus le sol, et je suis incapable d'avoir un seul propos cohérent. Comme à ton habitude, tu sièges devant une assiette vide, semblant disposé à te repaître les yeux du repas des autres. Et puis tu saisis brusquement un blini que tu tartines abondamment de tarama. Ton père et ta sœur rient de bon cœur, tu es devenu coutumier de ce genre de blague. Ta fourchette monte délicatement le blini vers ta bouche, avec lenteur, tu ouvres le bec. Mathilde t'observe avec effroi et hurle quand elle te voit l'enfourner d'un trait, le mâcher et… l'avaler. Ton père reste pétrifié, incapable d'articuler un mot. Tu exploses d'un rire peu audible mais totalement sardonique. C'est très drôle et très cruel en même temps. Alors, les rires passent aux larmes, qui glissent à leur tour dans les rires.

Moins de quinze jours après ton retour de l'hôpital, défiant tous les pronostics, te voilà attablé, savourant le dîner comme si de rien n'était. Désormais, à chaque repas, nos yeux sont suspendus à ta fourchette, ils suivent, dans une tension insoutenable, le trajet des aliments qui pourraient t'étouffer à tout instant.

Le jour où tu as commencé à manger, nous, on s'est arrêtés.

Le corps humain est une machine insensée, une Ferrari qui ne serait qu'une Fiat Panda sans le moteur qu'est un cerveau volontaire et persévérant, parfois têtu, capable d'aller puiser des ressources infinies dont on ignore toujours l'étendue.

Dans ma tête tambourinent encore les phrases qui annonçaient une vie sans entendre, sans respirer, sans parler, sans manger, sans boire.

Mais voilà : le p'tit con, il en avait décidé autrement.

Bon anniversaire, maman

Tu es habillé, fringant, debout devant moi, les clés de ma voiture à la main, tu me regardes avec un sourire que je n'aime pas du tout. Je ne veux pas écouter ce que tu te prépares à me dire. Je voudrais jouer la fille de l'air, m'évaporer dans la galaxie, ne plus être ta mère. Lorsque, le 22 août, tu as décidé de rompre la petite routine de ta vie pépère, tu étais inscrit dans un programme de conduite accompagnée. Depuis le début de l'été, tu comptabilisais petit à petit les heures de conduite nécessaires au passage du permis prévu cette fin d'année. Je devais supporter d'occuper la place du mort pendant de longues heures dans une tension inhumaine, tricotant avec mes pieds dans le vide, freinant à chaque minute sur des pédales imaginaires, gesticulant sur mon siège comme si cela pouvait détourner la voiture de sa tajectoire tout en réprimant des « Aaaaaaah ! », « Oulaaaaaa ! », « Tsssssst… ».

La conduite accompagnée est une invention de pervers malfaisant, créée pour tester les capacités d'arrêt respiratoire des parents ainsi que leur résistance cardiaque, et pour observer les comportements irrationnels générés par la peur de mourir.

Autant dire que, depuis trois mois, cela n'avait pas occupé nos esprits, enfin pas le mien.

Parce que visiblement, ce matin, tu t'es levé en te disant que ce serait une bonne idée de reprendre ton entraînement et qu'avoir ton permis en même temps que ton bac serait chouette.

Ce matin, j'ai rendez-vous chez notre ostéopathe Porzia, dans son cabinet situé à une quinzaine de kilomètres de chez nous par la nationale, puis nous devons nous rendre dans le centre de Paris, chez le nouvel audioprothésiste. En prime, tu es aujourd'hui totalement sourd, nous avons déposé hier à l'hôpital les appareils inutiles de Barbie Pénélope.

Nous sommes le 7 novembre, c'est mon anniversaire. Tu as décidé que tu serais mon chauffeur toute cette journée, c'est ton cadeau.

Je veux démissionner… ou rendre cet enfant à n'importe quel SAV, ça va trop loin.

Je m'élève contre cette idée absurde, tu te vexes, argumentes encore et encore. Je cède, déjà épuisée par le bras de fer commencé seulement trois minutes plus tôt.

Tu n'as pas conduit depuis longtemps, tu as une condition physique très approximative, de la tuyauterie qui sort de multiples parts de ton corps et, surtout, tu n'entends rien, absolument rien… C'est dans cette configuration que nous nous lançons sur la nationale sans clignotant, parce que tu as tout oublié. Les leçons de conduite ne sont qu'un très vague souvenir dans ta tête, farcie depuis de morphine et autres stupéfiants. Tu n'es aucunement stressé par mes recommandations, alertes ou cris de stupeur car tu ne les entends pas. J'hésite à fermer carrément les yeux. Je me dis juste que c'est assez chic de mourir le jour de son anniversaire, je visualise la pierre tombale avec la perfection des nombres alignés : née le 7/11/1967, morte le 7/11/2014.

Parce que toi, p'tit con, évidemment tu t'en sortirais, une fois de plus.

Je pourrais très bien jeter par la portière le montant de la séance d'ostéopathie, car je ne vois pas bien quel bénéfice je vais tirer de cette expédition terrifiante où mon corps est déjà mort.

Je prends sur moi, je me raisonne, me persuadant que cette virée fait partie du processus de guérison, de ta remise en confiance, de ta course à l'autonomie – de la vie normale, quoi. Même si ce serait tout de même couillon de fêter mon anniversaire encastrée dans le tronc d'un arbre…

Porzia juge bon de ne faire aucun commentaire, je lis juste l'effroi dans ses yeux lorsqu'elle referme la porte derrière nous. Je pourrais aisément et lâchement débiter à tes côtés des chapelets d'injures sans que tu les entendes, juste pour me défouler, mais je n'en ai même pas la force. Tu es si fier et heureux au volant de cette voiture.

Tu es si beau, mon petit trou du cul.

Et c'est de la roupie de sansonnet à côté de l'expédition suivante qui consiste à gagner le centre de Paris un vendredi au milieu d'un trafic dense d'une nervosité exacerbée par la pluie… J'imagine que tous les Salvatore de la terre sont concentrés sur l'habitacle de cette voiture, car c'est un pur miracle que de parvenir à notre destination sans percuter l'un des innombrables véhicules mis exprès en obstacle sur notre route. Ma jambe droite n'est plus qu'une grosse crampe à l'arrivée tant j'ai freiné violemment dans le vide.

Alain déballe les nouveaux appareils, les place sur tes oreilles, les connecte avec des câbles à son ordinateur et commence une longue séance de réglages. Au fil des minutes qui passent, ton visage s'éclaire, tu écarquilles parfois les yeux, surpris par les sons, la progression est magistrale. Le bureau est équipé de multiples enceintes positionnées de manière à recréer la spatialité de divers environnements sonores. Alain teste minutieusement chaque configuration, affine les paramétrages avec rigueur, attentif à chacune de tes réactions. La séance s'achève, tu rayonnes de joie. Je prends une voix douce, celle que j'ai oubliée depuis si longtemps :

– Tu m'entends là ?

– Parfaitement !

J'aimerais sauter dans les bras d'Alain, l'embrasser, mais ne me vient qu'une diarrhée de mots, des mots très banals masquant peu le bouleversement qui me submerge.

En cette fin de journée du vendredi 7 novembre, nous nous retrouvons tous les deux sur le trottoir dans un état second. Tu fais des bonds tous les mètres, tu sursautes à chaque bruit que tes nouvelles oreilles captent enfin. Tu t'arrêtes à chaque son, cherchant à l'identifier. Tu entends les pas des piétons, les voix, les voitures qui circulent, toute une vie claironnante que tu ne pensais plus percevoir un jour.

– Maman, tu ne peux pas savoir comme je suis heureux !

Si, je sais.

Le 4 novembre, tu as mangé ; le 7 novembre, tu as entendu.

Il serait si dommage de décéder pour cause de conduite accompagnée et d'être ainsi privés de jouir de ce nouveau miracle. Tu as l'amabilité de me laisser conduire au retour, merci.

Je suis émotionnellement épuisée, je m'attarde longuement sous l'eau bouillante de la douche avant de m'écrouler comme une baleine échouée sur mon lit. Mathilde me rejoint pour partager dans mes bras les émotions de cette éclatante journée. Elle suggère judicieusement de me rhabiller un minimum pour passer à table. J'obtempère de mauvaise grâce. Et lorsque j'ouvre la porte de ma chambre, je tombe nez à nez avec une collection de visages souriants. Nos meilleurs amis ont débarqué sans faire de bruit pour fêter par surprise mon anniversaire.

Ton père a organisé ce moment, ce qui constitue un exploit, j'en suis touchée, même si à cette seconde je rêve de débrancher mon cerveau et de plonger dans une nuit de deux cents heures.

Et toi aussi, tu savais. Tu as préparé avec soin un texte que d'un filet de voix essoufflé et tremblotant d'émotion tu as déclamé avec grâce dans cette soirée irréelle, arrachant à chacun une dose de larmes. Une mère reçoit rarement dans une vie une telle déclaration d'amour, je pensais avoir atteint le quota maximum avec ma collection de colliers de pâtes et de dessous de plats en pinces à linge. Antoine, mon Entouane, tu m'as cueillie avec ta sensibilité et cette délicatesse qui font de toi un être extraordinaire.

Je suis fière d'avoir mis au monde trois merveilleux êtres, en toute modestie et objectivité de mère.

À la lecture de ton texte, ton père s'est assombri, son regard a vrillé et il s'est recroquevillé sur lui-même. Ton texte était remarquable par l'absence totale de figure paternelle, et chacun dans l'assistance a feint d'ignorer l'embarrassant oubli, parce que forcément oubli il devait y avoir. Les remerciements que je lui ai adressés pour avoir organisé ce moment de bonheur sont restés vains, il s'est retranché dans noirceur et rancune.

Et chacun a pris la direction de son étage pour se coucher.

Il paraît de plus en plus improbable qu'on se retrouvera quelque part. Je pourrais légitimement réintégrer la chambre commune, le risque d'étouffement qui te menace se situe maintenant davantage pendant tes repas que dans ton sommeil. Mais, chaque jour, je me sens un peu plus étrangère à lui.

Je prends alors une décision majeure, tout en sachant qu'elle sera lourde de conséquences, pulvérisant tout ce qui reste du couple – à moins qu'elle n'agisse comme un catalyseur de changement : à compter de ce jour, je cesse, à chaque moment de partage familial, principalement les repas, d'être le chef d'orchestre, le boute-en-train, le moulin à paroles qui meuble chaque silence, la passeuse de plats qui empêche les discussions de tourner court, celle qui sert de liant entre un père et ses enfants. C'est terminé, il n'y a plus d'animatrice, une guerre des nerfs d'un autre genre vient de débuter.

Lors du premier dîner, chacun s'imagine une plaisanterie de ma part, aucun ne m'a jamais vue dans l'exercice éprouvant qui consiste à me taire. Les silences sont lourds. Mathilde et toi, envahis par le malaise ambiant, tentez tant bien que mal de colmater le vide en alimentant une conversation pesante. Ton père est déstabilisé mais, pour autant, il ne se place pas dans l'idée de prendre le relais de cette parole envolée, de chercher à raccorder ce qui est en train définitivement de se rompre. Il n'y voit qu'une nouvelle démonstration de manque d'amour et de considération à son égard. Blessé, il s'éloigne davantage.

Au fil des jours qui passent s'installent gêne, tristesse, rancœur. J'ai intentionnellement détruit la mécanique de notre foyer, dans l'idée de produire un électrochoc, espérant que ton père prenne conscience de sa position d'outsider et se mobilise enfin.

Je suis fatiguée.

L'énergie déployée pour t'accompagner dans ton combat a puisé dans mes dernières batteries qui servaient à faire tourner la famille.

Salvatore a beau œuvrer la nuit pour recharger la bête, mes réserves sont à plat.

Rebouchage de trou

Nous sommes le 12 novembre, c'est un peu comme si tu partais en week-end chez des mères adoptives. Tu as préparé une petite valise, choisi avec soin des vêtements mous et doux, fou de joie à l'idée de retrouver la joyeuse troupe d'infirmières et surtout impatient du programme très rigolo qu'on t'a concocté là-bas – pourtant ce n'est pas vraiment le Club Med.

Tu retournes deux jours à la Pitié. Avec le grade d'invité VIP, la suite 323 t'a été réservée, cela va sans dire. Tout péteux, tu m'as prévenue :

– Maman, ce ne sera pas la peine de rester tout le temps avec moi, j'ai beaucoup de monde à voir…

Exit la canule de ta trachéotomie, plus de tuyau dans le cou ! Tu as mis dans tes affaires ta caméra Gopro, tu as l'intention de filmer cette charcuterie du gosier, tes copines infirmières t'ont dit combien il est spectaculaire de voir à quelle vitesse se referme un trou du cou. Mouais…

Tu te mets d'office au volant pour rejoindre l'hôpital, j'essaie d'immobiliser ma jambe droite, qui cherche toujours vainement la pédale de frein, et fais mon possible pour avoir l'air détendue : j'évite de me cramponner à la poignée de la porte, serrant les dents pour empêcher des cris d'effroi. Je me dis qu'au moins, au retour, je n'aurai plus la vision de l'accident gore de trachéotomie explosée dans le pare-brise.

Il ne te restera plus que l'unique tuyau dans le nombril.

Autant dire que tu es accueilli comme un prince au troisième étage, la suite de monsieur est prête, le fan-club t'ovationne, l'ambiance est festive. Difficile d'imaginer que tu viens pour une intervention chirurgicale. Le chouchou, comme toutes t'appellent désormais, voit les têtes familières défiler dans sa chambre.

Le docteur Y pointe son nez. Il prévoit de te retirer d'ici deux semaines la sonde gastrique, tu es loin encore d'un poids acceptable, pas de précipitation. Il est très heureux et satisfait de tes progrès spectaculaires. Nous évitons soigneusement, lui comme moi, d'évoquer mes magouilles interhôpitaux pour le recouvrement de larynx, sujet désormais tabou. N'exagérons pas non plus, je n'ai ni dealé de la morphine ni négocié mon grade dans la mafia de l'Assistance publique. L'important, c'est le résultat, et franchement, c'est beau.

Moins beau ton cou après l'intervention. Tu n'as pas réussi à tout filmer, l'envie de gerber t'ayant vite submergé, la chose étant somme toute très dégoûtante. À la place du tuyau, il y a maintenant une sorte d'énorme araignée rouge, symbole de toute une souffrance mais surtout d'un beau combat.

D'ailleurs lorsque, plusieurs mois plus tard, le docteur D te proposera de procéder à une chirurgie réparatrice pour gommer la cicatrice, tu refuseras. Cette marque fera partie de toi tout le long de ta vie et te rappellera chaque jour quelle bataille tu as menée, bâtissant l'adulte que tu seras devenu.

Trois jours ont été prévus pour être certain que tu puisses sans danger absorber nourritures et liquides après le retrait de la quincaillerie qui obstruait ta gorge. C'était sans compter que des membres du personnel n'avaient pas été informés avec précision de ton état. Ainsi, sans que personne ne s'en aperçoive, quelques heures après l'intervention, un plateau-repas t'a été présenté, doté d'une assiette entière de petits pois et poisson pané, ce qui équivaut à une tentative d'homicide sur un patient aux conduits percés. De ton côté, tu n'y as vu aucune malveillance et, affamé, tu as absorbé l'intégralité du repas.

Ta bonne étoile avait dû mettre une webcam dans ta chambre pour éviter un nouveau désastre. Cet épisode devint sujet de plaisanterie a posteriori, car, sur le moment, chacun exprima un soulagement intense face à une catastrophe évitée de justesse.

Quand le lendemain Mapie te reçoit, c'est elle qui manque de s'étrangler au récit des petits pois et panure. Le test ultime a été fait par inadvertance, on est bon côté aliments solides. La réintroduction de l'alimentation va pouvoir s'achever, ne reste que l'eau plate. Tout doucement, tu avales le verre qu'elle te tend. Tu tousses à plusieurs reprises. Mapie conclut :

– Antoine, désormais, c'est à toi de continuer le boulot. Avec l'eau, tu vas progresser tout doucement, ne force pas. C'est formidable, ce que tu as accompli ces dernières semaines, tu peux désormais manger, boire et respirer normalement. Ta voix, tu vas la travailler avec l'orthophoniste que Magali t'a recommandée, et même si tu ne retrouves pas ta voix d'avant, ça va évoluer. Quelle belle aventure, cette résurrection du larynx ! Ça n'a pas été évident de s'écarter du protocole normal, mais ça en valait vraiment la chandelle.

Embrassades chaleureuses remplies de gratitude, du regret de se dire qu'on n'a pas de raison de se revoir de sitôt et de la légèreté de penser que le chapitre déglutition est enfin avalé.

Tu fais de nouveau tes bagages pour quitter la suite 323, promets à tes copines infirmières de leur rendre visite lors du retrait prochain de ta sonde gastrique.

Nous effectuons naturellement une danse de la joie en bonne et due forme devant les ascenseurs et un peu dedans aussi. Dans le compte-rendu de l'hôpital s'est glissée une coquille : « Fosse route », je préfère l'ignorer pour le retour...

Je refuse de te laisser le volant, tu fais la gueule.

Tu ne boudes plus une heure plus tard, quand tu plantes une paille dans un Candy'Up à la fraise.

Chaque jour durant trois mois, tu as fantasmé sur ce moment. Tu aspires une grosse lampée qui descend dans une trajectoire parfaite à l'intérieur de ton conduit ressuscité, tu déglutis lentement et lèves un œil vers moi :

– En fait, j'aime pas ça du tout...

Réveil des méninges, ouverture des écoutilles

Maintenant que tu as le trou du cou colmaté, on va pouvoir, sans que ça fuie, remplir à nouveau ton cerveau et voir si tout n'est pas carbonisé dans tes méninges.

Mon nouveau job, c'est Uber scolaire. Les semaines se divisent entre les cours à domicile et ceux au lycée, au total une dizaine d'heures. Le lundi Armelle, prof de SVT, débarque à la maison avec son entrain et sa générosité, nous prenons vite l'habitude de boire ensemble le thé. Chaque mardi, je pars chercher au métro Antoine, ton prof de philo, attachant romantique totalement perché à l'allure et aux manières légèrement surannées, qui m'offre parfois des roses. Il m'arrive de tendre l'oreille pour grappiller quelques miettes philosophiques, passagère clandestine de ses leçons. Je le reconduis ensuite dans mon carrosse au lycée, nous devisons tout le trajet, souvent sur les affres du couple, on se comprend.

Les autres jours, je te trimbale de la maison au lycée, du lycée à la maison. Tu es plus alerte sur tes cannes, mais tes quarante-cinq kilos trahissent une grosse fatigue et un cerveau légèrement au ralenti. Je te récupère flageolant et décomposé lors de ces premières semaines de reprise des cours. Le médecin scolaire s'en inquiète, elle a souhaité te rencontrer, elle a pris la mesure de ta détermination, la mienne, et se positionne désormais en alliée dévouée dans ce projet fou. Le phénomène est contagieux : il gagne progressivement tous tes enseignants.

On passe du dubitatif « Ce n'est pas grave si tu n'as pas ton bac cette année ! » à, au bout d'un mois : « On va l'avoir ce bac, Antoine ! »

Ton enthousiasme les a conquis un par un, jusqu'au proviseur adjoint. Ils parlent de « leur » bac désormais.

18 novembre, service du docteur Y de la Pitié-Salpêtrière. Tu es confié à une jeune interne, j'en déteste ouvertement l'idée. Malgré mon regard de psychopathe assassin, la pauvre novice, qui doit craindre de se voir dépecer, reste stoïque et fait preuve de professionnalisme. Quelques minutes suffisent à retirer de ton estomac le ballonnet de la sonde gastrique, opération légèrement douloureuse mais rapidement et adroitement exécutée : l'interne garde la vie sauve.

Mi-décembre, tu es enfin définitivement libéré de tous les bidules en plastoc vissés dans ton corps pour respirer et t'alimenter.

Moins de quatre mois après ta plongée, en dehors d'entendre et parler, tes fonctions vitales ont les voyants au vert.

Les réglages successifs de l'habile Alain te permettent de suivre les conversations, de décrocher un appel téléphonique dans tes appareils et d'entendre la musique. Certes, tu n'auras plus jamais la perception d'avant.

Dans tout ça, il y a un mot qui nous écorche tous deux les gencives, c'est « handicap », comme si de toutes nos forces on résistait, toi comme moi, à accepter cet inconcevable. J'ai beau afficher la carte bleu et blanc sur le pare-brise de la voiture et remplir des dossiers auprès de la maison départementale pour le handicap, elle est raide à avaler, cette perspective de vie entière en dehors des clous. Puis, un matin, tu m'annonces :

– J'ai décidé de prendre la langue des signes en option au bac !

– Ah ? Heu... D'accord... Tu es malentendant, enfin, très malentendant, soit. Mais pas sourd. N'empêche que je trouve que c'est une super bonne idée. Je vais chercher où tu vas pouvoir apprendre.

C'est comme ça que j'ai opéré une plongée dans le monde des sourds et malentendants, un monde dont j'ignorais toute la complexité, les paradoxes et les combats. Je découvre qu'une grande partie de la communauté, celle des sourds de naissance, est opposée à la pose d'implants cochléaires, réunie autour de convictions très tranchées, voire virulentes, concernant la langue des signes. La mise en place d'un dépistage systématique de la surdité chez l'enfant visant à pouvoir implanter dès le plus jeune âge a déclenché un débat houleux, plaçant la surdité comme handicap au lieu de ne voir en elle qu'une différence qui devrait être acceptée par la société en même temps que sa forme propre de communication qu'est la langue des signes. Les services ORL d'implantation pensent que la langue des signes est ainsi vouée à disparaître d'ici quelques années. Elle est déjà majoritairement enseignée par la communauté des sourds elle-même, qui tente désespérément de se faire entendre à sa manière dans ce conflit.

Or toi, Antoine, tu appartiens toujours à la population des entendants. Pour éviter de rentrer dans ce débat qui, soyons clairs, m'emmerde, et par commodité géographique, j'opte pour les cours sur internet par visioconférence. J'entre en relation avec Nathalie, jeune et sympathique prof entendante. Je tente au début de suivre les cours avec toi. L'expérience s'avère humiliante : j'ai la mémoire d'un anchois et je signe comme un manchot. Deux fois par semaine, tu retrouves Nathalie dans ces étranges échanges gesticulants et silencieux. C'est beau à regarder, ça me suffit.

Au milieu de la tribu « Kourrage Antoine ! » qui compte chaque jour de nouveaux membres et suit assidûment ton parcours, il y a mon amie Violaine. Je reçois un message : Violaine s'inquiète d'une éventuelle faillite chez Legrand, le krach fatal.

Je ne travaille plus depuis des mois et l'accumulation des frais importants, entre appareillages auditifs, matériel paramédical et cours, nous fait sombrer petit à petit, en plus du reste… Oui, c'est tendu, on serre les fesses, anus invisible, même si on fait croire au monde entier que tout va bien.

Quelques jours plus tard, je trouve une enveloppe déposée dans notre boîte aux lettres, elle contient une liasse de billets et un mot de Violaine. Touchée en plein cœur, fuite de larmes. Elle a organisé un « Antoinethon », une braderie chez elle, supposée désengorger ses armoires pleines de vêtements de marque mais surtout financer tes cours de langue des signes. Mes protestations n'auront pas raison de sa volonté ferme d'apporter sa contribution à ton incroyable course à la vie. Un réseau de fées s'est donné le mot pour éclairer ta route.

La reine des pailles

Il faut croire que notre bonne étoile, qui s'y connaît en fées, a mis le paquet pour faire apparaître sur notre route une lignée d'orthophonistes de compète. La chance ou notre bonne étoile, toujours elle, a donc voulu que Carine, cette sommité du travail de la voix, consulte à quelques encablures de chez nous et qu'elle accepte de te consacrer du temps dans un agenda archicomplet.

Nous débarquons ainsi dans un immeuble années soixante-dix, englouti dans un gigantesque parc. Je suis fascinée par les mélanges de bois, verre, pierre, les couleurs et lignes géométriques seventies du bâtiment, et je me dis que j'aurais aimé vivre dans cet endroit. Au premier coup d'œil, en arrivant dans ce qui sert à la fois de lieu de travail et de vie à Carine, je suis frappée par la coolitude absolue de cette femme : comme si le cadre baba avait déteint sur les habitants de l'immeuble. Son look est cool, son comportement est cool, son appartement est cool, j'attends qu'elle nous propose un joint.

Pas de joint, nous patientons dans un salon-salle d'attente beatnik, chargé d'une collection luxuriante de plantes vertes (pas de cannabis toutefois) et d'un mélange de mobiliers en rotin et indonésiens. Le sol est jonché de quantité de jouets destinés à ses jeunes patients pour qu'ils le soient en l'attendant. Carine nous accueille, une chevelure bouclée brune en vaporeuse auréole autour d'un visage doux et rieur. Ses pulls colorés certainement tricotés main s'harmonisent à la perfection avec le décor bath. Elle nous fait entrer dans ce qui doit être son espace de travail.

Difficile d'apercevoir son bureau, disparu sous des monticules de documents, dossiers, objets en tout genre. Arriver jusqu'à lui, c'est serpenter au milieu de montagnes de livres et pochettes colorées empilées, posées à même le sol, les étagères environnantes ne suffisant plus à absorber le trop-plein. Un vrai bordel mais ultra-organisé. Un piano électronique trône dans un coin, des tableaux pétant de couleurs occupent le peu d'espace vide laissé sur les murs. J'aime ce lieu comme j'en aime instantanément l'occupante, qui peine à dénicher un deuxième siège dans le fouillis général.

Sur son bureau est posé un large pot rempli de feutres, j'imagine destiné aux enfants en consultation. Non, elle s'en sert pour remplir ton dossier, constitué d'une feuille A4 et d'une pochette dont elle choisit la teinte avec soin et avec ton avis. Au fil des réponses à ses questions, elle change de couleur de feutres, je ne sais pas si ce qu'elle note à ton sujet est intéressant mais c'est très joli. Carine s'exprime d'une voix absolument inaudible, ce qui est un peu paradoxal pour une spécialiste de la voix. Son timbre est lent et calme, tout comme elle, comme cet endroit. Il est certain que ces séances n'occasionneront aucun stress.

Les premiers exercices consistent à apprendre à respirer par le ventre. Tu demandes à Carine si tu vas pouvoir devenir ventriloque. Surprise, elle n'ose pas rire, elle ne nous connaît pas encore. Rapidement, elle s'habituera à nos vannes, nous aux siennes, et les rires nourriront chaque séance.

Carine te présente ce qui va devenir l'outil le plus précieux de ta rééducation, une paille... Évidemment, l'objet thérapeutique laisse perplexe, la situation est au comble de l'absurde d'avoir à souffler dans cette chose. Force sera de constater, tout au long du traitement, son incroyable pouvoir.

Les amitiés naissent parfois de manière surprenante, la nôtre a commencé avec une paille.

Le 3 décembre, tu as la joie de retrouver la sympathique bande de cinéphiles de Tenon, parée pour une nouvelle descente de caméra dans tes conduits. Tout le monde est détendu sauf toi, qui continues de te faire élargir la narine gauche au fur et à mesure des travellings de la fibroscopie, mais les enjeux, au regard des mois précédents, sont désormais aussi insignifiants que des étrons de mite.

Dupond et Dupont ont un petit jeu pour toi. On va te faire boire de l'eau plate en même temps que la caméra stationnera chez tes copines cordes vocales, la première de la classe et la fainéante. Les images sont limpides, la feignasse à gauche continue de roupiller pendant que l'autre fayotte fait tout le boulot pour deux. Tout le monde est content, tu ne t'es ni étranglé ni noyé.

Magali t'a aussi prévu un jeu très amusant. Elle est impatiente de te faire tester le système EVA, « évaluation vocale assistée », fruit de la recherche universitaire d'Aix-en-Provence et du CNRS de Marseille. Nous nous installons dans un petit local où sont disposés ordinateurs, écrans de contrôle et un étrange micro sur pied doté d'une sorte d'entonnoir. Ce micro, équipé de capteurs, non seulement enregistre le son, mais permet d'analyser les débits d'air de la bouche, du nez et d'une certaine manière l'activité des cordes vocales. Magali te positionne le visage dans l'entonnoir, insère un tuyau dans chaque narine, un élastique derrière ta tête calant le tout, et puis elle te fait lire un texte. Par respect pour ta dignité je ne fais pas de photo, elle irait direct rejoindre celle avec tes bas blancs et ta blouse ouverte sur ton cul.

Des courbes s'affichent sur l'écran de contrôle pendant que tu lis. Magali épluche les données :

– Très clairement il y a beaucoup trop de fuites d'air dans ce larynx. Pour parler, respirer, manger, les deux cordes vocales sont censées se coller l'une à l'autre, quasi hermétiquement, or là elles ne se touchent pas complètement, laissant passer de l'air. Ta voix est ainsi peu audible et surtout tu t'épuises à parler. En forçant trop, tu risques au fur et à mesure d'endommager tes cordes vocales et de ne pas réussir à récupérer ta voix. Il est donc essentiel de travailler ces fuites.

Je demande si je dois trouver un plombier pour le problème de fuites, Magali répond que Carine fera ça mieux qu'un plombier. Avec les pailles ? Oui, madame, avec les pailles.

Le 3 décembre, on sait que tu fuis et que les pailles vont te sauver.

Tout va bien, on avance.

Retour vite fait chez la reine des pailles.

...mrgrung
fonghmmneu
lofrgnrm nounvfe
blodcrafje bigfhrle
grunmrkretrumne
frokkme
bleu....
Heu...
... Alors...
EVA hésite
entre buffle
et ponceuse à
parquets...

Trêve des confusions

Noël marque une trêve dans l'implosion du couple Legrand. Clément est rentré de Berlin, j'ai dû regagner par obligation le lit conjugal. Ton père m'a annoncé qu'il va consulter un psy. L'année qui vient verra peut-être le début d'une nouvelle ère.

Te voir enfourner en quantité du gras, du sucré, et les voir regarnir tes os m'apporte un plaisir inouï. Quinze kilos pris depuis ton retour à la maison, tu retrouves des micro-fesses. Côté muscles, pas brillant, mais s'il y avait des sportifs chez les Legrand, ça se saurait. Nous partons tous les cinq passer Noël dans ma famille dans le Dauphiné. Le désir absolu de voir la vie revenir comme avant est plus fort que tout le reste, chacun savoure l'apaisement. On est une famille normale, à nouveau, pour un Noël pas vraiment comme les autres. Dans les partages, les rires et les larmes d'émotion, il y a surtout la joie d'un immense soulagement.

Tu es là, bien vivant, et c'est un miracle.

Je peux manger ça ?
...ça ?
...Et puis ça ?
De la dinde?
Et du foie gras ?..
Huîtres ?
...Et ça ?
...Et ça ?
Bûche?..
...Et ça ?
...ça ?
...ça ?
...Et ça ?
...ça ?
...ça ?
Oui !!!
Oui !
Oui !
Oui !
Oui !!!
Oui !!!
Oui !!!
Oui !!!
Oui !!!

Rentrée des classes

Janvier, c'est un peu tardif pour l'achat des fournitures scolaires… Voilà, c'est fait, tu as intégré ta classe de terminale. Progressivement, semaine après semaine, on augmente le nombre d'heures au lycée. Parfois, on stoppe la progression parce qu'on te perd au passage. Le démarrage est chaotique, tu t'épuises à vitesse grand V, mais ta niaque te tient debout, enfin surtout assis, soutenu à bloc par le corps enseignant. Au passage de Noël, tu t'es vu gratifié de nouveaux jouets, notamment un système HF, remis par celui qui apparemment serait le vrai Père Noël, Alain. Désormais, à chaque cours, le prof s'équipe d'un micro-cravate, le son est ainsi transmis dans tes prothèses. Cela occasionne des situations embarrassantes mais si drôles, comme l'une de tes profs oubliant de l'enlever pour aller faire des photocopies, exprimant dans un cri du cœur à des collègues croisés dans le couloir que « vraiment, aujourd'hui, ses élèves la font carrément chier ».

Pour l'heure, aucun de tes enseignants n'est encore parti aux toilettes avec le micro, il est souhaitable que cela n'arrive pas.

Le second gadget fourni par le Père Alain est une montre vibrante pour te réveiller. Allez réveiller quelqu'un qui n'entend pas… On a tout essayé, tous les systèmes de réveils, d'alarmes, le quartier entier est réveillé, la ville est réveillée, l'univers, mais pas toi. Il va bien falloir trouver autre chose que ta mère. La montre vibrante a rempli sa mission cinq jours avant de s'avérer d'une efficacité nulle.

Je réfléchis à un dispositif qui te déverserait un seau d'eau suivi d'un coup de batte de baseball sur le crâne doublé d'une décharge électrique dans les pieds…

Le 11 janvier, malgré une lourde fatigue et des muscles toujours aux abonnés absents, tu entreprends avec nous tous la longue marche pour *Charlie Hebdo*, de la place de la République à Nation. Deux jours seront nécessaires pour t'en remettre. Une stratégie de sacrifice de certaines matières scolaires a dû être adoptée pour ces moments d'épuisement. Tu n'as jamais eu de passion pour ta seconde langue, on a donc opté pour la sieste espagnole dans ses créneaux de cours.

Puis Clément a regagné Berlin, et moi sa chambre.

Lorsque, à l'issue de sa deuxième séance chez son psy, ton père m'a dit « Le psy dit que c'est toi le problème », j'ai compris que l'affaire était pliée. Dans ma tête, le calcul s'est fait simplement, ta sœur aurait son bac dans trois ans, je tiendrais jusque-là, impensable pour moi de faire exploser maintenant la famille dans un divorce douloureux.

Le 4 février, ta narine gauche accueille pour la millième fois une caméra dans son conduit, elle est bien aimable. Dans le petit bureau du docteur D à la Pitié-Salpêtrière, je suis scotchée avec elle, le nez sur l'écran de contrôle, Mapie à nos côtés. Une fois encore, tu ne vois rien. La caméra toque à la porte de la Belle au Bois dormant, sauf que là, quelque chose semble avoir changé. Mapie et le docteur D se regardent, scrutent à nouveau intensément l'écran. Mais moi, j'ai vu. Oui, j'ai vu que ça bouge des deux côtés, deux cordes vocales se dandinent sur l'écran ! Oh, ne nous emballons pas, c'est timide, mais vibration il y a ! Un vrai miracle, la dormeuse a mis cinq longs mois pour émerger, mais ce qui semblait totalement improbable est en train de se produire. Un réveil progressif qui pourrait toutefois s'avérer long et partiel. Peu importe, y a d'la vie, y a d'l'espoir.

Danse de la joie dans l'ascenseur.

Après cinq mois,
la Belle au Bois dormant
s'est enfin réveillée...
au boulot!!!
Oh là...
On n'est pas
aux pièces
non plus...
Corde
Vocale
Gauche

Dumbledore

« *Je viens à Paris en février, me permettez-vous de vous rendre visite ? J'espère que tout va bien pour vous deux et je vous dis à bientôt.* »

Ce message m'a mise dans un état très étrange, entre curiosité, joie et trac incontrôlable. Le 22 août, j'entrais en contact avec un magicien qui depuis œuvre sans relâche pour toi, pour moi, pour nous tous. Mon esprit emprisonné dans un formatage laïque, scientifique, rationnel s'est refusé jusqu'à présent à analyser mon comportement follement contradictoire, plaçant des espérances insensées dans une personne absolument inconnue, basée à des kilomètres de là, agissant mentalement à distance et faisant couler chaque nuit de la cire… Nos échanges majoritairement par sms, rarement par téléphone, ont placé ce personnage clé dans une sorte de bulle virtuelle qui vient à l'instant d'exploser. Il existe donc bien en chair et en os, et on va pouvoir le rencontrer.

Je me suis bâti mentalement une image de Salvatore assez proche d'un druide fripé, une sorte de Dumbledore vieux avec barbe jusqu'aux pieds et cheveux gris gras. Or le message de venue de Salvatore est accompagné d'une photo de lui. Cela fait de longues minutes que je m'attarde sur cette image… Impossible de coller la figure du vieux mage qui a protégé mon enfant sur l'homme à l'œil malicieux, en débardeur blanc laissant voir ses muscles tatoués, tout droit échappé d'un film de Coppola, qui pose fièrement sur la photo, une bière devant lui…

C'est ainsi que, le 7 février, Don Vito Corleone sans moustache, mélange de Brando et de Bruce Springsteen, sonne à la porte au bras de sa compagne Axelle, belle Pocahontas au sourire éclatant. On s'embrasse, émus et gauches à la fois. Quand le surnaturel se présente en veste en jean, ça dézingue d'un coup les stéréotypes.

Salvatore t'observe quelques instants, intensément, des larmes se faufilent dans les coins de ses yeux, il te prend dans ses bras. Mes larmes à moi ont déjà roulé par terre et j'essaie de ne pas renifler. Dans le silence qui suit, l'énormité de ce qui a été traversé défile en accéléré dans l'atmosphère, me projetant au niveau d'une minuscule particule de rien dans l'immensité de la galaxie. Don Vito Sprinsteeneone, le mec qui n'a définitivement pas de barbe, est entré dans tes méninges en feu le 21 août 2014, t'a fait soulever les paupières et a devancé des mecs ayant fait au moins dix ans d'études.

La cause de tes retombées successives dans le coma ? Un larynx en rade des suites d'une intubation nécessaire mais violente, il l'a vu avant tout le monde.

À voir Dumbledore en vrai, je ne sais plus où j'habite…

Toi aussi, tu es bouleversé. On remballe nos reniflades, Salvatore sait qu'il a des montagnes de gratitude en face de lui. Bien des mots et des verres de vin plus tard, nous nous étreignons chaleureusement et Salvatore fait une promesse : celle de continuer à veiller sur toi, sur nous. Il y a encore du pain sur la planche, ta voix commence tout juste sa renaissance, même si la guérison complète de ton larynx est et a toujours été une certitude pour Salvatore.

Alors que je les raccompagne, il me demande timidement :

– Je voulais vous poser une question… Vous vous souvenez, je vous avais envoyé un message quand Antoine était en réanimation ? Je vous disais qu'il avait quelque chose d'important à vous dire… Il vous l'a dit, finalement ?

Je me souviens de ce message arrivé en réanimation à Percy. Il m'avait tant troublée que j'avais finalement omis de répondre, il disait : « Quelque chose me dérange et je vais trouver ce que c'est. Il y a chez Antoine un poids qui l'entrave et qui met une barrière à son moral. Il va surmonter ça, mais cela lui demande encore plus d'efforts. Il a besoin d'encore plus d'amour, et je sais que vous lui en donnez beaucoup. »

Je garde une fois de plus ma réponse à Salvatore pour une autre question :

– Vous saviez ce que c'était, vous, cette chose si importante ?

– Ben… C'est un peu délicat, un truc intime au sujet de sa sexualité…

– Il nous a écrit qu'il était gay.

– Ah ! Je suis soulagé, parce que c'était un poids énorme pour lui, ça restait coincé au fond de la gorge, il fallait que ça sorte !

Parce que ça supposerait un anéantissement ultime de mon socle rationnel, je préfère ne pas trop creuser l'idée que d'aller choper une bactérie rarissime, manquant te faire perdre la vie, te verrouillant au passage la parole et l'écoute, soit liée à un coming out douloureux qui n'arrivait pas à faire son « out »…

Stallone

« Tu nous as un peu laissés tomber, non ? »

La communauté Facebook a des réclamations.

C'est vrai, j'ai progressivement espacé les posts, plongée que j'étais dans un mode d'extase contemplative de ta résurrection.

Nous sommes le 30 mars, et tu viens de revenir à plein temps au lycée, passant ton bac blanc avec brio, démontrant que tu es le patron dans cette histoire. Tu veux faire la preuve qu'on peut condenser une année scolaire en un trimestre et demi. Pas certaine que les profs approuvent le concept.

Lors de ce retour à la normalité, tu m'as dit : « Tu m'aimes trop… »

Sous-entendu : « Fous-moi la paix. »

Je n'ai plus le droit de te trimbaler en voiture, tes jambes sont désormais en parfait état de marche, quasiment de course. Flippée, je t'ai pris en filature les premiers jours, l'air de rien, en totale discrétion, au volant de ma voiture, dissimulée derrière mes lunettes noires, mère psychopathe en dépression. Je vais prendre une semaine de vacances dans la suite 323 pour qu'on s'occupe de moi.

Je ne sers donc plus à grand-chose…

La reine des pailles te fait accomplir des miracles. Tu t'entraînes chaque jour intensément à la maison, soufflant inlassablement dans l'objet de rééducation de haute technologie. Après l'interruption prolongée des vacances scolaires, de retour chez Carine, tu lui as fait croire que tu n'avais plus de voix. C'est vilain, quand j'y repense. Tu laissais s'échapper un minuscule filet sonore inaudible, Carine semblait décomposée quand brutalement tu as fait sortir de toi une voix incroyablement tonitruante, au timbre très grave. Tu nous as achevées, d'un coup, toutes les deux, et on aurait pu rester à pleurer ensemble des heures tant l'émotion était violente. Tu lui as alors offert un paquet de pailles géantes, d'un mètre environ, dénichées dans une boutique de pailles géantes, improbable. Ce jour-là, elle t'a décerné la paille d'or. Je suppose que c'est le grade du mérite le plus élevé dans la discipline de Carine.

J'aime ta nouvelle voix de Sylvester Stallone.

Visite à nos potes de Tenon. Le test de Magali avec la machine EVA cloue tout le monde sur place. Ta voix a repris des harmoniques, ne souffle plus, tient sur la durée, quasi-retour à la normale.

C'est beau.

On est bien.

Les cailloux

« Je te l'avais bien dit que j'irais. »

Oui, p'tit merdeux, tu l'avais dit, et je te signale que j'avais fait le chèque.

Tu pars donc faire de l'observation de cailloux sur l'île de Groix avec ta classe. Il fallait vraiment qu'elle croie en une passion particulière pour les sciences naturelles, ta prof de SVT, pour accepter une demande de participation d'un élève dans un tel état de dysfonctionnement. Ou bien qu'elle ait peur de contrarier une mère inconsciente, aveuglée par l'amour maternel. Certainement les deux.

Mais je suis rassurée, où que tu ailles désormais, il y a des pères et des mères de substitution qui prennent mon relais. Pourtant, devant ce car scolaire ce matin, je suis dans un état d'angoisse pire que lors de ta rentrée en maternelle. Les enseignants l'ont bien compris, on s'occupe de moi, on me rassure, on me donnerait bien un doudou pour me cajoler. Voilà, maintenant, en fait, les gens s'occupent de moi, c'est ça qui a changé.

Toi, tu n'en as plus besoin.

Loto

2 juin. Tu as réussi ton permis. 31 points sur 31.

La bonne nouvelle, c'est que je ne vais plus être obligée d'occuper la place du mort et subir cette torture quotidienne qui aurait fini par avoir raison un jour ou l'autre de ma santé mentale et cardiaque. Les louanges de ton moniteur d'auto-école pourraient me faire culpabiliser d'avoir tant couiné d'effroi à tes côtés, moi, je suis juste heureuse d'être encore en vie.

Deuxième réussite, ton examen à la Pitié-Salpêtrière.

La Belle au Bois dormant a fini sa sieste, tes deux cordes vocales vibrent à l'unisson, à égalité. Il va être l'heure de dire au revoir à la reine des pailles.

Et puis l'université Paris-Diderot a sélectionné ton dossier, tu es pris dans la filière cinéma, celle que tu convoitais.

La pile des défis accomplis grossit.

J'aurais dû jouer au Loto, moi…

Ce soir, tu t'installes au piano, joue et interprète une chanson avec brio.

Évidemment, je chiale encore.

Autant dire que tu viens d'enterrer d'un coup tous ceux qui t'avaient prédit que tu n'entendrais plus jamais la musique et que tu ne pourrais plus parler. En fait, tu ne les entendais pas ou ne les écoutais pas, va savoir, en tout cas c'était ça ta force.

Pour la fête des Mères, savourée avec une émotion décuplée cette année, tu souhaitais certainement vérifier que j'avais encore de la larmichette en magasin. Tu m'as donc offert un CD où tu as compilé les chansons qui ont convoqué les danses libératrices où nous mélangions, Mathilde et moi, sueur et larmes dans des étreintes d'espoir fou. Ces musiques qu'il était impensable que tes escargots morts t'empêchent d'entendre à nouveau.

Sur la pochette, tu as écrit au marqueur : « W135 ».

Juin s'avale d'une traite dans l'enchaînement des épreuves du bac, la langue des signes en est la première. Ton sujet porte sur le cinéma, l'examinatrice est fascinée par ta rapidité à signer, elle te donne la note maximale.

Une épreuve accomplie haut la main, c'est bon signe, non ?

Je la boucle

La boucle est bouclée ?

Presque un an. Reset, compteur à zéro, balle au centre.

Nous roulons vers le Cap Ferret.

Les choses ne seront plus jamais comme avant.

Je vais savourer chaque seconde de ces premières vacances de cette nouvelle vie.

Clément, Mathilde et toi et moi.

Sans mari, pour la première fois.

Clos, le long chapitre de vingt-sept ans. Nous avons explosé en vol ce printemps, nous étions déjà établis sur des étages distants et des planètes lointaines depuis le 20 août 2014, mais, si on est honnêtes, tout ça remonte à bien avant. Un jour, un cheval maladroit m'a donné la force de combattre à tes côtés, cette nouvelle lutte en a déclenché une autre, ainsi va la vie.

Je rêve de dormir deux ou trois ans pour récupérer. Un autre chantier m'attend : il faut reconstruire un nid.

J'ai déjà ma petite idée, je ne ferai pas ça en paille, ni en pierre, plutôt en bois.

Fébriles, on tape les codes d'accès sur le site de l'Éducation nationale.

Évidemment, tu as fait le malin en décrochant une mention.

Danse de la joie.

Tu l'avais dit, tu l'as fait, mon p'tit con.

Remerciements

À vous tous qui nous avez accompagnés pendant cette année de malade, merci du fond du cœur. Quand notre vie vacillait des larmes aux rires, des rires aux larmes, tous ces bras tendus virtuellement ou en vrai, qui nous ont serrés fort, ont été une source gigantesque d'énergie et d'optimisme. Grâce à votre soutien, à vos témoignages dingues d'amitié, à vos photos, aux trucs de ouf que vous avez parfois accomplis, on s'est sentis entourés, réconfortés, consolés, aidés, aimés.

« Kourrage Antoine ! » nous en a donné, du courage, et ça chaque jour ! De la chaleur et de l'énergie de ce groupe, de cette fantastique solidarité, de tout ce vivant, on a puisé une force inouïe.

Et vous, les super-infirmiers et infirmières de Percy et de la Pitié-Salpêtrière, quelle leçon d'humanité vous nous avez collée ! Un boulot quotidien de fourmi, dans l'ombre, pour rendre les choses plus acceptables, alléger ce qui pèse trois tonnes, apporter ces petites zones de confort qui font faire tant de progrès. Vous avez plus que dépassé les limites de votre job.

Enfin vous, médecins, orthophonistes, ostéo, guérisseur, audioprothésistes, enseignants, et vous tous qui par vos métiers, par vos talents avez œuvré avec cœur, enthousiasme, générosité, merci infiniment d'y avoir cru et de nous avoir accompagnés dans cette folie.

Merci à Clément, Antoine et Mathilde, et à votre père qui m'a donné trois merveilleux êtres.

Merci à ma petite maman et à ma précieuse famille.

Merci à mes formidables amis, amis d'amis et contributeurs Facebook.

Merci au magicien Salvatore et à toutes les forces invisibles auxquelles je crois désormais.

Merci à l'ostéopathe aux mains d'or, Porzia.

Merci à l'orthophoniste reine des pailles, Carine.

Merci aux infirmiers et infirmières : Caroline, Mathieu, Charlène, Robin, Aurélia, Jérémie, Aurélie, Emmanuelle, Monique, Soizic, Estelle, Marie, Suzy, Clémence, Gigi, Amanta, Marie-Pierre, Séverine et puis Christine et Jean… et j'en oublie forcément.

Merci aux médecins : Jean-Louis, Élisabeth, Louis, Yann, Dominique, Isabelle, Bruno, Pascal, Marie-Véronique, Patricia, Robert.

Merci aux orthophonistes Mapie, Stéphanie, Magali, Hélène.

Merci à l'audioprothésiste Alain et à son assistante Carole.

Merci à Nathalie pour la langue des signes.

Merci aux enseignants, aux équipes pédagogique et médicale du lycée, à l'équipe SASPAD et à L'École à l'hôpital : Brigitte, Antoine, Armelle, Béatrice, Christine, Didier, Yves, Catherine, Laure, Rachid, Hélène, Marie-Laurence, Solène. On l'a eu, ce bac !!!

Merci au docteur G de Necker et au professeur S de la Pitié-Salpêtrière.

Merci à Maître Delphine M, à Didier M, au docteur Rémy G et au docteur Michel W pour le combat de réparation.

Pour votre aide indispensable, car l'accouchement de ce récit fut précédé d'hésitations, de contractions, de douleurs, pour avoir fait exister ce texte, m'avoir encouragée, conseillée, avoir supporté mes doutes, m'avoir relue, corrigée, avoir apporté vos éclairages et donné les coups de pied au cul qui s'imposaient, merci à :

Grégoire Delacourt, Véronique Grisseaux, Marianne Maury-Kaufmann, Sophie de Villenoisy, Hippolyte Girardot et mon éditrice Pom Bessot.

En revanche, à vous, on ne vous dit pas merci :

Docteur Smiley, docteur Z et leur clinique de merde et Pénélope. Et puis toi, « Bas-du-cul-bas-du-front », le voisin connard qui a bloqué à dessein ma voiture, m'empêchant un soir d'août de rejoindre mon enfant en réa.

Merci, mon p'tit con, pour cette incroyable aventure. Parce qu'elle se termine bien, qu'il ne pouvait pas en être autrement, elle restera pour moi le plus beau des cadeaux de la vie.

Et enfin merci à toi, ma bonne étoile.

Playlist W135

1. « Visions », Outlines
2. « The World Is Watching », Two Door Cinema Club
3. « Busy Earnin' », Jungle
4. « Jealous (Ain't With It) », Chromeo
5. « Over Your Shoulder », Chromeo
6. « Old 45's », Chromeo
7. « Inside World », WhoMadeWho
8. « Drops », Jungle
9. « Time », Jungle
10. « Make and Model », Parson Jones
11. « Handshake », Two Door Cinema Club

Table

MIXTE
Papier issu de
sources responsables
FSC® C003309

L'éditeur de cet ouvrage s'engage dans une démarche
de certification FSC® qui contribue à la préservation
des forêts pour les générations futures.

Pour en savoir plus :
www.editis.com/engagement-rse/